中央高校基本科研业务费专项资金资助项目

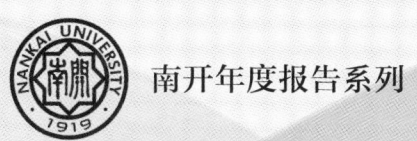
南开年度报告系列

中国城市群 2018-2019
治理报告
柳建文 主编

中国社会科学出版社

图书在版编目(CIP)数据

中国城市群治理报告.2018-2019/柳建文主编.—北京：中国社会科学出版社，2020.10
ISBN 978-7-5203-6873-5

Ⅰ.①中… Ⅱ.①柳… Ⅲ.①城市群—城市管理—研究报告—中国—2018-2019 Ⅳ.①F299.21

中国版本图书馆CIP数据核字(2020)第132455号

出 版 人	赵剑英
责任编辑	冯春凤
责任校对	张爱华
责任印制	张雪娇

出　　版	中国社会科学出版社
社　　址	北京鼓楼西大街甲158号
邮　　编	100720
网　　址	http://www.csspw.cn
发 行 部	010-84083685
门 市 部	010-84029450
经　　销	新华书店及其他书店
印　　刷	北京君升印刷有限公司
装　　订	廊坊市广阳区广增装订厂
版　　次	2020年10月第1版
印　　次	2020年10月第1次印刷
开　　本	710×1000 1/16
印　　张	16.5
插　　页	2
字　　数	269千字
定　　价	99.00元

凡购买中国社会科学出版社图书,如有质量问题请与本社营销中心联系调换
电话:010-84083683
版权所有　侵权必究

目 录

代序：作为国家治理单元的城市群 ……………………………（1）
第一章　城市群概述 ……………………………………………（1）
　　第一节　城市群的基本概念 ……………………………（1）
　　第二节　城市群治理研究综述 …………………………（5）
　　第三节　中国城市群发展历程与现状 …………………（9）
第二章　中国城市群治理的现状 ………………………………（17）
　　第一节　中国城市群治理的演进 ………………………（17）
　　第二节　中国城市群治理的概况、类型和特征 ………（24）
　　第三节　中国城市群治理存在的问题 …………………（35）
第三章　三大城市群治理报告 …………………………………（39）
　　第一节　长三角城市群 …………………………………（39）
　　第二节　珠三角城市群 …………………………………（56）
　　第三节　京津冀城市群 …………………………………（79）
第四章　跨省城市群治理报告 …………………………………（97）
　　第一节　成渝城市群 ……………………………………（97）
　　第二节　哈长城市群 ……………………………………（111）
　　第三节　中原城市群 ……………………………………（123）
第五章　省内城市群治理报告 …………………………………（135）
　　第一节　长株潭城市群 …………………………………（135）
　　第二节　山东半岛城市群 ………………………………（148）
　　第三节　呼包鄂城市群 …………………………………（176）
第六章　城市群内部的互动机制 ………………………………（187）
　　第一节　府际协议 ………………………………………（187）

第二节 府际联席会 …………………………………………（204）
  第三节 府际对话交流机制 …………………………………（221）
  第四节 合作伙伴选择机制 …………………………………（227）
第七章 国外城市群治理的经验 …………………………………（233）
  第一节 国外主要城市群的形成及发展 ……………………（233）
  第二节 国外城市群治理的经验 ……………………………（236）
  第三节 国外城市群治理的启示 ……………………………（240）
后 记 ……………………………………………………………（247）

代序：作为国家治理单元的城市群

杨　龙

一　城市群成为一种国家治理单元的背景

随着一个国家城市化水平的提高，一国之内城市数量逐渐增加、城市人口日益增长、城市规模不断扩大。这种城市化的过程产生了大型城市、巨型城市，同时也拉近了城市间的距离，出现了城市连绵带、城市圈或者城市群。由于大型城市、巨型城市的集聚与扩散效应，其周边会形成若干小一些的城市或城镇，城市群的形成不可避免。从城市群产生的过程来看，城市群是城市化达到较高阶段的必然产物。

由于城市的存在需要平坦连绵的地势、便利的交通、宜居的气候等条件，城市群会自发地形成一个国家的沿海、沿江、沿湖地区，或者以平原为主的地区。迄今世界上著名的城市群，如美国东北部大西洋沿岸城市群、日本太平洋沿岸城市群、英伦城市群，都位于此类地区。城市群的兴起使得城市和乡村分别沿着不同的路径发展，城市与乡村之间最大的区别在于人口的密集程度，高密度的人口使得城市的发展和管理无论在投入上还是在手段方面，无论在规模上还是在空间尺度方面，都明显区别于人口稀少的乡村。因此，城市化发展到城市群时代，城市治理的多数任务，如基础设施的建设与维护、城市生存环境的维持等，都突破了单个城市在行政区上的界线，城市群之间的分工与合作成为治理高密度人口聚集地的城市的必要手段。城市群的理想状态是城市群内部形成良好的产业集聚与扩散，各城市间产业与功能形成良性的分工和互补，从而形成城市群整体发展优势。先发国家里城市群的形成是一种自发的过程，后发国家可以借鉴先发国家城市群发展和治理的经验，通过规划、设计、政策引导，促进城市群的形成，实现城市群的合理布局。后发国家还可以通过城市群的建设解决经济结构中的不合理分布问题，合理化产业结构，也可以通过城市群解决跨行政区的治理问题。

从世界范围来看，全球超过60%的经济产出来自世界上最大的40个城市群，更具体一点来说，全球57%的专利、43%的经济活动以及56%的最有影响力的科学家聚集在全球最大的10个城市群里，而这10个城市群的人口只占全球人口的6%。城市群是新的城市配置与形态，是全球城市化发展的新趋势。城市群是当今世界城市与区域发展的一种趋势，是提升国际竞争力的重要载体。对我国来说，随着城市化的快速推进，城市群已经成为我国经济发展的一种重要载体，也成为一种具有独特的区域，是国家治理中的空间重组，可以作为国家治理在空间上的单元。

二 国家治理单元的演变

（一）国家治理单元的含义

国家治理需要多种手段和工具，国家治理活动需要在空间上展开，需要一定的治理单元。换言之，国家治理单元是国家在空间尺度上使用的治理工具。功能、权力、边界是治理单元的三个核心要素。首先，某种空间单元之所以成为治理单元，因为其具有治理功能，而且每种治理单元的治理功能都是特定的，与其他治理单元不同，这是治理单元存在的基本依据。治理单元的功能多元，有的单元具有单一功能，有的具有复合功能，甚至具有全面的功能；有的治理单元适合于政治目的，有的适合经济目的、社会目的、文化目的、生态环境保护目的。有的治理单元具有动员资源的能力，有的则适用于管制目的。其次，不同治理单元的权力相差很大，有的治理单元具有完整的权力，有的只具有部分权力，有的只具有专项权力。有的治理单元具有政治权力，有的只有行政权力，有的只有经济权力。最后，作为空间概念，治理单元具有边界，不过其中有的单元具有"硬"边界，表现为四周清晰的行政区；有的则具有"软"边界，没有清晰的四周，只有其治理功能的适用范围和其权力的管辖范围。因此，有的治理单元是实体性的，有明确的边界，有的则是虚体性的，其边界仅表现为功能适用的范围。

实体性治理单元功能全，国家层级以下的政治、行政、社会、环境等治理功能在实体性的治理单元中全部具有。行政区是最为典型的实体性治理单元,其在中国包括省、市(地区)、区(县、旗、县级市)、乡(镇、街道)。村(社区)虽然不是行政区,但是有明确的边界,具有治理的全部功能,中共中央、国务院在 2017 年 6 月发布的《关于加强和完善城乡社区治理的意见》里规定:"城乡社区是社会治理的基本单元",2018 年 9 月中共中央、国务院印发《乡村振兴战略规划(2018—2022 年)》中提到"在以建制村为基本单元设置党组织的基础上,创新党组织设置","继续开展以村民小组或自然村为基本单元的村民自治试点工作"。据此,社区、自然村在中国也可以被界定为实体性治理单元。特别行政区的权力最为完整,也是典型的实体性治理单元。

虚体性治理单元的功能少,权力不完整,边界"软",使用起来比实体性治理单元容易。虚体性治理单元通常只具有单项或几项治理功能,因为设置这种治理单元的目的是为了解决一个或几个相关的问题,达到一项或几项相关的治理目的。虚体性的治理单元包括自然保护区、经济区域、功能区、新区(部分)、专区、城市群等。由于不同的治理功能需要不同的空间规模做载体,虚体性治理单元的边界会出现交叉或重叠,这也是其边界"软"的一种表现。例如,功能区的功能单一,只有专项权力,不改变行政区的边界,是改革开放以来国内使用最多的一种治理单元。问题导向的治理单元的治理结构多为任务型组织,其设立和终止都比较容易。虚体性治理单元的行政成本低于实体性治理单元,从而更经常地被用于治理中。

治理单元是国家在空间上可以使用的治理手段,不同的治理单元可以实现不同的治理目的。

(二)国家治理单元的种类

按照功能、权力和边界三个要素,国家治理单元可以分为不同的种类,其中,有的是实体性的,有的是虚体性的。

1. 政治的和行政的治理单元

此类治理单元包括各个层级的行政区,包括国家、省或州、市或县、区县镇乡村等。这些治理层级总体上可以分为中央与地方,其中,中央层级的权力各类国家大体相似,治理结构也大同小异。地方层级的行政区各国在权力和治理结构方面存在差异,联邦制国家与单一制国家不同;在单一制国家里,实行地方自治的与不实行地方自治的国家不同。总的来说,联邦制国家中央与地方"职责异构",地方政府的权力比单一制国家的地方政府多,治理结构是向地方分权的,地方的权力相对完整。在单一制国家里,实行地方自治的国家的地方政府权力比不实行单一制的国家完整,治理结构也是向地方分权的,地方的权力也相对完整。

政治的和行政的治理单元是一个国家的基本结构,其基本性在于居民、企业和其他组织都要在基于行政区的制度框架内行事。政治的和行政的治理单元的基本功能是确保国家统一、领土完整,实现各级行政单位、各类行政单位、各种政治组织的共处。政治的和行政的治理单元结构相对稳定,变动的频率低,存续的时间长。政治的和行政的治理单元覆盖全国,且分为不同层级,这些治理单元构成一个国家的纵向府际关系与横向府际关系。

2. 经济的和生态环境保护的治理单元

此类治理单元包括经济区、自然保护区等。这里所说的经济区是指涵盖若干行政区的经济区,比如中国的"四大板块":东部沿海地区、西部地区、中部地区、东北地区。在治理结构的集权程度高、中央政府对经济干预多的国家,易于出现跨行政区的经济区。经济区通常由中央政府划定,作为国家的区域经济发展战略,具有对经济的指导性。经济区的治理手段包括区域发展规划、区域性政策、支持区域发展的基金、财政补贴等。在单一制国家,国土规划、区域发展、产业战略等权力集中在中央政府,更为容易制订和实施区域发展战略和政策,经济区成为一种重要的政策工具。经济区是一种经济治理的单元,其设立和分布需要遵循经济发展的规律,这种治理单元的范围通常不与政治的和行政的治理单元重合,其边界的强制性也低,通常表现为专项政策的适用范围。

自然保护区、生态环境保护区域通常是绵延几个行政区的自然地理区域,只能由国家层面划定,由中央政府单独授权,实现对特定区域生态环境的维护和监管。此类型的治理单元通常只具有单一功能,且其边界清晰。经济区、自然保护区等是国家层面的治理工具,与国土规划、国家区域发展战略共同构成这个方面的国家治理体系。

3. 功能性治理单元

依据发展或治理的某个需要而划定的区域是功能区,功能区的边界依功能划定,不具备行政区边界的整体强制性。有的功能区只具备单一功能，例如学区、水区等各类专区。功能区的扩展形式为以某几种功能为主的区域，例如经济开发区、高新技术开发区、产业园区等。功能区也有边界清楚而且带有强制性的，例如自贸区、保税区、边贸区等，其中的专项税收政策只在四周严格划定的功能区内才能享受。功能区的空间范围通常都在一个行政区之内，范围超过一个行政区的功能区为数不多。功能区发挥的是专项治理功能，完成政府的某一种职能，或是达到特定的发展目标。功能区的一个重要特点是生存周期性明显，其承担的专项治理任务完成后，通常会撤销或者转型，比如经开区经过多年开发之后，城市的其他功能出现，会逐渐转为新城区。功能区的范围通常小于行政区，所以其较为容易为地方政府使用。地方政府设立的多种功能区，既有在地的，也有在其他地方设立"飞地"的，甚至有的地方政府在国外设立产业园区。功能区的治理方式比较灵活，有的由政府的派出机构管理，采取"准"政府的管理方式；有的是政府委托给企业或非政府组织来管理，采取企业运营的方式管理。

4. 城市群治理单元

在先发国家，城市群的形成是自下而上的，在城市密集地区出现跨城市治理需求背景下，单个的城市之间形成"群"。在英文里出现了"city-region"，描述了城市的集聚，其含义相当于中文里的城市群。在先发国家，城市群首先是地方治理和区域治理的工具，国家层面对城市群治理功能的认可在其后。城市群作为治理单元具有如下特点：一是城市群没有"硬"边界，只标明哪些城市入群；城市群的边界是开放的，随时欢迎新的城市加入。城市群的内部关系没有强制力，城市可以加入，也可以退出，一个城市可以同时加入两个城市群。二是城市群内部没有强制性权力，群内城市群的合作以双边或多边协议来维系，协议性权力是局部的，限于签约各方的委托。城市群内形成多种联系，有的是单领域的合作，有的是多领域的合作；有的是双边合作，有的是多边合作。三是城市群具有复合功能，既能够组织资源聚焦和便利要素流动，具有发展功能，也能够为解决跨域问题提供机制，因而具有治理功能。

城市群的内部结构较为丰富，多个城市组成的城市群内部自然分出等级，形成"核心城市—紧密层城市—边缘城市层"的结构。按照这个结构，城市群内部具有两种相反的联系或运动，一是核心城市向周边城市的辐射；二是边缘城市向核心城市的集聚。核心城市的引领、城市群内部城市间的分工合作、功能互补，最终形成城市群的整体竞争力。

三　城市群在国家治理中的作用

（一）城市群治理单元的优点

1. 城市群体现了一种新的治理理念

城市群的基本特点是在城市间行政关系不变，区划边界不动的情况下群内城市的合作，遵循的是"协同发展"理念。"协同发展"指：一是群内不同的城市在各自得到发展的前提下，通过相互协作获得新的共同利益，进而发展自身；二是城市群有共同的发展和治理目标，群内各个城市按照群的目标调整自身的发展目标、产业结构、治理规则，以解决城市间产业同构、恶性竞争等问题；三是不排除竞争，在城市群内各个城市通过良性竞争，相互激励，各自得到发展。在高度专业化的分工与协作网络中，城市间既有竞争又有合作，既相互独立又相互依存。同时，城市借助城市群的整体竞争力来提升自身的竞争力。

城市群的核心是产业的集群或集聚，城市群的基础是地理上的临近与交通的便利，所以城市群通常都会形成一个或几个核心城市，核心城市与周边城市具有辐射与集聚关系。城市群内部不同城市之间在功能上形成分工，各个城市间形成互补关系。城市群可以由国家层面规划，但是其内部的联系靠网络关系维系，不依赖行政命令。

2. 城市群综合了大都市和区域的优点

大都市在有限的区域内聚集了大量的人口和资源，有密集的建筑和交通设施。大都市为工业、商业、运输业、服务业等经济活动提供了载体，集聚了周边农村和其他城市的优秀资源，为周边城乡提供了发展机会。大都市具有辐射力，能够把先进的发展理念、发达的生产能力、相应的就业机会等，向周边的城乡扩散。但是随着城市规模的扩大，城市人口的增多，城市间距的密集，对交通、道路桥梁、供电供水、排污、垃圾处理、空气质量的保证等事务都超过了大都市自身的能力，需要与相邻的城市，或者在城市群的范围内，共同解决交通、环境保护等问题。再有，大都市具有虹吸效应，可能"榨干"周边城乡的资源和发展机会。大都市的过度发展会导致自身陷入人口过于密集、交通拥堵、空气质量下降等"大城市病"。

区域作为一种治理单元主要的用途是克服行政区对经济发展和公共服务的阻碍。基于自然地理条件和经济发展的规律，经济的活动和要素流动等都会突破单个行政区的边界。在社会活动和居民的生存方面，公共服务的提供、公共安全的维护、公共卫生的维持等，也都需要行政区之间的跨域合作。区域具有自己的边界，尽管没有行政区的边界那样"硬"。区域的维系通常需要某种形式的组织，其权威来自成员的授予或委托。区域组织的成员需要定期或不定期的互动，以延续区域的生命。区域里不一定有核心成员，区域内部也不一定具有"中心—边缘"结构，成员之间不一定形成互补关系。

城市群通常具有"中心—边缘"结构，有一个或若干中心城市作为城市群发展的引领者，其他城市作为跟随者。城市群内部各个城市形成分工，功能互补，形成相互依赖，内部联系紧密。城市群内部的各个城市都能够从城市群整体的发展中受益，不会出现单一大都市"虹吸"周边城乡，其他城市被"边缘化"的现象。城市群的边界比区域还"软"，内部联系不依赖强制性权力，而是以城市间的互补性为依托。从这个意义上，城市群内部的合作关系比区域内部的合作关系更加扎实。

3. *城市群内部合作的方式灵活*

城市群作为治理单元的优点是不改变群内各个城市的行政区划，涉及的区域利益变动少，因而城市间合作的阻力小。城市群的合作以分领域的合作为主，极少有全方位的城市群合作。分领域的合作内容单一，合作事项简单明确，易于形成集体行动。分领域的合作方式灵活，可以根据合作内容而采取不同的方式，通常使用的方式是城市间行政协议，这种方式不涉及权力转移，易于在城市间达成合作。另一类合作方式是"职能转移"，即各个城市把每一项或者相关的几项职能转移给城市群设立的机构，由它在城市群范围内统一行使，这种职能在城市群层面统一行使，以解决跨行政区的治理问题。再一种方式是城市间建立长期联盟关系，比如建立区域委员会或城市联盟的方式。这是建立一种方便长期联系的机构，可以为解决那些需要长期合作问题提供一个沟通、交流的平台。另外，成立合作组织、建立联合行动机制等，也都是城市群可以采取的合作方式。分领域的合作时间上也是灵活的，在那些不需要长期合作的领域，一旦合作任务完成，合作协议终止，合作行为随即停止。

（二）城市群作为中国的治理单元

1. 城市群在中国治理中的演变

城市群概念在 20 世纪 80 年代被学界引入中国以后，用于对中国城市化进程，对中国区域发展的现状和前景进行描述和勾画，学界先后有几种中国城市群分布的说法，包括三大城市群、九大都市圈、十八个都市圈、二十个都市圈等，规模上分为跨省的城市群、省内的城市圈、省际交界地带的跨省城市群等。这个时期国家跨行政区治理单元使用的是区域，陆续形成了东部沿海地区、西部地区、中部地区、东北地区，国家的区域政策以这"四大板块"为单位。城市群概念之后进入政策研究界和地方政府的政策，《中华人民共和国国民经济和社会发展第十一个五年规划纲要》提出"把城市群作为推进城镇化的主要形态"；国家发展改革委提出过十大城市群，把其作为区域发展布局的构想；地方政府使用城市群概念更为频繁，济南城市圈，中原城市群、首都城市圈等地方规划陆续出现，成为地方区域发展的新理念。

2014 年 3 月颁布的《国家新型城镇化规划（2014—2020 年）》标志着城市群已经成为主要的国家治理工具之一，之后国家层面的城市群开始布局，国务院陆续批准了 11 个国家级城市群规划，包括京津冀、长江中游、哈长、成渝、长三角、中原、北部湾、关中平原、呼包鄂榆、兰西城市群、粤港澳大湾区城市群规划。与此同时，国家又陆续认定了 9 个国家级中心城市，即北京、天津、上海、广州、重庆、成都、武汉、郑州、西安。这种发展思路在 2018 年 11 月《中共中央　国务院关于建立更加有效的区域协调发展新机制的意见》里总结为："建立以中心城市引领城市群发展、城市群带动区域发展的新模式，推动区域板块之间的融合互动发展"。2019 年，为了进一步促进城市群发展，国家发改委发布了《关于培育发展现代化都市圈的指导意见》（发改规划〔2019〕328 号），提出发展一批现代化的都市圈，为城市群高质量发展提供重要支撑，并将都市圈概念界定为"都市圈是城市群内部以超大特大城市或辐射带动功能强的大城市为中心、以 1 小时通勤圈为基本范围的城镇化空间形态"。我国开始形成"乡村振兴—特色小镇—大中小城市协调发展—中心城市—都市圈—城市群—区域"统筹发展的总体战略格局和全尺度空间组合。

2. 城市群回应了中国城市化发展的需要

1978年实施改革开放的时候，中国的城市化率只有17.92%，2011年超过了50%，2018年达到59.58%。城市化发展进入了高级阶段，城市在国家发展中的引领作用突出起来。国内的几个一线城市如北京、上海、广州、深圳，其城市化水平已经达到国际大都市的水平。国内发达地区已经形成几个大的城市群，如京津冀、长三角、珠三角等地区。在这个阶段，布局中心城市，设计城市群，成为中国总体发展战略的一项重要任务。

从国际上看，国家之间的竞争在某种程度上体现为城市群之间的竞争，所谓"世界级城市群"就是美国、英国、法国、日本等国家内部的领先地区，如美国纽约城市群、日本东京城市群、英国伦敦城市群、法国巴黎城市群等。中国已经成为世界第二大经济体，已经发展到面对发达国家的竞争压力的水平，为了在新一轮竞争中立于不败之地，中国也必须谋划自己的城市群发展，以应对来自国际的竞争压力。最近京津冀协调发展、粤港澳大湾区、长三角一体化等国家层面规划都把建设世界级城市群作为目标之一。

3. 城市群顺应了城乡治理思路的调整

中国国土广阔，区域自然地理条件、地区发展水平、城市间和乡村间的差距很大，城市化进程无法齐头并进，城市化的相关政策也是分类出台的。自党的十八大以来，中国城乡关系进入融合发展的新阶段，国家层面对城市化的界定转向"城镇化"，实行城市、城镇并行发展的战略；国家层面不再倡导城乡一体化，而是提倡城乡融合发展，党的十九大报告指出："建立健全城乡融合发展的体制机制和政策体系"。城市与乡村按照不同的方式发展，采取不同的治理方式。城市的发展遵循人口密集，价值链集中的规律，充分利用空间。城市的治理需要动员多种治理主体，借助多种治理单元，特别强调协同治理，依赖各类网络关系。农村的发展综合实行"精准扶贫""乡村振兴"等战略，发展"特色小镇"，建设"美丽乡村"。乡村的治理基于生态与环境，强调突出特色，采取的是因地制宜的原则，甚至是"一村一策"。从这个意义上讲，中国进入新的"城乡分治"时代，但是这种分治不是将二者隔离开来，而是强调城乡各具特色的融合发展，2017年中央经济工作会议强调："提高城市群质量，推进大中小城市网络化建设，增强对农业转移人口的吸引力和承载力，加快户籍制度改革落地步伐。引导特色小镇健康发展"。顺应城乡分治的"升级版"，城市群成为城市发展的重要平台，成为"中心城市—城市群—国家"这一发展结构的关键性环节，上承国家，下接城市，城市群成为一种新的治理单元。

4. 城市群部分取代了区域治理单元

在新的城乡分治时代，区域这种同时包括城市和乡村发展的治理单元显出不适应性，需要新的治理单元。城市化高级阶段不是城市消灭乡村，而是城市与乡村走不同的发展道路，城市的发展遵循"城市—城市群"的思路，乡村的发展遵循"乡村振兴"+"特色小镇"的思路。城乡遵循各自的发展模式以后，城乡不分的区域概念显得不够用了。与此同时，大都市的扩张和城市集群式的发展，出现了"城市—区域"结构。从这个意义上，城市群与区域实现了融合。

一方面中央政府以城市群作为治理单元；另一方面地方政府通过城市群获得新的竞争力。通过城市群，单个城市可以获得空间规模经济效益；国家可以把国内的资源进行充分的整合，有效地利用，提高国家竞争力。城市群贯彻的治理方法是"协同"，即在已有的区划内，空间结构不变，行政边界不动，重新组合，各个治理单位协力，提高治理的效果。城市群不仅是国家治理的单元，还可以使得地方政府通过城市群获得新的竞争力。这是城市群与区域不同的方面，但是城市群与区域也有类似的治理功能，即解决跨区域问题。对于环境保护、公共卫生、公共安全等跨域问题，单个城市政府难以应对，需要若干城市间的协作，共同应对。在治理这些跨界问题的时候，如果采取更改行政边界的方式涉及行政管理、社会管理、公共服务提供等的边界性移动，成本过高，所以通常采取建立跨界的协调机制，就需要共同解决的问题成立跨区域的组织或机构。这些协调机构得到当事各城市政府的授权，由于参与授权的城市政府数量不等，所以不同的授权的结果是形成不同范围的共同管辖区。这在城市群内经常发生。

5. 城市群的多样性为国家治理提供了多种工具

城市群之所以能够成为一种治理单元，与中国的城市群种类多，具有成为一种治理单元的条件有关。在中国不仅有城市群，还有城市圈、城市带。在中国不仅具有世界级的大都市，而且有众多的中小城市。中国具有与其他世界级城市群类型相同的城市群，如粤港澳大湾区；也有类似大湾区的大河领域三角洲地区形成的城市群，即长三角城市群；还有首都周边大城市密集的京津冀城市群。以地区文化相同而规划的城市群有中原城市群、关中城市群等，以省会为中心规划的城市群有济南城市群、武汉城市圈、长株潭城市群等。有的城市群面积与区域类似，都是跨省级行政区，比如国家级城市群大部分是跨省的。也有众多跨省的小范围城市群，比如"通武廊合作"由北京的通州区、天津的武清区、河北的廊坊市组成。

面对如此类型多样的城市群，国家可以对城市群的布局和未来发展进行规划，有计划地推进城市化进程。国家通过设定中心城市，以中心城市带动周边城市，形成城市群；以城市群带动更大区域范围的发展，最终实现国家的发展。地方层面也可以谋划城市群，建立自己的"城市—城市群"发展模式。基于如此丰富的治理实践，中国可以为城市群理论作出贡献。

"治大国如烹小鲜"，既需要不同的治理手段，也需要不同的治理单元；既需要具有时间跨度的战略和政策，也需要具有空间意义的治理单元。国家治理在空间上的需要导致了不同层级的治理单元，城市群在这个阶段上成为一种重要的治理单元。城市群战略的提出是国家治理单元从城市（点状的增长极）向着城市群（区域化的增长极）的变化，城市群的培育有助于城市间的协调发展和统筹发展，有助于城市间功能的整合与协调，但是也存在着城市群之间的竞争，进而拉大主要城市和城市群与其他城市与区域的发展差距，这也是我们将城市群作为国家治理单元所要关注的问题。

第一章 城市群概述

城市群已经成为全球经济发展的主要载体。在中国，城市群已经成为国家与区域治理的全新单元，成为我国社会经济发展的重要引擎。因此，对城市群及其治理问题的研究得到国内外学界的广泛关注。

第一节 城市群的基本概念

一 城市群

城市群概念源于西方。1910年，美国管理和预算总署最早提出"大都市区"（Metropolitan District，MD）概念，法国地理学家简·戈特曼（Jean Gottmann）1957年用"Megalopolis"一词来描述美国大西洋沿岸的都市密集区域。[1] 其后，学者提出的相关概念还有 town cluster、urban agglomeration、megalopolis、metropolitan area、city–region、world city、desakota 等。我国学者于20世纪80年代开始对城市群的研究，提出的相关概念包括城市群、都市圈、城市圈、城市带、大都市带、大都市连绵区和大城市连绵区等。国内学术界对城市群的界定有以下几点共性：一是城市群是城市、人口、资源等的密集地区；二是城市群以大城市为核心；三是城市群内部城市之间空间集聚、相互依赖、经济联系紧密；四是城市群依靠交通、信息等媒介成为一种网络系统。比如，姚士谋的定义具有代表性，他认为，城市群是"在特定的地域范围内具有相当数量的不同性质、类型和等级规模的城市，依托一定的自然环境条件，以一个或两个超大或特大城市作为地

---

[1] Gottmann J., "*Megalopolis or the Urbanization of the Northeastern Seaboard*", *Economic Geography*, 1957, 33（3），pp. 189–200.

区经济的核心,借助于现代化的交通工具和综合运输网的通达性,以及高度发达的信息网络,发生与发展着城市个体之间的内在联系,共同构成的一个相对完整的城市集合体"①。本书认同并采用这一定义。

二 城市群的特征

第一,城市群以中心城市作为增长极。城市群内一个或几个经济实力较强的,在全国范围内或者是全球范围内有较强影响力的大城市,这些大城市发挥着增长极的作用,并通过扩散作用带动着城市群内其他城市的发展,形成城市群内功能分工合理,促进城市群内协同发展,提高城市群竞争力。

第二,城市群具有集聚与扩散的动态性。城市群的集聚与扩散作用体现在两个层次上:一是城市群内部的集聚与扩散。这主要是指城市群内部,中心城市与次中心城市通过发达的交通网络、信息技术等优势,集聚资源,但同时,中心城市与次中心城市的产业不断进行扩散。二是城市群外部的集聚与扩散。城市群一般是所在区域或是所在国家的增长极,城市群与城市群外部的周围城市间也进行着生产要素、经济、文化、政治等的集聚与扩散。

第三,城市群具有高密度性和完整性。城市群处于国家或区域城市化比较发达的地区,它集聚了大量的不同等级规模的城市,这些城市构成了一个完整的、功能完善、分工合理的系统。

第四,城市群具有网络性。城市群的网络性主要体现在两个方面:一是城市群依托交通、网络、通信等形成了形式多样的产业网络、交通网络、信息网络、文化网络、城市网络等关系;二是网络之间的紧密联系形成了更加密切的嵌套关系。

第五,城市群具有开放性。城市群的开放性主要体现为两个方面。对内主要体现为城市群内各城市间边界的开放性以及各要素流的自由流通。对外主要体现为城市群与外部的城市和地区之间保持开放与密切的合作。

第六,城市群的发展需要创新治理手段。城市群不是各城市间简单的

---

① 姚士谋、陈振光、朱英明:《中国城市群》,中国科学技术大学出版社2006年版,第1页。

叠加，而是在城市群内部各种要素和功能在空间上的有机组合，需要新的治理方法与手段来为城市群的发展提供力量和源泉。

三 城市群的界定标准

由于国情不同，各国对于城市群的人口和空间界定标准不一。我国学者提出的城市群识别标准包括：内都市圈或大城市数最不少于3个，但最多不超过20个，其中作为核心城市的城镇人口大于100万人的特大或超大城市至少有1个；内部人口数不低于2000万人，其中城镇人口数不少于1000万人；人均GDP超过3000美元，一般处于工业化中后期；经济密度大于500万元/km^2，经济外向度大于30%；铁路网密度大于250—350km/万km^2，公路网密度大于2000—2500km/万km^2；非农产业产值比重超过70%，非农产业劳动力比重超过60%；城市化水平大于50%；中心城市的GDP中心度大于45%；周围地区到中心城市的通勤率大于本身人口的15%；等。[1]

四 城市群的类型

由于对城市群的识别标准不一，因此各国对城市群的划分多种多样。按照我国城市群的发育特点，可以划分为以下几类：

按照城市群的发育程度，可以划分为成熟期城市群、发展期城市群、培育期城市群。[2] 成熟期城市群一般经济比较发达，城市群内部一体化程度比较高，区域合作和协调能力都比较强。而我国属于成熟期城市群的有珠三角城市群（粤港澳大湾区）、长三角城市群和京津冀城市群。京津冀、长三角和珠三角是我国经济最发达的地区，而经济发展水平与人口聚集、生活质量和文化发展均有显著的正向关系。因为经济发达，三大城市群既能吸引足够的优质人口，政府有足够的财政能力改善区域内的硬件设施及支持文化产业和文化事业发展。同时，这也进一步推进了城市群经济的良性循环发展。这是京津冀、长三角和珠三角在人口、经济、生活、文

---

[1] 方创琳：《城市群空间范围识别标准的研究进展与基本判断》，《城市规划学刊》2009年第4期。

[2] 方创琳、姚士谋、刘盛和：《2010中国城市群发展报告》，科学出版社2011年版，第21—23页。

化等方面都占据明显优势的主要原因,并因此使三大城市群与其他城市群间的发展差距固化下来,在短期内将很难打破。

发展期的城市群一般都处于工业化的中期,经济增速都比较快;但是城市群内部的一体化程度并不高,正处于区域经济协调发展和经济、城市一体化的形成过程之中,未来的发展潜力巨大。我国目前处于发展期的城市群共有8个,它们是成渝城市群、长江中游城市群、中原城市群、关中平原城市群、山东半岛城市群、海峡西岸城市群、辽中南城市群和哈长城市群。山东半岛城市群位于我国东部沿海,是亚洲发达国家日本、韩国的传统投资区,优良的地理位置和较好的基础,是该城市群迅速崛起、在综合发展水平上一举超过了比自身体量大得多的中原城市群和成渝城市群的主要原因。而位居中西部的中原城市群和成渝城市群,则因经济基础薄弱,不仅直接影响了区域一体化进程,在城市群发展思路和战略定位上也处于模仿和摇摆阶段,与东部二线城市群也存在较大的差距。

培育期城市群一般都是处于城市群的规划建设阶段或者起步阶段,城市群内部之间的区域合作水平较低,一体化发展还处于萌芽状态。我国属于培育型的城市群有8个,它们分别是北部湾城市群、天山北坡城市群、呼包鄂榆城市群、滇中城市群、黔中城市群、兰西城市群、晋中城市群和宁夏沿黄城市群。在这8个培育型的城市群中,北部湾城市群和天山北坡城市群地理位置独特,在国家战略安全和区域经济发展方面具有重要的作用,未来的发展潜力巨大。但同时,这类城市群共同面临着人口老龄化进程加快、人口分布非常不均匀、差异悬殊、流动人口急剧膨胀骤增等压力。由于聚集了更大规模的人口和经济活动,这类城市群的资源与环境问题远比一般城市更加突出和尖锐,并呈现出城市经济与环境污染破坏同步增长的恶性循环现象。

根据城市群的规模等级,可以划分为国家级(一级)、区域性(二级)、地域性(三级)城市群。国家级城市群是指在国家或全球层面具有重要影响力的城市群,未来将发展成为世界级城市群;区域性城市群在大区域或者国家层面上具有重要影响力的城市群,未来有望发展成为国家级城市群和国家经济中心;地域性城市群是指在省级和大区域层面上具有重要影响力的城市群,以及未来有望成为大区域增长中心的城市群。

按照城市的行政区域隶属关系,可以划分为跨省区城市群和省内城市群。跨省区城市群是指跨越省级行政边界形成的城市群，省内城市群则是在一省辖区之内的城市组成的城市群。

按照城市群的区域空间布局，可以划分为组团式城市群，指的是在一个区域内城市相对集中，并形成不同的和各自的经济发展中心的团块；带状式城市群，主要是指沿主要交通走廊带状分布的城市群；分散式的呈放射状或是环状的城市群；群集式的城市群。

按照核心城市的数量，可以划分为单核心城市群、双核心城市群、多核心城市群。单核心城市群是指核心城市数量为1个，对周边城市有强大的辐射带动作用，形成单核心辐射状或是圈层结构的城市群。双核心城市群是指核心城市数量为2个，双核城市同时对周边城市产生辐射带动作用的城市群。多核心城市群是指核心城市数量为3个或以上，形成网络状空间结构的城市群。

按照城市群形成过程中的主导力量，可以划分为政府主导型城市群和市场主导型城市群。政府主导型城市群是指在城市群发展过程中，政府通过强制性手段推动城市群形成与发展，并且在城市群形成过程中政府力量大于市场力量的城市群。市场主导型城市群指的是城市群形成与发展的过程中，市场发挥主要作用，政府起到引导规制的作用。

第二节 城市群治理研究综述

一 大都市区整合理论

该理论起源于美国。19世纪下半叶美国主要城市的人口迅速增长，很多城市通过成功的兼并扩大了各自的边界，这些兼并一般由国家特别立法机关授权。城市发展中的大都市区划现象促使着理论家们思考其治理问题。这一理论的代表人物有切斯特·马克赛（Chester Maxey）、托马斯·里德（Thomas H. Reed）、保罗·斯图登斯基（Paul Studenski）、维克多·琼斯（Victor Jones）、古利克（Gulick Luther Halsey）等人。

大都市区整合理论认为，大都市区的根本问题在于地方政府的碎化与分散化，这种碎化与分散不可避免的会导致效率低下和无效，从而导致大都市区不同地区间的公共服务不平等。他们认为大都市区缺乏对整个区域的问题和利益作出反应的政治领导，因此他们主张在整个地区建立一个单一的、统一的大都市区政府，全权负责为当地提供公共服务。大都市区政府可以减缓城市间的财政不平衡；可以对整个大都市区进行战略规划；可以更好地发展公共交通，采用更大范围、更平衡发展的交通规划。直到20世纪60年代，大都市区整合理论一直是城市治理研究的主流。

二　公共选择理论

20世纪下半叶开始，一种新的政治经济理论开始影响公共行政和地方治理理论，这就是公共选择理论。公共选择学派对大都市区政府整合的理念和建议提出了截然不同的建议和观点。这一理论的代表人物有查尔斯·蒂布特（Charles Tiebout）、沃伦（Robert Warren）、埃莉诺·奥斯特罗姆（Elinor Ostrom）、文森特·奥斯特罗姆（Vincent Ostrom）、罗伯特·比什（Robert Bish）、帕克斯和奥克森（Parks and Oakerson）等人。

公共选择学派赞扬了大都市地区多个地方政府的存在，因为它们比单一的统一的大都市政府更能适应不同的居民需求。他们认为，拥有众多私人供应商的多个政府将通过竞争提高效率、有效性和反应能力，这有助于减少因官僚机构合并造成的垄断问题。公共选择理论还捍卫了这样一种观念，即多种政府结构将为公民提供更多参与政府和民主进程的机会。他们还假设当地居民总是在理性和自利的基础上行事，以便通过"用脚投票"的方式为他们的需求选择最佳选择。对公共选择理论的批评主要有以下几方面：首先是认为公共选择理论漠视财政与公共服务分配方面的所缺乏的公正，其次是碎片化的大都市区并不是有效率公共服务提供的制度安排，最后是现实中公民的行动并没有按照蒂布特路线"用脚投票"来行动。①

三　新区域主义

大都市区整合运动和公共选择理论由于各自对整合和碎化的坚定辩护而处于大都市治理的两个极端。到了20世纪90年代，大都市区治理的文献中出现了带有调和色彩的理论——新区域主义。这一理论的代表人物有戴维·腊斯克（David Rusk）、尼尔·皮尔斯（Neal Pierce）、唐斯

---

① ［美］汉克·V. 萨维奇、罗纳德·K. 福格尔：《区域主义范式与城市政治》，罗思东译，《公共行政评论》2009年第3期。

(Downs Anthony)、奥菲尔德（Orfield）、萨维奇（Savitch）和沃格尔（Vogel）、罗杰·帕克斯（Roger Parks）、罗纳德·奥克森（Ronald Oakerson）、斯蒂芬·惠勒（Stephen, Wheeler）等。

新区域主义不提倡所有地方政府的整合或者是鼓励他们之间竞争，而是主张这些多个地方政府与商界通过网络机制进行强有力的合作。这些协作和合作机制应该通过相互了解、协议、合同的形式来开展，而不是由上级政府机构合法的强制实施。新区域主义者认为碎片化是地方政府不协调行动的根源，这些不协调的行动造成了大部分与城市有关的问题。他们强烈支持地方政府间合作与协调机制。但是他们并不支持通过强制性合作机制来实现这些目标。① 新区域主义的主张在理论上并没有得到完全的拥护，在实践上也没有得到充分验证。布伦纳指出，新区域主义误解了新区域动力机制的发展方向，新区域主义反映了后福特主义重构和新自由主义的地域控制，而这并不是新区域治理经验。新区域治理旨在实践地方自治，缓解地方危机。②

四 城市群治理模式

斯莱克（Enid Slack）构建了四种城市群治理模型：单层模型、双层模型、自愿协作机制和特别目的区。③ 勒费弗（Lefèvre）将城市群治理模式区分为两种类型：通过制度建构的治理和通过合作的治理，并提出了结构与政策之间的差异。④ 克林克（Klink）提出两个大都市区治理模型：超级城市模型和城市间模型。⑤ 安德森（Andersson）提出了迄今为止最全

---

① H. V. Savitch, Ronald K. Vogel, "Introduction: Paths to New Regionalism", *State & Local Government Review*, Vol. 32, No. 3, 2000, pp. 158 – 168.

② Neil Brenner. "Decoding the Newest 'Metropolitan Regionalism' in the USA. A Critical Overview", *CITIES*, Vol. 19, No. 1, 2002.

③ Naomi Enid Slack, *Managing the coordination of service delivery in metropolitan cities: The role of metropolitan governance*, New York: World Bank Publications, 2007, pp. 14 – 24.

④ Christian Lefèvre. Democratic governability of metropolitan areas: International experiences and lessons for Latin American cities. *Governing the Metropolis. Principles and Cases*. Washington DC and Cambridge: Mass, 2008.

⑤ Jeroen Klink. Recent perspectives on metropolitan organizations, functions, and governance. *Governing the Metropolis: Principles and Cases*. Washington, DC, and Cambridge, MA: Inter – American Development Bank, 2008, pp. 103 – 110.

面的城市群治理模型,他将大都市区治理模式分为四类:(1)临时协调倡议和合同,(2)进行大都市区规划和提供服务的政府,(3)大都市区地方政府,(4)地方政府合并。① 沙·安瓦尔(Shah, Anwar)设计了另一种综合的大都市区治理模式,第一种是单一的治理或完全整合的大都市区治理,第二种是垂直协调的大都市区治理,第三种模式是水平协调的强制的两层治理,第四种模式是水平协调的两层自愿治理结构。②

面对现实大都市区治理中存在的治理碎化的现状,学者们提出了整体性治理的理念。整体性治理强调三个层次的整合:纵向不同层级间政府和横向同级间政府的整合,政府各职能部门间整合,公共、私人和非营利性组织间整合。③ 此外,学者们还提出了新的治理分析框架。在对美国大都市地区治理问题的研究中,以费沃科为代表的都市治理学者将地方合作称之为"制度的集体行动"(institutional collective action),即"地方政府可以集体形成一个透过协议、联盟与公民集体抉择的网络,藉以整合在某一区域下的不同管辖地来实现共同的利益诉求"。费沃科等人强调了地方寻求合作的主要动因,包括现代社会公共事务的复杂性以及地理上的接近性等。此外,地方官员的互动、居民的迁移意愿、工作与消费需求也创造了地方合作的政治诱因。而且,地方政府面临集体行动时需要寻求彼此的信任与协作,此时,一套强有力的机制设计可以降低合作的外部性和交易成本。④

五 国内对城市群治理机制的研究

国内对城市群治理机制的研究主要有以下两种思路:一是以市场为主导的治理。强调实施增长极发展战略,构建产权市场,通过市场补偿方式,解决生态治理问题,充分发挥市场的资源配置作用和调节作用发展城

---

① Mats Andersson, "*Metropolitan Management-Approaches and Implications*1", https://clime.newark.rutgers.edu/sites/CLiME/files/Andersson.pdf.

② Anwar Shah, "*Grant Financing of Metropolitan Areas*", New York: World Bank Policy Research, 2012.

③ 崔晶:《整体性治理视角下的京津冀大都市区地方政府协作模式研究》,《北京社会科学》2011年第2期。

④ Richard C. Feiock, Editor. 2004, Metropolitan Governance: Conflict, Competition, and Cooperation. Georgetown University Press, p.6.

市群经济，积极参与国际经济竞争。二是以政府为主导的城市群府际协作治理，主要有以下观点：理念共识层面。城市群协调治理的基础在于城市群各参与主体在理念上达成共识，重塑行政文化，倡导网络化治理的新理念。规划设计层面。要加强顶层设计，以科学的发展战略与规划引导城市群。组织架构层面。建立层次完善的城市群政府协调机构，这种机构有三种模式选择：高度集权的大都市区政府、松散的城市群协调机构、权威性的都市区联盟或是"城市联盟"；鼓励城市间建立双边或多边协议；构建完善的政府管制体系，这种管制体系模式分为政府中心模式、政府诱导模式、多机构/利益相关者模式三种。制度设计层面。建立平等互信的城市群协商对话机制、行动程序和利益表达机制；建立和完善利益分享和补偿机制，协调城市群整体利益与特殊利益之间的关系；建立冲突调解部门，完善冲突解决机制，尝试建立城市群协调法院，完善正式惩罚与非正式惩罚相结合的惩罚激励制度；制定和完善区域合作法律法规，依法开展城市群规划和协调工作。操作策略层面。建立区域性投融资管理机制、信息共享机制和城市发展基金筹措机制；完善城市群公共服务多元供给模式，构建跨区域公共服务供给机制；培育多元主体参与城市群治理渠道和途径；充分发挥重大基础设施对城市群协调发展的巨大作用。评估反馈层面。加强对城市群治理结果的评估反馈体系建立；完善奖惩体系，将协调治理成效作为成绩考核的重要依据；改革考核标准，改变唯 GDP 导向，将公共服务作为重要指标，并辅之以有效的考核办法和体系；坚持公众参与，增强评估考核的透明度和公信力。

第三节　中国城市群发展历程与现状

一　中国城市群发展的历程

（一）萌芽阶段（1978—1990 年）

改革开放实施后，由于传统的计划经济体制被打破，地方与企业的自主性增强，同时市场经济发展过程中需要地方、企业之间加强联系和协作。国务院 1979 年提出"扬长避短、发挥优势、保护竞争、促进联合"的政策，探索地区间的协作。为了进一步推动地区间、企业间的经济技术合作，1980 年 7 月，国务院颁布了《关于推动经济联合的暂行规定》，首次赋予了企业经营自主权，这一文件于1986年修改为《关于进一步推动横向经济联合若干问题的规定》，提出针对不同的地区发展状况鼓励建立经济技术合作组织。"六五"计划也指出要有计划有步骤地开展地区经济技术协作，首先是编制以上海为中心的长江三角洲的经济区规划，以及以山西为中心的煤炭、重化工基地的经济区规划。1981年成立了中国第一个区域经济合作组织——华北经济技术协作区（由京、津、冀、晋、蒙组成），自此，区域经济合作的区域不断扩大，区域经济合作组织的数量不断增加，上海经济区、东北经济区、西南五省六方经济协作会、西北五省经济协作联席会、中南五省二市经济技术协作联席会等也相继成立。到1995年，我国各类区域经济合作组织数量达到100多个，其中包括很多城市间经济协作网络，比如各中心城市的协作组织等，为我国城市群的发展奠定了基础。

中心城市在我国发展居于重要地位，我国大多数城市群都是围绕着中心城市发展起来的。改革开放后，我们很快确立了城市在国民经济发展中的中心地位。1982年，中共中央、国务院发布了《改革地区体制、实行市领导县体制的通知》（中发〔1982〕51号），在全国范围内开始推行市领导县体制改革；1983年2月，中共中央、国务院又发布了《关于地市州党政机关机构改革若干问题的通知》（中发〔1983〕6号），提出要积极试行地、市合并，市领导县体制，此后地市合并，市领导县体制在全国铺开。1984年，中共中央十二届三中全会发布的《关于经济体制改革的决定》中指出，"城市是我国经济、政治、科学技术、文化教育的中心，是现代工业和工人阶级集中的地方，在社会主义现代化建设中起着主导作用"，要坚持以城市为重点的改革。到1994年年底，除了海南省之外，各省、自治区、直辖市基本都试行了市管县体制，全国共有196个市领导741个县、31个自治县、9个旗、2个特区，代管240个县级市，这一数量占全部直辖市、地级市数量的93.77%。[①] 市管县体制和撤县设区的迅速发展，有力促进了地级以上中心城市与周边腹地区域的一体化发展，促进了我国城市经济圈的形成。

改革开放以来，我国最早的一批城市群就是围绕着中心城市的经济合

[①] 浦兴祖：《当代中国政治制度》，复旦大学出版社1999年版，第186页。

作组织发展而来。1982年12月，国务院发布了《关于成立上海经济区和山西能源基地规划办公室的通知》，成立了上海经济区和山西山西能源基地两个规划办公室，分别设在上海与太原，直属国务院，由国家计委代管。两个办公室的主要任务是在不改变行政隶属关系的情况下统筹安排、制定区域内的经济社会发展规划，协调区域内部门之间、地方之间和部门与地方之间的关系，促进经济发展。从实践中看，这加强了区域内城市之间的联系，比如上海经济区促进了长三角城市群的形成，山西能源基地促进了晋中城市群的发展。

(二) 快速发展阶段 (1991—2000年)

1992年，邓小平南方讲话标志着中国进入了体制变革和改革突破的新时代。十四大报告指出中国经济体制改革的目标是建设社会主义市场经济体制，避免重复建设和重复引进，促进地区间形成合理交换、互惠互利、联合协作的新格局，充分发挥中心城市作用，发展格局良好的区域经济。1992年，国家计委提出了以自然资源、区位优势、经济联系为纽带的十大经济区：东北经济区、华北环渤海经济区、长江三角洲经济区、南方沿海经济、黄河中游经济区、黄河上游经济区、长江中游经济区、长江上游经济区、新疆经济开发区、西藏特殊经济区。这是对我国经济区进行的一次尝试性的划分，但最终未能进入实施阶段。从1992年起，原有的成立于20世纪80年代的区域经济合作组织开始消亡或者名存实亡，这是由于随着经济区的推动力量已经由原来的政府主导转变为政府与市场的双重动力，在这种情况下，区域经济合作需要寻求新的动力机制。1993年11月召开的十四届三中全会通过了《中共中央关于建立社会主义市场经济体制若干问题的决定》，确立了中国的社会主义市场经济体制，成为区域经济合作的体制依据。"九五"计划提出要"引导地区经济协调发展，形成若干各具特色的经济区域"，正确处理三对关系："全国经济发展与地区经济发展的关系，建立区域经济与发挥各省区市积极性的关系，地区与地区之间的关系"，还对长江沿江、东北、西北、西南和华南、环渤海等区域进行了规划。在国家规划和产业政策的指导下，各地选择发展具有本地特色的优势产业，形成了一批各具特色的重点产业区，国家要求这些区域积极开展横向经济联系，推动区域间优势互补，避免产业趋同。区域经济合作突破行政区划的界限，围绕中心城市，以交通要道为依托，形成了跨省（区、市）经济区域，如长江三角洲及沿江地区经济带，东南沿海经济区，环渤海经济圈等。

随着改革开放不断推测，我国施行了以发展小城镇为主的分散城镇化道路，20世纪80年代中后期到整个90年代，建制镇的数量增长很快。同时，这一时期由乡镇企业大发展所带来的产业集聚与开发区建设也对城市群提供了强大的推力，特别是围绕着中心城市形成的一大批工业区和小城镇，为城市群发展奠定了坚实的经济基础。比如苏南地区的乡镇企业、苏锡常区域的小城镇发展、珠三角区域的东莞、南海、顺德等小城镇的发展为长三角与珠三角的城市群发展奠定了基础。

此外，20世纪90年代，我国设立了大量的国家级经济技术开发区、高新技术产业开发区等，各类开发区的设立有力地促进了城市区域的扩展或是中心城市的发展，促进了城市群的成长。

（三）持续发展阶段（2001年至今）

进入21世纪，我国城市化进程进一步加速，国家提出了区域协调发展战略和新型城镇化战略，有力地促进了城市群的发展。"十五"计划提出："走符合我国国情、大中小城市和小城镇协调发展的多样化城镇化道路……发挥大城市的辐射带动作用，引导城镇密集区有序发展"。"城镇密集区"的内涵与"城市群"概念基本相似。城镇密集区"反映了随社会经济发展，城镇空间不断扩展，影响范围日渐扩大，城镇之间及城镇与区域之间联系逐步加强，城乡社会经济文化等一体化的趋势，是城镇区域化和区域城镇化两种过程相互作用的结果"[1]。"十一五"规划指出"要把城市群作为推进城镇化的主体形态"，并对已形成城市群发展格局的区域、具备城市群发展条件的区域以及人口分散、资源条件较差、不具备城市群发展条件的区域，进行了分类别的战略发展部署。这是国家首次提出城市群概念，并把城市群放在国家发展的重要位置。"十二五"规划则进一步指出："以大城市为依托，以中小城市为重点，逐步形成辐射作用大的城市群，促进大中小城市和小城镇协调发展"，构建两横三纵的城市化战略格局。2013年，中央城镇化工作会议在北

---

[1] 孙一飞：《城镇密集区的界定：以江苏省为例》，《经济地理》1995年第3期。

京举行，被视为1978年之后首次国家最高规格的城市会议，党中央把城市（群）治理上升到有关顶层设计的高度和国家发展的战略上来。会议提出，"要优化布局，根据资源环境承载能力构建科学合理的城镇化宏观布局，把城市群作为主体形态，促进大中小城市和小城镇合理分工、功能互补、协同发展"[①]。在这一时期，2011年公布的《全国主体功能区规划》，以及2014年中共中央、国务院印发的《国家新型城镇化规划（2014—2020年）》是两个对城市群发展非常重要的文件，它们对我国城市群的总体布局作了详细的规划。《国家新型城镇化发展规划（2014—2020年）》强调"要以城市群作为优化城镇化布局和形态的主体形态"，正式明确和承认了"城市群"的重要空间作用和社会价值，即改变传统的"东中西部"条状区域发展思路，将以城市群为单位的"块状"区域规划上升为国家战略。2014年，《国家发展改革委办公厅关于开展跨省级行政区城市群规划编制工作的通知》（发改办规划〔2014〕1066号）开始了跨省区的城市群规划的编制工作。以上这些文件提出，中国将建设20个城市群，包括5个国家级城市群，9个区域性城市群，6个新的地区性城市群。2016年，"十三五"规划提出要"建立健全城市群发展协调机制，推动跨区域城市间产业分工、基础设施、生态保护、环境治理等协调联动，实现城市群一体化高效发展"，并明确我国城市群发展的基本构想，提出建设19个城市群，"优化提升东部地区城市群，建设京津冀、长三角、珠三角世界级城市群，提升山东半岛、海峡西岸城市群开放竞争水平，培育中西部地区城市群，发展壮大东北地区、中原地区、长江中游、成渝地区、关中平原城市群，规划引导北部湾、山西中部、呼包鄂榆、黔中、滇中、兰州—西宁、宁夏沿黄、天山北坡城市群发展，形成更多支撑区域发展的增长极。"2018年，国家在《关于建立更加有效的区域协调发展新机制的意见》中提出，以中心城市引领城市群发展，并在文件中提到12个国家级中心城市。2019年，国家发展改革委发布了《关于培育发展现代化都市圈的指导意见》，提出以都市圈支撑城市群发展。至此，我国"中心城市—

---

① 中共中央、国务院：《中央城镇化工作会议会议精神（摘录）》，载国土资源部土地整治中心编：《中国土地整治相关法律法规文件汇编》，中国大地出版社2014年版，第298页。

都市圈—城市群—经济区"的发展格局基本形成。

二 中国城市群的发展现状

随着中国城市化的推进，我国的城市群发展呈现出"点—线—面"的发展轨迹，城市群也成为带动我国区域经济增长和参与国际经济的主要平台。

（一）城市群的空间布局

中国城市群空间布局在国家政策层面上是不断演化的。"十一五"规划和《全国主体功能区规划》出台后，普遍认为我国将形成"15+8"的城市群空间格局，"十二五"规划、《国家新型城镇化规划（2014—2020年）》以及《国家发展改革委办公厅关于开展跨省级行政区城市群规划编制工作的通知》（发改办规划〔2014〕1066号）等文件出台后，认为我国将形成"5+9+6"的城市群空间格局，"十三五"规划则提出我国的城市群将发展为"19+2"的空间格局。目前学界和官方文件、媒体报道中都认可"19+2"的空间格局，即19个城市群和2个都市圈。

19个城市群分为四个层次：一是加快发展"长江三角洲城市群、珠江三角洲城市群、京津冀城市群"3个城市群；二是优化发展"山东半岛、海峡西岸"2个城市群；三是培育和壮大"哈长、辽中南、中原地区、长江中游、成渝地区、关中平原"6个城市群；四是规划引导"北部湾、晋中、呼包鄂榆、黔中、滇中、兰州—西宁、宁夏沿黄、天山北坡"8个城市群。此外，拉萨和喀什由于周边城市发展不足，无法满足城市群组团发展要求，建议设立以两个城市为中心的"都市圈"。

据国内学者研究，2018年我国19个城市群国土面积合计约240万平方公里，占全国的1/4。1982—2018年，19个城市群常住人口从7.1亿人增加至10.5亿人，占全国人口的比重从70.3%增加至75.3%；2018年，19个城市群的平均城镇化率为61.7%，城镇人口6.5亿人，占全国城镇人口的78.3%；2016年，19个城市群GDP合计79.3万亿元，占全国的比重为88.1%。其中长三角、珠三角、京津冀城市群是发展程度最高、最成熟的三个城市群，三大城市群在占全国5%的国土面积上集聚了23.6%的人口，创造了全国38%的GDP，是带动我国经济快速增长的主要引擎和参与国际竞争的重要平台；成渝城市群、长江中游城市群是其中规模较大、最具发展潜力的跨省级城市群，两大城市群在全国 5.2% 的国土面积上集聚了 16.3% 的人口，创造了全国 15.6% 的 GDP；其他 14 个城市群在全国 14.7% 的国土面积上集聚了 35.4% 的人口，创造了全国 34.6% 的 GDP。[①]

（二）国家批复发展规划的城市群

自从国家"十一五"规划将城市群作为推进城镇化的主体形态后，城市群进入国家战略，此后的《全国主体功能区规划》、国家"十二五"规划、《国家新型城镇化规划（2014—2020 年）》等文件不断对我国城市群的进行空间布局，但城市群规划编制工作一直进展缓慢，直到 2014 年，国家发展改革委发布了《国家发展改革委办公厅关于开展跨省级行政区城市群规划编制工作的通知》（发改办规划〔2014〕1066 号）开始了跨省区的城市群规划的编制工作。此后，国务院于 2015 年 3 月批复《长江中游城市群发展规划》，中共中央政治局于 2015 年 4 月审议通过《京津冀协同发展规划纲要》；2016 年 2 月国务院批复了《哈长城市群发展规划》；2016 年 4 月批复《成渝城市群发展规划》，2016 年 5 月批复《长江三角洲城市群发展规划》；2016 年 12 月批复了《中原城市群发展规划》。2016 年 11 月，国家为了进一步促进城市群发展，加快城市群规划的编制，印发《国家发展改革委办公厅关于加快城市群规划编制工作的通知》（发改办规划〔2016〕2526 号），在文件中分跨省级行政区城市群、边疆地区城市群、省内城市群三个类别，对我国 12 个城市群的规划编制做了安排。此后 2017 年 1 月国家批复《北部湾城市群发展规划》；2018 年 1 月批复《关中平原城市群发展规划》；2018 年 2 月批复《呼包鄂榆城市群发展规划》；2018 年 2 月批复《兰西城市群发展规划》；2019 年 2 月，国务院批复《粤港澳大湾区发展规划纲要》。截至 2019 年 2 月，国家共批复城市群规划 11 个，具体情况如下（表 1—1）：

---

① 由于部分城市群的规划范围未定，本报告借鉴任泽平、熊柴：《中国人口大迁徙》中的相关研究数据，https://mp.weixin.qq.com/s/YJYWZsr7YWA7y7Dq5TSBUA。

表 1—1　　　　　　　国家批复规划的城市群基本情况

城市群名称	规划批复时间	核心城市	面积
长江中游城市群	2015-03-26	武汉、长沙、南昌	31.7 万平方公里
京津冀城市群	2015-04-30	北京、天津	22 万平方公里
哈长城市群	2016-02-23	哈尔滨、长春	5.11 万平方公里
成渝城市群	2016-04-12	重庆、成都	18.5 万平方公
长江三角洲城市群	2016-05-22	上海	21.17 万平方公里
中原城市群	2016-12-28	郑州	28.7 万平方公里
北部湾城市群	2017-01-20	南宁	11.66 万平方公里,
关中平原城市群	2018-01-09	西安	10.71 万平方公里
呼包鄂榆城市群	2018-02-05	呼和浩特	17.5 万平方公里
兰西城市群	2018-02-22	兰州、西宁	9.75 平方公里
粤港澳大湾区	2019-02-18	香港、澳门、广州、深圳	5.6 万平方公里

资料来源：依据国家批复发布的相关城市群规划文件整理。

基于城市群的快速发展和重要性，需要对现有中国城市群的治理现状进行研究，分析发展过程中存在的治理问题，提出相应的解决思路。本报告主要依据《国家发展改革委办公厅关于加快城市群规划编制工作的通知》中对城市群的分类——跨省级行政区城市群、边疆地区城市群、省内城市群——每类中选取 1—2 个城市群展开调查研究，希望揭示中国城市群治理的一般规律和特殊性，探究中国城市群未来的治理方向和治理机制。

第二章 中国城市群治理的现状

中国城市化的推进和城市间一体化发展水平的不断提高，要求中国城市群治理的手段和措施也相应发展。目前，不同地区已经探索形成了一些具有自己特色的治理手段，促进了城市群的发展，但我国的城市群治理水平仍然有限，还有很大的提升空间。

第一节 中国城市群治理的演进

我国的城市群治理经历了计划经济时期的经济协作、市场经济时期的城市政府合作，正在逐步构建中央和地方协同治理格局，中央和地方关系持续演进。

一 第一阶段：计划经济体制下的经济协作

（一）计划经济体制下的府际矛盾

在计划经济体制下，我国长期实行城市和乡村分开治理的管理体制，城市与周围农村地区发展脱节，使得经济发展陷入城乡分割的困境。改革开放前的府际矛盾主要体现在中心城市和周边县之间的物资和劳动力调配不畅上。作为经济中心，城市的经济活动必然会影响周围农村，但由于城市和乡村分开治理的体制，城市经济活动被限制在城市范围内，府际矛盾主要表现为生产资料和物资供应的冲突。改革开放后的府际矛盾更多体现为受市县分治的行政区划限制不能很好地发挥中心城市的带动作用。城市受行政区域的限制，难以组织城市和乡村间的资源流动，城市与周围乡村地区缺乏直接经济联系，要通过上级管理部门进行协调才能进行物资和人员的互通有无。

(二) 市领导县

改革开放后，为促进促进区域经济发展，协调市县间的府际关系，我国开始正式大规模推进市领导县的体制。市领导县是由一个中心城市领导若干个县，其实质就是将一级城市政府改造成为辖县的一般地域型政府，或是将省的派出机构地区行政公署转变为辖县的一级城市政权。中心城市经济相对发达，以新城市带动周围农村，这是一种城乡合治的治理模式。1986年，民政部发布《关于调整设市标准和市领导县条件的报告》，确定了实行市领导县体制的市的条件。其后，中国绝大多数地区陆续确立了市领导县的体制。

市管县模式不是增设新市，而是在市的建制模式上产生了变化，形成了一种新的地域型市。市领导县发挥了积极作用，但同样出现了很多弊端。在市管县体制下，地级市辖域内乡村面积和人口都大大超过了地级市所在城市的面积与人口，特别是那些设在规模较小的城市而又辖县较多的地级市，情况更为突出。当代中国城镇地区的市镇型政府已改造为地域型行政管理模式，市政府管辖的范围和内容既有城市事务，还包括所管辖的农村地区。市政府已然不是一个纯粹的城市政府了。

(三) 经济协作区

市领导县体制是处理城市间关系的重要制度创新。但是，市领导县的空间范围有很大局限，大多在原有地区的范围内，由地区直接转变而来。对于更大范围的城市间政府关系，国家是通过经济协作区这一方式进行协调的，其中最为典型的是上海经济区和环京经济协作区。

我国经济协作区的发展由来已久。1958年，国家为了协调省、直辖市和自治区之间的经济联系，将全国划分为7个协作区，分别是东北、华北、华东、华南、华中、西南、西北，形成若干个具有比较完整的工业体系的经济区域。后因"文化大革命"，经济协作区被撤销。"四五"计划又决定以大军区为依托，将全国划分为西南区、西北区、中原区、华南区、华北区、东北区、华东区、闽赣区、山东区、新疆区十个经济协作区。《1976年到1985年发展国民经济十年规划纲要（草案）》提出建成西南、西北、中南、华东、华北和东北六个大区的经济体系，并要求每个经济协作区应形成"不同水平、各有特点、各自为战、大力协作，农轻重比较协调发展的经济体系"。

1982年，国家要求"以上海为中心建立长三角经济圈"，长三角经济圈范围包括上海、南京、宁波、苏州与杭州等城市。此后，国务院《关于成立上海经济区和山西能源基地规划办公室的通知》明确上海经济区的范围包括长江三角洲的9个城市，以上海为中心之外，还有苏州、无锡、常州、南通、杭州、嘉兴、湖州、宁波、绍兴等。1983年，直属国务院、由国家计划委员会代管的上海经济区规划办公室成立，区域范围为上海市和江苏省4个市，包括常州、无锡、苏州和南通，以及浙江省5个市，包括杭州、嘉兴、湖州、宁波和绍兴。这是长三角城市群的雏形。1984年，国务院又把上海经济区扩大为上海、江苏、浙江、安徽、江西，拥有人口近2亿。1987年，上海经济区再次扩容，纳入福建，包括了除山东以外的整个华东地区，并先后形成《上海经济区发展战略纲要》和《上海经济区章程》。1988年6月，国家计委撤销了上海经济区规划办公室。

京津冀地缘相近，有内在的合作需求。早在1981年，就设立了环京津经济协作区，范围包括北京、保定、张家口等。此后，京、津、冀、晋、内蒙古五省市区又联合成立了我国第一个区域经济联合组织——华北地区经济技术协作区。1988年，北京与保定、廊坊、唐山、秦皇岛、张家口、承德6市组建了环京经济协作区，并建立了市长、专员联席会议制度等。在这一时期，成立的经济协作区还有武汉经济协作区、重庆经济协作区、中原经济协作区等。这些经济协作区有些逐渐停止活动，有些在后来被新的区域合作组织所取代。这些经济协作区和合作组织在20世纪90年代中期逐渐销声匿迹，没有发挥对区域经济发展的协调作用。

经济协作区在1980年代至1990年代初期对促进区域内城市间经济联系起到了积极作用。但是随着国家的发展和时代背景的变化，这些经济协作区的作用逐步被弱化。首先，经济协作区组织不合理，为了追求大而全，往往涵盖范围过大。如上海经济区当时的区域经济辐射范围并没有这么大，导致上海经济区失去了其存在的价值。其次，经济协作区的存在增加了行政成本，降低了行政效率。在国务院进行机构改革的背景下，一批机构被裁减。再次，经济协作区内城市间存在巨大的经济社会发展差距和利益冲突，也是其难以维系的重要原因。最后，经济协作区是计划经济时期的产物，随着社会主义市场经济体制的逐步确立，经济协作区的历史使命宣告结束。

二　第二阶段：市场经济体制下的城市合作与行政区划调整

（一）城市的恶性竞争

1. 城市政府间的恶性竞争

随着社会主义市场经济体制的确立，城市政府自主权和发展压力开始增强。为了促进本地区经济发展，城市间的竞争日益增强。一些地区加工工业的生产能力迅速扩张，导致能源原材料供应严重不足，城市政府为了帮助本地国有企业竞相争夺原材料，引发"棉花大战""羊毛大战""烟叶大战""蚕茧大战"。城市政府还采取了一系列措施封锁市场保护本地产品的行为并阻碍生产要素向外流动，有时甚至故意不连接地区间交通运输线路。为吸引各种生产要素，城市政府出台优惠政策，例如，以低价协议出让工业用地，根据投资额度返还部分出让金等，甚至在某些方面突破中央政府的政策限制和约束，展开激烈竞争。其结果是20世纪90年代初期地区间产业重构、价格趋异及严重的地区间贸易壁垒现象突出。

2. 晋升博弈与地方政府恶性竞争

从政治上看，地方政府恶性竞争的原因是官员的晋升与否与地方经济发展情况密切联系，地方政府竞争的关键特征是晋升博弈。"晋升博弈作为一种行政治理的模式，是指上级政府对多个下级政府部门的行政长官设计的一种晋升竞赛，竞赛优胜者将获得晋升，而竞赛标准由上级政府决定，它可以是GDP增长率，也可以是其他可度量的指标。"[①] 周黎安认为，晋升博弈的优点是在地方政府间引入竞争机制，这一行政竞争推动地区经济竞争，改变了地方政府资本的态度。在这种意义上说，晋升博弈是对正式的产权保护和司法制度的一种局部替代。

晋升博弈作为地方治理机制优点突出，很多学者认为晋升博弈是改革开放后中国经济快速增长的关键原因之一。另外，晋升博弈也产生了很多的负面影响，阻碍了地方政府合作和区域治理的发展。周黎安在一篇重要论文中论证了晋升博弈对地方政府合作的影响。[②] 其关键假设是：

[①] 周黎安：《中国地方官员的晋升锦标赛模式研究》，《经济研究》2007第7期。
[②] 周黎安：《晋升博弈中政府官员的激励与合作——兼论我国地方保护主义和重复建设问题长期存在的原因》，《经济研究》2004年第6期。

（1）地方政府官员能否得到晋升取决于辖区的相对经济绩效。因而，地方政府不仅考虑所在辖区的经济增长，还考虑自身行为对相邻辖区经济的影响。地方政府将避免那些将引起辖区之间相对经济地位变化的行为。

（2）地方政府行为的影响会外溢到其他辖区。因此，合作行为对一个地方政府经济绩效的影响不仅取决于自身，还取决于其他地方政府的行为。

其构建的模型表明，在晋升博弈的框架下，地方政府将选择非合作的行为。从矩阵结果看，采取合作行为对两个地方政府都是有利的。但是，即使两个地方政府都知道矩阵的结果，也不会采取合作行为，因为非合作行为不会改变双方的排序，而合作行为将会影响到地方政府的排序。在晋升博弈框架下，地方政府的非合作均衡是稳定的，将长期保持。

孙兵对周黎安的结论进行了补充，指出当两地方政府框架扩展到多地方政府情形时，一旦有地方政府采取合作行为，将会提升采取合作行为的地方政府的位次，其他地方政府为了提升或保住位次，会参与地方政府合作，即合作行为会激励更多的地方政府参与合作。这表明地方政府的非合作均衡是不稳定的。[1]

（二）城市政府展开合作

在城市政府间恶性竞争加剧的背景下，城市政府也开始探讨解决问题的出路，城市政府合作成为缓解恶性竞争的重要手段。20世纪90年代以来，城市政府合作开始频频出现。长三角、珠三角等东部地区的城市政府合作最为活跃。在合作的领域数量、合作的政府层级以及合作的紧密程度等方面，东部沿海地区的合作水平在国内也最高。中部地区的城市政府合作也较为活跃，但规模大都较小，合作的地方政府的层级较低，多为地级市之间的合作。西部地区由于城市规模和数量有限，城市政府合作起步较晚，只有零星几处规模较小的城镇群。近年来，随着区域经济一体化的发展，城市间的合作组织越来越多，据不完全统计，当前仅城市政府间的合作组织就达300多个，平均每省约有10个，有的城市政府可能涉及多个合作组织。合作组织具有"链接"功能，在组织的协调下，城市群的发展速度明显加快。

---

[1] 孙兵：《晋升博弈背景下中国地方政府合作发展研究》，《南开学报》2013年第2期。

(三) 撤县（市）设区的行政区划调整

为了协调城市政府间的行动，部分地区运用行政权力，通过撤县（市）设区的行政区划调整打破行政阻隔，促进要素流通。行政区划调整直接影响了城市群空间的形成与演化。撤县（市）设区指的是地级或以上城市将原有的所辖县或是县级市转变为市辖区的行政区划调整行为，这种手段是强制性的。从1983年到2017年，全国共发生了342例撤县（市）设区（见图2—1），其中东部地区140例，东北地区17例，中部地区69例，西部地区116例。撤县（市）设区较好协调了城市政府间的行为，但这并不是一个常规的举措，不可能无限制地撤县（市）设区扩大城市的范围。此外，当城市政府间的关系涉及较多数量、较大范围的城市政府时，也无法通过行政区划解决问题。当出现城市政府间冲突时，通过合作协调政府间关系仍然是第一选择。

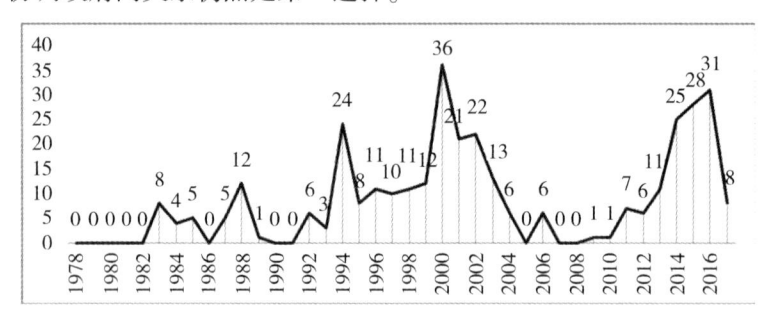

图2—1　1978—2017年我国的撤县市设区数

资料来源：吴金群、廖超超等：《尺度重组与地域重构——中国城市行政区划调整40年》，上海交通大学出版社2018年版，第402—408页；1978—2016年的数据来源于中国行政区划网站（http：//www.xzqh.org/html/）；2017年数据来源于中华人民共和国民政部网站（http：//202.108.98.30/description？dcpid=2017）。

三　第三阶段：新时期中央政府和城市政府的协同治理

自党的十八大召开以来，城市（群）发展及其治理问题得到了党和政府的高度关注。中央全面深化改革领导小组、中央财经领导小组和中共中央政治局先后召开各种形式的会议，研讨、分析了目前我国城市（群）发展的形势和所面临的问题，开始更深入地参与城市群治理之中，中央政府和城市政府协同治理城市群的体制机制正在初步形成。

第二章 中国城市群治理的现状

2014年2月26日,习近平总书记在京主持召开座谈会,推动京津冀协同发展战略,指出京津冀协同发展是"是一个重大国家战略"。这是京津冀一体化发展一次难得的重大机遇。根据京津冀协同发展的战略要求,中央成立了京津冀协同发展领导小组。领导小组办公室设在发改委。此外,还设立了京津冀协同发展专家组。在京津冀协同发展战略中,中央政府对京津冀城市群治理的参与程度之深和机构规格之高,前所未有。京津冀协同发展是国内第一个中央直接介入的城市群发展战略。国家主席习近平以召开座谈会的方式启动京津冀协同发展战略,迄今为止,只有在援藏和援疆时采用过中共中央召开座谈会的动员方式,这说明京津冀协同发展首先是一项政治任务。北京是国家的首都,解决北京的大城市病问题是京津冀协同发展的首要任务,三地必须执行中央的安排。京津冀协同发展的组织形式也比已有的跨省区域合作更全面,不仅国务院成立了领导小组,相关的部委也成立了分领域的领导小组。京、津、冀三地也分别成立了各自的协同发展领导小组,由各地政府主要负责人担任领导小组组长和副组长。

目前,围绕京津冀协同发展已经成立了从中央到三地省级政府以上三个层次的领导和协调机制,是迄今为止国内区域政策推动机制最全的一例。由国家发改委牵头制定的《京津冀协同发展规划纲要》经中央财经领导小组审议,最终由中共中央政治局批准,这也是以往区域政策没有达到过的决策层级。在中国,中共中央政治局只对全国性的重大事项进行决策,中共中央政治局审定《京津冀协同发展规划纲要》表明中央政府的职能也在变化,中央最高决策层已经直接介入区域合作,这也是中央政府作为一个主体首次介入区域合作。

中央关于城市群治理的政策还体现在对具体的区域发展规划要求中,如长三角和珠三角的区域规划。《国务院关于长江三角洲地区区域规划的批复》(国函〔2010〕38号)指出,要充分发挥长江三角洲地区区域合作协调机制的作用,建立健全泛长江三角洲地区合作机制,协调解决规划实施过程中遇到的重大问题。要进一步加强与其他地区的紧密合作,促进生产要素跨地区自由流动,实现人口和产业有序转移。2016年,《长江三角洲城市群发展规划》指出,要健全长三角三省一市政府层面的"三级运作"机制,强化议事决策功能,充分发挥长三角地区合作与发展联席会议的组织协调功能。《珠江三角洲地区改革发展规划纲要(2008—2020

年)》提出,支持粤港澳三地在中央有关部门指导下,扩大就合作事宜进行自主协商的范围。鼓励在协商一致的前提下,与港澳共同编制区域合作规划。完善粤港、粤澳行政首长联席会议机制,增强联席会议推动合作的实际效用。

目前,中央政府更为积极地参与城市群治理。2018年11月5日,习近平总书记在首届中国国际进口博览会开幕式上的主旨演讲中指出,"将支持长江三角洲区域一体化发展并上升为国家战略"。习近平还亲自谋划、部署、推动粤港澳大湾区建设,成立了粤港澳大湾区建设领导小组。2018年,国务院《关于建立更加有效的区域协调发展新机制的意见》指出,"实施区域协调发展战略是新时代国家重大战略之一",并且提出"坚持中央统筹与地方负责相结合。加强中央对区域协调发展新机制的顶层设计,明确地方政府的实施主体责任,充分调动地方按照区域协调发展新机制推动本地区协调发展的主动性和积极性"的基本原则。这一系列的政策表明,城市群治理已经步入中央政府和城市政府协同治理的新时期。

第二节　中国城市群治理的概况、类型和特征

一　中国城市群治理的概况

"十一五"以来,中国区域发展战略随着区域发展格局的聚集与分散而进一步细化,区域发展形成了东部沿海"三大五小"和全国范围内6个核心经济圈(带)的城市群分布格局。这一格局以沿海或沿江为依托,覆盖了从东北到西南的全部沿海地区,华北、华中、华南以及中部地区和部分西部、东北地区也被囊括在内。具体而言,"三大"是指环渤海地区、长三角和珠三角地区;"五小"则是指辽宁沿海、山东黄河三角洲生态经济区、江苏沿海经济区、海峡西岸经济区和广西北海经济区。这是继1984年国务院批准14个沿海开放城市后,国家推动东部发展的又一重要布局,"三大五小"的开发格局使得中国东部沿海地区的经济区连成一片。六个核心经济圈(带)包括首都经济圈、环渤海经济圈、东海经济圈、南海经济圈、长江中上游经济带以及黄河中游经济带。

从城市群分布特点来看,"三大五小"和六个核心经济圈(带)呈现明显的交叉,"大圈套小圈"现象普遍存在。"五小"中的辽宁沿海、山

东黄河三角洲生态经济区位于环渤海地区，江苏沿海经济区位于长三角地区，形成"大"中有"小"、"大""小"交叉的格局。这种交叉也体现在六个核心经济圈（带）的分布上：首都经济圈和渤海经济圈有交叉，东海经济圈则跨越长三角和海西经济区，南海经济圈跨越珠三角和北部湾经济区。而内地的核心经济带分别以长江流域和黄河流域为轴，均为跨省的经济区，其中长江中上游经济带以武汉城市圈、长株潭城市群、成渝地区、昌九地区为依托，黄河中游经济带以中原地区、关中地区以及国家能源基地为依托。这种区域经济分布的一个特点是贯穿了东中西三大地带，有利于缩小区域发展差距。另一个特点是城市群（圈）之间在辐射圈边缘上有交叉和重合，对于位于边缘的地方提供了多重机会。总的说来，这种区域发展的格局更为强调区域内部的经济联系。

城市群治理类型的划分基于不同标准。根据不同标准划分的合作类型之间还具有一定的相关性。下面主要根据推动主体、合作的范围和层次、制度化程度三个标准，对相应的地方政府合作类型进行较为细致的阐述。

二 城市群治理的类型：基于治理推动主体的分类

根据合作的推动主体，可以把城市群治理划分为互利合作、大行政单位主导和中央政府推动的城市群治理三种类型。

（一）中央政府推动的城市群治理

中央政府推动的城市群治理是指中央政府通过行政命令、制度构建和资源支持等方式，推动城市群内的地方政府之间进行合作。在西方国家，大多实行地方自治，地方政府在地方相关事务中自主决策，中央政府难以进行干预。但是，中央政府可以利用财政资源推动城市群治理。以美国重要的城市群治理形式之一区域规划委员会（Regional Planning Commissions, RPCs）为例，1962年《联邦高速公路法》和1964年《城市大众交通法》等法令规定，接受州际公路联邦拨款的前提是作出全面和连贯的交通规划，并要求各地成立区域规划机构来制定这一规划。在此背景下，1967年全国的RPCs迅速增加到216个。[①]

---

① 刘彩虹：《整合与分散——美国大都市区治理体制研究》，博士学位论文，复旦大学，2004年，第133页。

在中央政府推动的城市群治理中，相对于地方政府，中央政府是一个更重要的推动主体。如果仅仅依靠地方政府的自主意愿，地方政府或者希望合作，或者不希望合作，可能都不足以真正形成合作。中央政府通过制度和资源加以推动，对地方政府施加外力，使得合作成为现实。由于有中央政府的参与，地方政府很难从城市群治理中退出，因为地方政府必须要考虑中央政府的反应。中央政府和地方政府在治理中的地位是不同的，中央政府推动合作很大程度上出于政治考虑，而不是经济上的考虑，地方政府则从合作中获得了政治和经济利益，中央政府是合作的主导者。

京津冀协同发展是我国城市群治理的典型案例。京津冀协同发展是重大国家战略，是在中央政府高度关注下进行的。可以说，国内目前没有一个区域发展能赢得中央政府如此高规格、如此深入的关注和参与，从这个意义上讲，京津冀城市群治理对我国城市群治理体制机制具有非常典型的示范意义。京津冀协同发展战略实施以来，以习近平总书记为核心的中央政府始终关注京津冀协同发展的推进，习近平总书记多次召开会议对重大议题进行研讨和决策，李克强总理每年都在政府工作报告中强调京津冀协同发展战略。京津冀协同发展战略上升为国家重大战略后，国家设立了京津冀协同发展领导小组，具体负责推进京津冀协同发展战略。

京津冀协同发展领导小组的主要任务是加强中央统一领导，强化顶层设计，研究制定发展战略，推动实施重大规划和重大政策，协调解决跨地区、跨部门重大事项，健全完善督促检查机制。领导小组办公室加强统筹指导和综合协调，推动实施重大规划、重大政策和重大项目，协调解决跨地区、跨部门重大事项，健全完善督促检查机制；推动三省市深化合作联动，中央有关部门立足自身职能，积极落实相关工作。表2—1列出了京津冀协同发展相关的部分重要会议。

除了京津冀城市群外，很多省内城市群的发展也具有上级政府推动的特征，例如小珠三角中的广东省政府，山东半岛城市群中的山东省政府，中原城市群中的河南省政府，武汉都市圈中的湖北省政府，长株潭城市群中的湖南省政府等。

表 2—1　　中央政府推进京津冀协同发展战略的若干重要会议

时间	会议名称/主持人	会议主题
2014 年 2 月	京津冀协同发展座谈会/习近平	提出京津冀协同发展战略
2014 年 9 月	京津冀协同发展领导小组第三次会议/张高丽	讨论京津冀区域功能定位
2014 年 12 月	京津冀协同发展工作推进会议/张高丽	从总体谋划转向推进实施
2015 年 4 月	中共中央政治局会议/习近平	审议通过《京津冀协同发展规划纲要》
2015 年 7 月	京津冀协同发展工作推进会议/张高丽	疏解北京非首都功能
2015 年 12 月	京津冀协同发展工作推进会议/张高丽	推进实施《京津冀协同发展规划纲要》
2016 年 5 月	中共中央政治局会议/习近平	研究部署北京城市副中心和进一步推动京津冀协同发展有关工作
2017 年 2 月	河北雄安新区规划建设工作座谈会/习近平	规划建设雄安新区
2017 年 4 月	京津冀协同发展工作推进会议/张高丽	规划建设北京城市副中心和河北雄安新区
2018 年 2 月	京津冀协同发展工作推进会议/张高丽	讨论修改后的河北雄安新区规划纲要

资料来源：作者整理。

(二) 大行政单位主导的城市群治理

大行政单位主导的城市群治理是指城市群治理参与者包括若干较小的行政单位和一个较大的行政单位，其中大行政单位能够在城市群治理中起主导作用。大行政单位主导的城市群治理的基本条件，大行政单位在合作中获益较大，可以单独承担推动地方政府合作的成本。在大行政单位主导的城市群治理中，大行政单位从地方合作中获得了最大的利益，因此大行政单位是城市群治理的推动者，有很大的积极性去维持合作的稳定。这是大行政单位主导的城市群治理和地方政府互利合作的一个重要区别。

由于我国行政管理体制的特征是中央集权体制，权力运行方向是自上而下，在城市间关系中城市行政级别是重要影响因素，导致我国很多城市群治理都表现出大行政单位主导的特征。在城市群治理推动主体方面，大行政单位主导的城市群治理在依靠参与合作的各个地方政府的前提下，大行政单位在合作中要扮演关键角色，在与其他地方政府沟通方面、在决策的推动方面、在政策执行的资源提供方面等，大行政单位都是主要的推动者。

例如，长江三角洲经协（委）办主任联席会议1992年成立时候，在上海、无锡、宁波等14个城市中，上海作为直辖市和大行政单位，无可争议地成为常务主席方。1997年，长江三角洲经协（委）办主任联席会议升格为长江三角洲城市经济协调会，会议制定了《长三角城市经济协调会章程》，协调会设常任主席方和执行主席方，常任主席方由上海担任，执行主席方各城市轮流担任，上海市政府合作交流办为常设联络处。2004年，长三角城市经济协调会第五次会议决定把常设联络处调整为长三角城市经济协调会办公室。新设的办公室作为政府的常设机构，办公室主任由上海市人民政府合作交流办副主任担任，副主任3名，分别由南京、杭州和宁波人民政府协作办主任担任。总体来看，在长三角城市群治理的发展演变过程中，上海作为大行政单位在城市群治理中一直扮演关键的推动作用。

京津冀城市群治理从另外一个角度提供了不同的经验。1986年，在天津的倡导下，由天津、大连、唐山等15个沿海市（地）共同发起成立环渤海区域合作市长联席会议。联席会成立时推选天津为主任城市，环渤海地区经济联合市长联席会办公室为常设机构，办公地址设在天津市人民政府经济协作办公室（现更名为"天津市合作交流办公室"）。环渤海区域合作市长联席会议对推动环渤海和京津冀区域经济合作与交流起到了积极作用。但是，城市群的核心城市北京市一直没有加入环渤海区域合作市长联席会议，使得环渤海区域合作市长联席会议在推动京津冀城市群一体化方面进展不大。

除了长三角，我国还有很多城市群治理也都表现出大行政单位主导的特征，城市群治理围绕大行政单位开展，例如，珠三角城市群中的广州、深圳，海峡西岸城市群中的福州、厦门，关中平原城市群中的西安，成渝城市群中的重庆、成都，等等。

(三) 城市政府互利合作

城市政府互利合作是指各个城市政府都能从合作中获益，城市政府出于利益的引导积极推动彼此间的合作。在合作推动主体方面，城市政府互利合作主要依靠参与合作的各个城市政府。互利型的地方合作可以发生在各个层次上，但需要有足够的激励使得有一方或几方承担合作启动，合作协议的达成有赖于所有城市政府的共同努力。随着合作规模的扩大，新进入的城市政府也将成为合作的推动者。

城市政府互利合作是完全自愿的。只要达到进入城市群治理的标准，并符合城市群治理规定或约定的进入规则，希望进入合作的城市政府就会成为合作组织的新成员。如果觉得继续留在合作组织中不再符合城市政府的利益，任一城市政府也可以选择自由退出合作组织，而不用顾忌其他城市政府或上级政府的反应。中国的湘桂黔渝毗邻地区经济技术协作区中，柳州市和张家界市也经历了"加入—退出—重新加入"的过程。一旦退出合作，城市政府不但不能再获得参与合作带来的利益，而且由于不合作的声誉，将加大再次进入合作的难度。因此，退出在很多时候只是一个威胁，城市政府会审慎地考虑退出的决策。

在城市政府互利合作中，原则上讲所有的城市政府在地位上都是平等的，这主要是基于城市群治理自由进入和退出的性质。但是，在城市群治理的实际运行中，一些规模大的城市政府有可能通过对其他城市政府施加自己的影响力，使决策向有利于自己的方向偏移。城市政府也可以通过给予对方补偿的方式实现合作，这出现在相关各方受益不均的情况下。受益多的一方给予受益少的甚至不能受益的一方以补偿，使得对方有合作的动力。在跨地区基础设施建设、跨地区环境保护中经常出现以这种方式实现的合作。比如北京给周边河北的一些地区以财政补偿，以获得这些地区为保护北京的水源而付出的代价，从而实现合作。

在我国，国家对城市群治理并无明确的法律法规作为依据，因此城市群治理大多表现出互利合作的特征。即使是在大行政单位主导的城市群治理和上级政府推动的城市群治理中，城市政府也都保持着独立性，大行政单位和上级政府并未对城市参与城市群治理提出刚性的约束。城市政府互利合作的形成和发展大多是基于经济上的考虑，因而合作的内容也绝大多数与经济有关。城市政府互利合作的性质主要是经济性的，城市政府在进行决策时考虑的主要因素是经济利益。在某种意义上,可以把参与合作的城市政府视同一个追求本辖区经济利益最大化的主体,城市群治理更多是一个经济协作组织,而不是政治联盟。

三 城市群治理:基于治理范围的分类

根据城市群的范围,可以把城市群治理划省内和跨省的城市群治理两种类型。

(一)跨省的城市群治理

跨省的城市群治理指的是参与合作的城市政府超越了单个省级行政辖区范围,来自于两个甚至两个以上的省。在跨省的城市群治理中,又分为两种类型:一种是全省或省核心城市参与的城市群治理;另一种是省际城市参与的城市群治理。在合作范围上,跨省的城市群治理的空间范围并不一致。有些城市群治理的成员较多,如淮海经济区包括江苏、山东、河南和安徽四省20个地级市,长江三角洲城市经济协调会包括了上海、江苏、浙江、安徽的四省(市)的22个城市。也有些城市群治理的成员较少,如黄河金三角仅包括陕西、山西、河南三省的4个城市。

全省或省核心城市参与的城市群治理涉及的区域范围广,经济总量大,在国民经济中占有重要的地位,促进城市政府进行合作意义重大。因此,城市群治理的推动主体除了省级城市政府外,中央政府在其中推动作用也非常重要。像在长三角、珠三角、京津冀城市群治理的形成和发展中,中央政府都扮演了重要角色。尽管如此,在中央层面尚没有专门的机构承担协调省级合作,只有对京津冀城市群设立了京津冀协同发展领导小组。中央政府对省级城市群治理主要是通过区域规划。比较典型的如长江三角洲城市群、粤港澳大湾区城市群和京津冀城市群治理已经上升为国家战略。

对于全省或省核心城市参与的城市群治理而言,具有经济内在联系是城市群治理发展的前提。第一,长三角、珠三角和京津冀三大区域的经济一体化程度不断加深是城市群治理发展演变的经济基础。第二,高层达成共识是城市群治理发展的基础,政府高层之间能够达成共识,就有利于城市群治理的推进,反之亦反。第三,城市群治理的落实机制非常重要。因此,构建工作落实机制是城市群治理的重要环节,如果缺乏落实机制,城市群治理就有可能一直停留在构想阶段。第四，区域规划是城市群治理取得进展的结果和标志。形成区域规划，是区域内城市群治理推动的结果，也是城市群治理取得进展的重要标志。第五，中央政府的支持对城市群治理的发展起关键作用。在长三角和珠三角，城市群治理的每一次突破都离不开中央政府的推动，在京津冀协同发展中中央政府是主要的推动者。

省交界处的城市群治理比较典型的有晋陕豫黄河金三角、九方经济区和淮海经济区等城市群。晋陕豫黄河金三角地区由陕西省渭南市、河南省三门峡市和山西省运城市、临汾市共同构成，二十多年来在区域规划共编、建立合作机制、基础设施共建、产业合作等方面取得了具体和显著的成绩。闽浙赣皖九方经济协作区由福建、浙江、江西、安徽四省毗邻的九市组成，改革开放后城市群一体化程度也不断提高，已经逐步形成了较为系统和固定的合作模式。淮海经济区包括江苏、山东、河南、安徽等接壤地区的20个地级市，目前已经成立了淮海经济区核心区城市会议。

在省交界处，城市群治理的成员来自不同的省级单位，因此城市群治理主要是基于自主治理；其次，城市群治理的成员多属于一省的边缘地区，城市政府合作有抱团取暖的性质。与全省或省核心城市参与的跨省城市群治理不同，在省交界处的城市群治理中，参与城市群治理的城市经济发展水平总体偏低，所在省对城市群治理的参与和支持相对较少，成员城市参与城市群治理的积极性较高，通常有明确目标引领合作的发展。此外，参与城市群治理的成员城市通常具有历史文化同源性。

(二) 省内的城市群治理

省内的城市群治理指的是参与城市群治理的城市政府都在同一个省级行政辖区之内，都接受同一个上级政府的行政领导。省内的城市群治理通常发生在省内经济比较发达的地区，范围通常不是太大。特别是省会及其附近的若干城市，由于省会不仅是一省的经济中心，而且还是一省的政治中心、行政中心、商业中心、交通中心、金融中心，周边城市和省会之间的联系较为密切，对城市群治理有内在需求。比较典型的省内城市群治理有山东半岛、武汉都市圈、长株潭、北部湾、山西中部、呼包鄂、黔中、滇中、宁夏沿黄、天山北坡等城市群。

但是，由于同属一个省，城市政府官员之间存在着晋升博弈的现象，这在很大程度上抑制了城市政府之间进行合作的积极性。从现实情况看，省内城市群治理很多都是在省政府的安排之下进行的。由于存在着晋升博弈的情况，仅仅依靠城市政府自主协调，往往会出现合作的"囚徒困境"，因此在省内城市群治理中，省政府往往在协调中起到了重要作用，很多合作及其相应的项目安排都进入了省级规划，有些省还设立了专门机构协调城市政府之间的合作，如湖南省设立"长株潭两型社会建设改革实验区领导协调委员会办公室"，为正厅级机构，归口省发展改革委管理。

省会城市在城市群治理中居于核心地位。省内城市群治理大多是在省内经济核心区，省会城市作为一省的经济、政治、文化、信息、交通中心，省内经济核心区往往是围绕着省会城市进行组织，省会城市是区域经济的增长极和拉动力量。再加上省会城市在一省政治行政中地位相对高，因此省会城市在城市群治理中通常居于核心地位。在长株潭城市群中，长沙是无可争议的龙头，武汉城市圈是以省会城市命名，其他省内城市群中省会或其他大城市都在城市群治理中扮演核心角色。

省级正式机构通常是城市群治理的主要组织者。这和跨省城市群治理不同，跨省城市群治理的组织主要是通过联席会议。二者之间的差异在于，省级正式机构履行职能是以省委省政府的权威为基础的，有自上而下的性质；联席会议履行职能是以成员城市的支持为基础的，有自下而上的性质。例如，在长株潭城市群中城市群治理组织主要是省长株潭领导协调委员会和两型办，在武汉城市圈中城市群治理组织主要是推进武汉城市圈试验区建设领导小组及其办公室。

城市群治理的分类，如表 2—2 所示。

表 2—2　　　　　　　　　　城市群治理的类型

分类依据	城市群治理的类型
治理推动主体	中央政府推动、大城市主导和互利合作的城市群治理
范围和层次	省内和跨省的城市群治理
制度化程度	基于项目、基于框架协议和制度化的城市群治理
治理结构	单中心、多中心和无中心的城市群治理
治理内容	个别领域、综合内容的城市群治理
治理机制	基于市场机制、行政命令和自主治理的城市群治理

四 中国城市群治理的特征

（一）政府是城市群治理的主导者

在中国的城市群治理中，政府是城市群治理机制的主导者，包括中央政府和地方政府。企业和非政府组织等很少有机会参与到城市群治理过程中，即使参与城市群治理，也往往是通过地方政府间接参与，而且是处于从属地位。城市群治理是公共部门的决策过程，讨论的议题也是公共事务，只是跨越了单个行政辖区，成为区域公共事务。在地方政府决策过程中，企业和非政府组织等同样很少有机会能参与，那么他们难以参与城市群治理不足为奇。

在西方国家，城市群治理非常强调企业和非政府组织参与，城市群公共事务如果没有企业和非政府组织参与是很难成功的。中国的城市群治理和西方国家有显著的差异，其关键原因是中国政府对公共事务的垄断。中国强调中央集权，决策机制是自上而下的，政府处于决策过程的中心，很少留下其他主体参与决策的空间。西方国家强调地方自治，决策机制是自下而上的，企业和非政府组织等一直都积极参与公共决策过程，而且它们掌握很多的公共资源，离开它们的支持，政府缺乏推动城市群治理的能力。相比之下，中国政府掌握大量资源，可凭借自身能力主导和推动城市群治理进程。

（二）中央政府参与城市群治理过程

在西方国家，城市群治理主要属于地方事务，中央政府可能介入城市群治理，但并不是必须的。例如，美国联邦政府曾经在1970年代对区域政府联合会（COGs）予以资助，一度促进了城市群治理的繁荣，进入1980年代后，联邦政府削减了这一支出，导致很多政府联合会难以维系。但即使没有联邦政府的资助，美国仍然有大量的治理组织活跃在区域公共事务的舞台上。

中国的城市群治理组织大多需要中央政府或省级政府的参与。一些城市群治理组织在没有上级政府介入之前就存在，但其作用往往是非常有限的，城市群治理缺乏对地方政府成员的吸引力和约束力。以较为成功的长三角和珠三角为例，尽管早就有市长联席会议这样的治理机制，但往往沦为务虚会或清谈会，实际效果有限。环渤海地区经济联合市长联席会尽管每年都举办会议，但几乎没有对京津冀城市群治理产生影响。而一旦区域发展上升为国家战略，城市群治理就能在推动区域一体化发展中发挥重要作用。执行中央政府规划任务的压力，使得城市群治理组织成为城市政府共商区域公共事务的最佳平台。前面提到的晋陕豫黄河金三角地区从一开始就把区域规划纳入国家发展战略为目标，但因一度受挫，在很大程度上影响了城市政府合作的积极性。

(三) 自主治理机制是次优选择

中国国土辽阔，有众多的城市群，"十三五"规划就提出在中国建设19个城市群。在众多的城市群中，一些城市群选择自下而上的自主治理机制。其中，选择自主治理机制的城市群可以分为两种类型：其一是长三角和粤港澳这样的城市群，其上一级政府是中央政府；其二是晋陕豫黄河金三角、淮海经济区和九方经济区这样的区域，其内部的城市政府分属不同的省级政府管辖。

很多城市群之所以选择自主治理机制，是因为中央政府事务繁重，很难有太多精力用于协调地方政府间关系[①]，专门负责地区事务的发改委地区司级别和职权不足以协调省际关系，因此任由地方政府自主治理。省际城市群之所以选择自主治理机制，是因为没有一个省级政府能够协调城市政府行为，因此任由城市政府自主治理。一旦城市政府位于同一个省级政府的管辖范围内，大多选择了自上而下的协调机制，如小珠三角、长株潭城市群、武汉城市圈、中原城市群等，都有省（区）政府直接推动城市群一体化发展，并建立了相应的政府机构。之所以如此，是因为自上而下的协调机制相比自下而上的自主治理机制效率更高，因此成为诸多城市群的首要选择。

(四) 市场需要是城市群治理发展的源动力

在城市群治理中，城市政府合作的前提是市场先行，城市群一体化发展要求是城市政府合作提供区域公共物品的源动力。如果缺乏市场需要，城市政府合作提供公共物品就会缺乏动力。城市群治理的本质是区域层次的公共治理，治理的目的是为了提供区域层次的公共物品。区域公共物品的供给需要相应的公共支出，其成本由各城市政府分担。只有当城市群一

---

① 京津冀协同发展是特例，是唯一一个中央政府主导的省级政府合作。

体化发展的收益大于公共支出的成本时，城市政府才心甘情愿地为区域公共物品支付相应的费用。因此，城市群治理是经济发展到一定阶段的产物，如果区域经济一体化发展水平还没有到达相应阶段，城市群治理即使有了比较严密的组织，也很难在实践中发挥相应的作用。很多城市群治理没有实际成效，很大程度上是市场选择的结果。

（五）历史文化因素有利于城市群的治理

一般来说，由于地理临近和长期的人员往来，会自然形成独特的区域文化，文化圈内相近的价值观、历史以及亲缘关系，利于人们之间相互认同和形成合作意识，也利于推动地方政府间的合作。例如，长三角地区最初是江南文化亚区，核心区是环太湖区域，经济往来密切，后来扩展到更大范围，也有密切的经济联系。珠三角的核心区是粤语区，改革开放使该区域成为中国市场经济发展最早的地区，粤港澳地区经济一体化程度高。即使是经济发展水平不是很高的晋陕豫黄河金三角，历史上民间经济往来就非常频繁，由于都是本省的边缘地区，文化相近推动了经济相融，地方政府顺应这一需要，在区域规划共编、建立合作机制、基础设施共建、产业合作等方面取得了成绩。

第三节　中国城市群治理存在的问题

党的十九大报告提出："以城市群为主体构建大中小城市和小城镇协调发展的城镇格局"；党的十九届四中全会进一步指出："优化行政区划设置，提高主导城市和城市群综合承载和资源优化配置能力，实行扁平化管理，形成高效率组织体系"。这一系列顶层设计明确了我国未来城市群的发展过程中最突出的任务不是建设问题，而是治理问题。

一　城市群协调发展水平有待提升

一般而言，核心城市（超大城市或特大城市）是城市群的中心，在城市群内起发挥着的支撑和引领的作用，其发展水平在很大程度上决定着整个城市群的发育水平和发展方向。从目前的情况来看，我国城市群的一个突出特点是超大城市或特大城市的数量少，城市群中的主导城市经济辐射能力不强，经济管理功能较弱，有的甚至发生了"虹吸效应"，导致城市群内城市之间发展不平衡现象突出。有的核心城市高度极化，导致要素资源的过度集聚，反而阻碍了城市群内各要素的正常流动。如京津冀城市群内，北京和天津在要素和资源占有方面具有绝对的优势，造成城市群发展缺乏腹地支持力，直接导致了环京津贫困带的产生。有的核心城市规模小，难以形成适应区域经济发展的核心辐射源，从而影响城市群的整合。例如皖江淮城市群的核心城市合肥、太原城市群的核心城市太原、滇中城市群的核心城市昆明、沿黄城市群的核心城市银川等，从经济总量来看，上述城市在全国的排名均处在50名之外，缺乏经济引领、产业集聚和辐射带动的能力。根据"一带一路"的发展，国内有学者将西安定位为大关中城市群的核心、亚欧大陆桥的心脏乃至整个西北地区的龙头，但2018年西安市的人均GDP仅8.6万元，比榆林少了2.7万元，仅居陕西省第二，城镇居民人均可支配收入和农民人均纯收入在全国15个副省级城市中均处于较后的位置，阻碍了西安作为大关中城市群主导作用的发挥。

从总体上看，我国的很多城市群没有建立起结构合理的城市等级体系。例如，武汉城市圈的核心武汉市2018年完成地区生产总值14847.29亿元，占整个城市群产值的38%以上，同期该城市群第二大城市黄冈市生产总值只有2035.2亿元，与武汉市的差距超过7倍。成渝城市群16个城市中除了成都、重庆两个超大城市外，其余14个都是中小城市，缺乏人口在100万人以上城市的衔接配套，呈典型的断层特征。关中城市群、太原城市群、北部湾城市群等也都存在类似问题，缺乏次级城市。

同时，城市发展的目标大体相似，各城市之间重复建设、产业同构现象严重，影响了城市间的横向联系和城市群的整体经济效益。从统计数据来看，在呼包鄂城市群中，呼和浩特与包头产业结构中电力、电子、机械、化工、建材都占有较大的比重，鄂尔多斯与呼包二市产业结构中重构的有化工、建材和电力，重工业产业档次没有拉开。由于各城市缺乏对自身优势和定位的认识，城市功能定位不清晰，尚未形成合理的分工协作关系。另外，协作机制不健全也在很大程度上制约和影响了城市群内的协调发展。

二　城市群发展中政府行政主导色彩浓厚

城市群是一个开放的空间形态，是城市间竞争和合作的博弈产物，是一个不断变化和发展的动态系统。城市群有一个演变的过程，即从城市到都市区，从都市区到都市圈，最后从都市圈到城市群。因此，城市群的范围和边界是由经济规律决定的，而不是靠人为划定的。越是成熟发达的城市群，其空间边界应该是越来越模糊的，而行政区域的范围边界相对固定和明确，以行政区划来确定城市群边界，违背了城市群发展的客观规律。

目前我国城市群范围的划分和界定主要以行政区划为基础，城市群建设具有明显的政府主导性，行政干预色彩浓厚。在以经济发展为主导的传统路径依赖和"晋升锦标赛"的官员任用、选拔机制的压力下，各省在培育各自的经济发展增长极的时候，首先会把经济发展势头较好的城市及其周边毗邻的城市作为城市群的主要组成部分，承担区域发展的重要任务。这种划分方式过于简单和随意，体现出政府行政主导的主观意识比较强烈。例如河南省政府将中原城市群界定为郑州、洛阳、新乡等9个城市，这种定义在很大程度上是因为郑州是河南省的省会城市，本身就承担着河南省主要的政治、经济、社会、文化的发展重任，加之其省会城市地位的影响和带动作用，于是河南省政府把郑州周边的城市也纳入了中原城市群的范围。很显然，这是一种人为的设置，不利于城市群的经济发展和产业联系。同时，以行政区域划分方式会造成人为扩大城市群范围，超出城市群内主导城市的实际辐射半径，无法发挥其要素集聚效应和资源优化配置的作用。

三　城市群发展理念和战略模式亟待转变

由于偏重经济发展，在部分城市群的规划中存在急功近利和缺乏整体发展眼光的现象，导致城市群仍然停留在比较粗放的发展阶段，不仅在经济一体化上合力不够，效率很低，而且与文化、生态的不均衡和不协调问题也十分突出。在发展过程中，京津冀、长三角和珠三角等现行的城市群已经面临一些瓶颈，近年来开始重视文化与生态问题。而一些后发形成的城市群可能重蹈"先污染，后治理"的老路。在新型城镇化的背景下，各地要努力探索出一条符合自身需要、能够充分发挥自身优势的城市群发展道路。

环境与资源不足是我国城市群发展面临的另一个重要问题。近年来，空气污染问题严重困扰着京津冀城市群，中央政府和京津冀三地的地方政府下了很大力气进行整治。据统计，我国的城市群集中了全国3/4经济总量和经济产出，同时也集中了全国3/4以上的污染产出，经济最发达的长江三角洲城市群在工业废水、工业二氧化硫排放及工业烟尘排放治理方面的压力很大。目前，我国环境保护与城市经济人口增长的矛盾正在出现自东南向中西部传播的趋势，环境污染和资源约束加大，发展风险和不可持续性日益凸显。如何协调好经济效益和生态效益、人口增长与环境保护之间的关系已成为我国城市群发展普遍面临的首要问题。

随着经济全球化的深入发展，以城市群为龙头的国际经济竞争与合作将成为主流。我国的经济发展也将越来越依赖城市群的发展。城市群内能否形成合理的分工与合作，取决于城市群治理机制的建设，这也是促进城市群可持续发展的重中之重。

第三章 三大城市群治理报告

我国19个城市群中长江三角洲城市群、珠江三角洲城市群、京津冀城市群是起步较早、发展水平最高、最成熟的三个国家级城市群，也是带动我国经济增长的主要引擎和参与国际竞争的重要平台。三大城市群在发展过程中形成了自己的治理机制，目前正在向世界级城市群发展。

第一节 长三角城市群

长三角城市群是我国最发达的城市群之一，在国家治理体系中地位突出，已经初步形成了"三级运作"的城市群治理机制。随着长三角区域一体化上升为国家战略，长三角城市群治理还有待进一步提升。

一 长三角城市群概况

（一）长三角城市群的地理位置与社会经济发展状况

1. 长三角城市群的地理位置

关于长三角具体涵盖的范围有多种看法，进而形成了不同层次的长三角概念。第一种观点认为长三角的范围和江南文化亚区的范围大体相当，其核心区是环太湖区域，包括上海、苏南和浙北，这一观点所说的长三角被称为"小长三角"；第二种观点认为长三角指的是上海市、江苏省和浙江省这两省一市，这一观点所说的长三角被称为"大长三角"；第三种观点认为长三角除了上海市、江苏省和浙江省这两省一市外，还包括了安徽、江西的部分地区，形成了所谓的"泛长三角"这一概念。

2010年，《长江三角洲地区区域规划》明确长三角范围包括上海市、江苏省和浙江省,区域面积21.07万平方公里。规划以上海市和江苏省的南京、苏州、无锡、常州、镇江、扬州、泰州、南通,浙江省的杭州、宁波、湖州、嘉兴、绍兴、舟山、台州16个城市为核心区,统筹两省一市发展,辐射泛长三角地区。

2016年,《长江三角洲城市群发展规划》正式发布。规划指出,长江三角洲城市群(以下简称长三角城市群)是我国经济最具活力、开放程度最高、创新能力最强、吸纳外来人口最多的区域之一,是"一带一路"与长江经济带的重要交汇地带,在国家现代化建设大局和全方位开放格局中具有举足轻重的战略地位。从规划范围看,长三角城市群在上海市、江苏省、浙江省、安徽省范围内,由以上海为核心、联系紧密的多个城市组成,主要分布于国家"两横三纵"城市化格局的优化开发和重点开发区域。规划范围包括:上海市,江苏省的南京、无锡、常州、苏州、南通、盐城、扬州、镇江、泰州,浙江省的杭州、宁波、嘉兴、湖州、绍兴、金华、舟山、台州,安徽省的合肥、芜湖、马鞍山、铜陵、安庆、滁州、池州、宣城等26市,国土面积21.17万平方公里,2014年地区生产总值12.67万亿元,总人口1.5亿人,分别约占全国的2.2%、18.5%、11.0%。[①]

2. 长三角城市群的社会经济发展情况

长三角城市群是我国最重要的三大城市群之一。下面从经济总量、人均可支配收入、财政收入、产业结构和常住人口几个方面讨论长三角城市群经济社会发展情况。

(1) 长三角城市群的经济总量

长三角城市群是我国经济最为发达的地区之一,经济规模总量大,2017年GDP总量合计16.5万亿元,约占2017年全国GDP总量的20%。在长三角城市群中,城市经济规模分布有很大差异,最高的上海是最低的池州的约48倍,除了上海外,2017年经济规模超过或接近万亿的城市还包括南京、杭州、苏州、无锡、宁波(见表3—1)。这些城市构成了长三角城市群的核心城市。

---

① 数据来自《长江三角洲城市群发展规划》(发改规划〔2016〕1176号)。

表 3—1　　　　2017 年长三角城市群各城市的 GDP　　　　（亿元）

城市	GDP	城市	GDP	城市	GDP
上海	30133	南京	11715	合肥	7003
杭州	12603	无锡	10512	滁州	1604
宁波	9842	常州	6618	马鞍山	1710
嘉兴	4381	苏州	17320	芜湖	2963
湖州	2476	南通	7735	宣城	1186
绍兴	5078	盐城	5083	铜陵	1122
金华	3849	扬州	5065	池州	624
舟山	1220	镇江	4010	安庆	1709
台州	4388	泰州	4745		

资料来源：2018 年度《江苏统计年鉴》《浙江统计年鉴》《安徽统计年鉴》，《2017 年上海市国民经济和社会发展统计公报》。

（2）长三角城市群的人均可支配收入

人均可支配收入反映了城市居民的富裕程度。如表 3—2 所示，在长三角城市群中，上海的人均可支配收入最高，浙江人均可支配收入都超过或接近 50000 元，江苏的内部存在差异，分别按苏南、苏中、苏北递减。安徽城市人均可支配收入较低，很多城市只是略高于 2017 年全国人均可支配收入的平均水平 25974 元。最高的上海是最低的池州的 2 倍。

表 3—2　　　2017 年长三角城市群各城市的人均可支配收入　　　（元）

城市	人均可支配收入	城市	人均可支配收入	城市	人均可支配收入
上海	58988	南京	54538	合肥	37972
杭州	56276	无锡	52659	滁州	28612
宁波	55656	常州	49955	马鞍山	41403
嘉兴	53057	苏州	58806	芜湖	35175
湖州	49934	南通	42756	宣城	33548
绍兴	54445	盐城	33115	铜陵	33283
金华	50653	扬州	38828	池州	28394
舟山	52516	镇江	45386	安庆	28675
台州	51374	泰州	40059		

资料来源：2018 年度《江苏统计年鉴》《浙江统计年鉴》《安徽统计年鉴》，《2017 年上海市国民经济和社会发展统计公报》。

(3) 长三角城市群的财政收入

财政收入反映了一个地区的公共服务能力,此处的财政收入指的是一般公共预算收入。如表3—3所示,上海的财政收入最高,超过了长三角城市群中江苏城市总和(6520亿元)和安徽城市总和(1694亿元),仅低于浙江城市总和(8666亿元)。长三角城市群内城市财力差异巨大,最高的上海是最低的池州的100多倍。

表3—3　　　　2017年长三角城市群各城市的财政收入　　　　(亿元)

城市	财政收入	城市	财政收入	城市	财政收入
上海	6642	南京	1272	合肥	656
杭州	2921	无锡	930	滁州	183
宁波	2416	常州	519	马鞍山	138
嘉兴	769	苏州	1908	芜湖	311
湖州	409	南通	591	宣城	143
绍兴	706	盐城	360	铜陵	77
金华	601	扬州	320	池州	65
舟山	187	镇江	284	安庆	121
台州	657	泰州	336		

资料来源:2018年度《江苏统计年鉴》《浙江统计年鉴》《安徽统计年鉴》,《2017年上海市国民经济和社会发展统计公报》。

(4) 长三角城市群的产业结构

这里以上海、江苏、浙江、安徽四省市的产业结构反映长三角城市的产业结构情况。从表3—4看出,四省市的产业结构存在明显差异,具有较强的互补性。其中,上海第一产业比重很低;第二产业比重是四省市中最低的;第三产业占比接近70%。江苏和浙江产业结构较为接近,第三产业占比超过50%,但是第二产业仍然占比较高。而安徽的第一产业占比接近10%;第三产业占比最低。这表明长三角四省市梯次处于不同发展阶段。

表 3—4　　　　　2017年长三角城市群各城市的产业结构

地区		第一产业	第二产业	第三产业	总计
上海	总量（亿元）	110	9330	21192	30632
	占比（%）	0.4	30.5	69.2	100
江苏	总量（亿元）	4045	38654	43170	85869
	占比（%）	4.7	45.0	50.3	100
浙江	总量（亿元）	1933	22232	27603	51768
	占比（%）	3.7	42.9	53.3	100
安徽	总量（亿元）	2582	12838	11598	27018
	占比（%）	9.6	47.5	42.9	100

资料来源：2017年江苏、浙江、安徽、上海《国民经济和社会发展统计公报》。

（5）长三角城市群的常住人口情况

长三角城市群中不同城市常住人口规模存在很大差异。上海是长三角城市群的首位城市，常住人口是第二大城市苏州的2倍多（见表3—5）。常住人口规模较大的城市还有杭州、南京、无锡、盐城、合肥等城市。最大的城市上海常住人口规模是最小的城市舟山的20多倍。

表 3—5　　　　2017年长三角城市群各城市的常住人口　　　　（万人）

城市	常住人口	城市	常住人口	城市	常住人口
上海	2418	南京	833	合肥	797
杭州	947	无锡	655	滁州	408
宁波	801	常州	471	马鞍山	230
嘉兴	466	苏州	1068	芜湖	370
湖州	300	南通	730	宣城	261
绍兴	501	盐城	724	铜陵	161
金华	556	扬州	450	池州	145
舟山	117	镇江	318	安庆	464
台州	612	泰州	465		

资料来源：2018年度《江苏统计年鉴》《浙江统计年鉴》《安徽统计年鉴》，《2017年上海市国民经济和社会发展统计公报》。

(二) 长三角城市群的形成条件与发展历程

1. 长三角城市群的形成条件

长三角城市群发展具有非常优越的条件。

首先，区位优势突出。长三角城市群处于东亚地理中心和西太平洋的东亚航线要冲，是"一带一路"与长江经济带的重要交汇地带，在国家现代化建设大局和全方位开放格局中具有举足轻重的战略地位。交通条件便利，经济腹地广阔，拥有现代化江海港口群和机场群，高速公路网比较健全，公铁交通干线密度全国领先，立体综合交通网络基本形成。

其次，自然禀赋优良。长三角城市群滨江临海，气候温和，物产丰富，人居环境优良。平原为主，土地开发难度小，可利用的水资源充沛，水系发达，航道条件基础好，产业发展、城镇建设受自然条件限制和约束小，是我国不可多得的工业化、信息化、城镇化、农业现代化协同并进区域。

再次，综合经济实力强。长三角城市群产业体系完备，配套能力强，产业集群优势明显。科教与创新资源丰富，拥有数量众多的普通高等院校以及国家工程研究中心和工程实验室等创新平台，人才资源丰富。国际化程度高，中国（上海）自由贸易试验区等对外开放平台建设不断取得突破，国际贸易、航运、金融等功能日臻完善。

最后，城镇体系完备。长三角城市群大中小城市齐全，拥有1座超大城市、1座特大城市、13座大城市、9座中等城市和42座小城市，各具特色的小城镇星罗棋布。城镇间联系密切，区域一体化进程较快，省市多层级、宽领域的对话平台和协商沟通比较通畅。

2. 长三角城市群的发展历程

随着长三角城市化的发展，区域经济一体化的程度不断提高。在此过程中，长三角地区经历了上海经济区、长三角经济协调会、长江三角洲地区区域规划等阶段，最后形成长三角城市群。

(1) 上海经济区时代

1982年12月，国务院《关于成立上海经济区和山西能源基地规划办公室的通知》决定成立上海经济区规划办公室，促进区内政府间合作。上海经济区最早的成员包括上海以及江苏、浙江的10个地级市；第二年，上海经济区扩展到整个两省一市；接下来的三年中，安徽、江西和福建分别被纳入上海经济区。由于当时的区域经济辐射范围并没有这么大，上海经济区失去了其存在的价值，1987年，上海经济区办公室被撤销。

(2) 建立长江三角洲城市经济协调会

随着浦东新区的开发开放和长三角区域经济的快速发展，为了促进区域经济协调发展，1992年成立了长江三角洲经协（委）办主任联席会议，由上海、南京、苏州、杭州、嘉兴、湖州、宁波等14个城市组成。1996年，长三角协作办（委）主任联席会议在上海召开，会议决定主任联席会议应升格为市长联席会议。

随着长三角合作机制的逐步形成，关于长三角的概念和长三角的范围引起人们的关注。其中，国家部委的意见并不一致，国家发改委的长三角"十一五"规划包括16个城市，建设部《长三角城镇体系建设规划》中规划城市23个。很多城市如合肥、马鞍山、滁州、芜湖、金华、衢州、盐城、淮安、徐州和连云港等向长三角城市经济协调会提出了入会申请。截至2018年，长三角城市经济协调会成员城市已经达到30个。

(3) 长三角地区区域规划

长三角区域规划在此阶段上升为国家战略。2008年9月，《关于进一步推进长江三角洲地区改革开放和经济社会发展的指导意见》出台。意见指出，由国家发展和改革委员会牵头编制《长江三角洲地区区域规划》。2010年，国务院批准了《长江三角洲地区区域规划》，规划指出，要发挥上海的龙头作用，全面加快现代化、一体化进程，成为我国最具活力和国际竞争力的世界级城市群。两省一市人民政府要充分发挥长三角区域合作协调机制的作用，加强联系互动，推动规划实施。

(4) 长三角城市群的确立

2016年，《国务院关于长江三角洲城市群发展规划的批复》（国函〔2016〕87号）指出原则同意《长江三角洲城市群发展规划》，并提出以上海建设全球城市为引领，联手打造具有全球影响力的世界级城市群，加快形成国际竞争新优势，更好地服务于"一带一路"建设和长江经济带发展战略，充分发挥对全国经济社会发展的重要支撑和引领作用。至此，国家对长三角的提法由"长江三角洲地区"提升为"长江三角洲城市群"。

(三) 长三角城市群的城市职能分工与定位

根据《长江三角洲城市群发展规划》，长三角城市群将发挥上海龙头带动的核心作用和区域中心城市的辐射带动作用，推动形成五大都市圈，构建"一核五圈四带"的网络化空间格局。

上海全球城市。按照打造世界级城市群核心城市的要求，加快提升上海核心竞争力和综合服务功能，加快建设具有全球影响力的科技创新中心，发挥浦东新区引领作用，推动非核心功能疏解。

南京都市圈。包括南京、镇江、扬州3市。提升南京中心城市功能，辐射带动淮安等市发展，促进与合肥都市圈融合发展，打造成为区域性创新创业高地和金融商务服务集聚区。

杭州都市圈。包括杭州、嘉兴、湖州、绍兴4市。加快建设杭州国家自主创新示范区和跨境电子商务综合试验区、湖州国家生态文明先行示范区，建设全国经济转型升级和改革创新的先行区。

合肥都市圈。包括合肥、芜湖、马鞍山3市。发挥在推进长江经济带建设中承东启西的区位优势和创新资源富集优势，加快建设承接产业转移示范区，推动创新链和产业链融合发展，提升合肥辐射带动功能，打造区域增长新引擎。

苏锡常都市圈。包括苏州、无锡、常州3市。全面强化与上海的功能对接与互动，加快推进沪苏通、锡常泰跨江融合发展。建设苏州工业园国家开放创新综合试验区，发展先进制造业和现代服务业集聚区。

宁波都市圈。包括宁波、舟山、台州3市。高效整合三地海港资源和平台，打造全球一流的现代化综合枢纽港、国际航运服务基地和国际贸易物流中心，形成长江经济带龙头龙眼和"一带一路"建设支点。

二 长三角城市群在国家治理体系中的地位和功能

空间格局作为一切行政、市场、社会行为发生的载体，必然直接或间接影响到治理行为的发生，城市群经济体作为调配资源，实现经济要素的集聚扩散，带动区域发展的重要空间单元在近年来越发受到国家治理领域的重视。城市群经济体的健康发展与市场、社会等多领域的治理息息相关，因而，针对城市群空间的有效治理对现代化国家治理体系的建设具有重要意义。长三角城市群在国家治理体系中具有重要的地位和功能，国家把长三角城市群定位为世界级城市群、最具经济活力的资源配置中心、具有全球影响力的科技创新高地、全球重要的现代服务业和先进制造业中心、全国新一轮改革开放排头兵。2018年11月5日，习近平总书记在首届中国国际进口博览会开幕式上的主旨演讲中指出，将支持长江三角洲区域一体化发展并上升为国家战略。

（一）面向全球、辐射亚太、引领全国的世界级城市群

长三角城市群在人均地区生产总值、地均生产总值等反映效率和效益的指标等方面，与其他世界级城市群相比存在明显差距（见表3—6）。针对长三角城市群存在城市群发展质量不高、国际竞争力不强、城市间分工协作不够、低水平同质化竞争严重、城市群一体化发展的体制机制不完善等问题，中央对长三角城市群的发展提出新的要求，长三角城市群按照世界级城市群来建设，一方面面向全球、辐射亚太，参与全球竞争；另一方面带动国内经济持续增长、促进区域协调发展。

表3—6　　　　　　　长三角城市群与其他世界级城市群比较

城市群	中国长三角城市群	美国东北部大西洋沿岸城市群	北美五大湖城市群	日本太平洋沿岸城市群	欧洲西北部城市群	英国中南部城市群
面积（万平方公里）	21.2	13.8	24.5	3.5	14.5	4.5
人口（万人）	15033	6500	5000	7000	4600	3650
GDP（亿美元）	20652	40320	33600	33820	21000	20186
人均GDP（美元/人）	13737	62030	67200	48315	45652	55305
地均GDP（万美元/平方公里）	974	2920	1370	9662	1448	4485

资料来源：国家发展改革委住房和城乡建设部《关于印发长江三角洲城市群发展规划的通知》（发改规划〔2016〕1176号）。

（二）最具经济活力的资源配置中心

这主要是围绕上海国际经济、金融、贸易、航运中心建设展开，使得长三角成为资源配置效率高、辐射带动能力强、国际化市场化法制化制度体系完善的资源配置中心。2009年，《国务院关于推进上海加快发展现代服务业和先进制造业，建设国际金融中心和国际航运中心的意见》（国发〔2009〕19号）提出上海加快建设国际金融中心和国际航运中心。目前，

上海国际金融中心和国际航运中心建设工作进展顺利。在 2019 年 3 月英国智库 Z/Yen 集团发布的全球金融中心指数中，上海居全球第 5。在 2018 年新华——波罗的海国际航运中心发展指数中，上海排名第四。

（三）全球重要的现代服务业和先进制造业中心

《长江三角洲城市群发展规划》提出，长三角要重点发展高附加值产业、高增值环节和总部经济，打造若干规模和水平居国际前列的先进制造产业集群，形成服务经济主导、智能制造支撑的现代产业体系。上海是总部经济的主要聚集地，2017 年，上海出台《上海市鼓励跨国公司设立地区总部的规定》。目前，上海总部经济发展顺利，仅浦东已汇聚 400 多家各类总部，其中跨国公司地区总部 265 家，国内大企业总部、区域性总部达到 170 家。[1]

在先进制造业方面，目前发展的重点是智能制造。《中国制造 2025》提出，中国制造要以推进智能制造为主攻方向。目前，以上海、江苏、浙江为核心的长三角地区是我国主要智能制造产业集聚区之一。从发展的总体情况来看，三地在机器人、增材制造（3D 打印）、智能仪器仪表等智能装备领域呈现较快发展势头，涌现出一批优秀的智能制造系统解决方案供应商，带动长三角地区智能制造总体水平的提高。形成一批智能制造产业园区，上海形成"1＋X"智能制造空间布局，江苏拥有智能制造领域国家级高新区 6 家，浙江确定 6 个省级智能制造示范区（平台），这些产业园区形成长三角智能制造的产业集聚区。

（四）具有全球影响力的科技创新高地

长三角城市群要成为全球创新网络的重要枢纽，以及国际性重大科学发展、原创技术发明和高新科技产业培育的重要策源地。长三角一直是我国科技创新合作活力最强、频率最高、交流最密切的地区之一。《2018 上海科技创新中心指数报告》显示，上海科创中心建设总体进展良好，科技创新中心指数逐年增长（见图 3—1），正在成为全球科学家最向往工作的中国城市。围绕长三角"大力推进自主创新，加速建成创新型区域"的国家科技战略部署，以 G15、G42、G50、G60 高速为纽带形成的科创走廊正在向纵深推进，人才、资金、装置、项目等科创要素在区域范围实现更优配置。[2]

---

[1] 谢群慧：《聚焦国家战略下的浦东总部经济》，《浦东开发》2017 年第 2 期。
[2] 陈冰：《"创新项链"串起长三角科技高地》，《新民周刊》2018 年第 6 期。

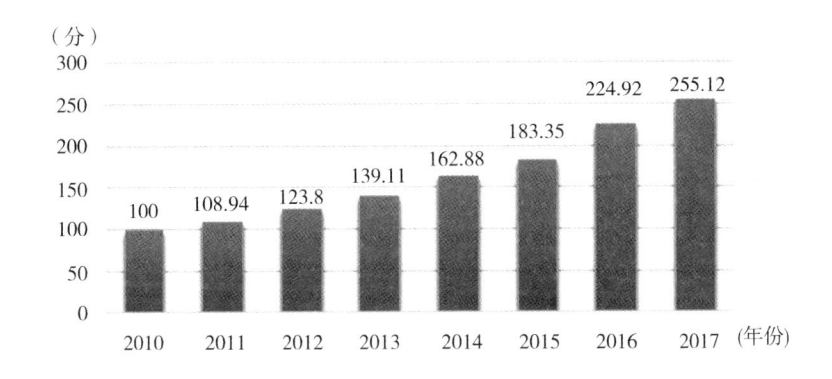

(分)
300
250 — 224.92, 255.12
200 — 183.35
162.88
150 — 139.11
123.8
100, 108.94
50
0
2010 2011 2012 2013 2014 2015 2016 2017 (年份)

图3—1　上海科技创新中心指数历年增长趋势

资料来源：上海市科学学研究所与施普林格自然集团，《2018上海科技创新中心指数报告》（http://www.xinhuanet.com/tech/2018—10/29/c_1123628865.htm）。

（五）全国新一轮改革开放排头兵

长三角城市群在改革创新方面要重视自由贸易试验区的作用，目前长三角城市群有上海自由贸易试验区和浙江舟山自由贸易试验区。2018年10月，习近平总书记在对自由贸易试验区5周年建设作出重要批示指出，要不断提高自由贸易试验区发展水平，形成更多可复制可推广的制度创新成果，把自由贸易试验区建设成为新时代改革开放的新高地。李克强总理批示指出，自由贸易试验区要积累更多可在更大范围乃至全国复制推广的经验，进一步发挥改革开放排头兵的示范引领作用。

三　长三角城市群的治理机制与治理绩效

（一）推进城市群一体化的治理功能

1. 构筑以轨道交通为主的综合交通网络

交通网络是城市群联通的骨干。长三角城市群已经形成了以上海为国际性综合交通枢纽、南京、杭州、合肥、宁波为全国性综合交通枢纽的城际综合交通网络。依托国家综合运输大通道，以上海为核心，南京、杭州、合肥为副中心，形成了以高速铁路、城际铁路、高速公路和长江黄金水道为主通道的多层次综合交通网络，包括京沪高铁、沪宁城际、沪杭客专、宁杭客专等既有铁路城际客货运功能，实现城际铁路对5万以上人口城镇、高等级公路对城镇的覆盖。

在航运方面，形成了以上海国际航运中心为核心，优化整合沿海沿江港口，形成分工合理、协同发展的长三角现代化港口群。发挥长三角高等级航道作用，打造长江黄金水道及长三角高等级航道网。构建以上海为核心、分工协作、差异化发展的多层级机场体系，实现了机场与综合交通运输体系的融合，发展以枢纽机场为核心的临空经济区。

2. 建设普遍覆盖的区域信息网络

长三角城市群已经初步形成层次清晰、功能健全的区域信息化合作体系，基本形成"高层会商、中层组织、基层实施"的三层信息化合作体系，初步形成社会民生、航运交通、城市安全等重要领域信息化应用全面对接的良好局面，初步建成同城效应明显、共享渗透全面的区域信息基础设施体系。

长三角城市群制定了《长三角区域信息化合作"十三五"规划》，提出建成适应区域协同融合发展需要的信息基础设施。建成面向商用的第五代移动通信（5G）试验网。电网、铁路、公路、港口等传统公共基础设施的智能化和集约化水平大幅提升。大数据实证支持和分析预测能力在长三角区域的政府公共决策、社会管理、危机事件应对等活动中起到关键性作用，建成国际一流、全国领先的智慧城市群。

3. 实现环境联防联治

长三角城市群建立了长三角区域污染防治协作机制，并成立了长三角区域大气污染防治协作小组和长三角区域水污染防治协作小组。深化跨区域水污染联防联治。以改善水质、保护水系为目标，建立水污染防治倒逼机制。联手打好大气污染防治攻坚战。完善长三角区域大气污染防治协作机制，统筹协调解决大气环境问题。在政策保障方面，将完善信息共享机制，建立区域水源地和大气互督互学机制，推进区域环保标准统一，落实长三角地区环境保护领域信用联合奖惩机制，在长三角地区高新区率先开展零排放试点示范。

4. 促进产业协同发展

长三角地区在推动跨区域产业协同发展方面，呈现出逐渐加速的状态。长三角产业协作的主要方式有四种：一是直接投资。二是共同建设工业园区。例如，通过股份合作共建园区，由合资股份公司管理园区，收益按比例分成。三是管理与品牌输出模式。以提供咨询顾问服务，功能服务输出，同时输出管理团队。四是产业链转移。利用某些地区廉价土地和劳动力资源把劳动力密集型企业及其配套企业进行迁移。目前国家发改委正在编制《长三角一体化发展规划纲要》，重点是推动长三角地区产业融合和创新发展，通过打造长三角发展示范区，探索跨省市产业布局和区域融合发展新模式。

5. 推动人口区域平衡发展

长三角城市群划分为优化开发区域、重点开发区域、限制开发区域。要根据人口预测数据（见表3—7），推动人口在不同区域平衡发展。优化开发区域主要分布在上海、苏南、环杭州湾等地区，要率先转变空间开发模式，严格控制新增建设用地规模和开发强度。重点开发区域，主要分布在苏中、浙中、皖江、沿海部分地区，要强化产业和人口集聚能力，适度扩大产业和城镇空间。限制开发区域，主要分布在苏北、皖西、浙西等的部分地区，要严格控制新增建设用地规模，实施城镇点状集聚开发，加强水资源保护、生态修复与建设。严格控制上海中心城区人口规模，同时引导人口向重点开发区域集聚。

表3—7　　　　　各市市域常住人口预测　　　　　（万人）

城市	2014年	2020年预期	2030年预测	城市	2014年	2020年预期	2030年预测
上海	2426	2500	2500	湖州	292	297	307
南京	822	950	1060	绍兴	496	534	551
苏州	1059	1100	1150	台州	602	625	660
无锡	650	720	850	舟山	115	150	200
常州	470	570	650	金华	544	554	565
南通	730	870	910	合肥	770	860	1000
扬州	447	560	570	芜湖	362	430	530
镇江	317	360	400	马鞍山	223	260	330
泰州	464	560	580	滁州	399	460	560
盐城	722	755	800	宣城	257	290	340
杭州	889	940	950	铜陵	74	100	130
宁波	768	820	900	池州	143	160	180
嘉兴	457	590	690	安庆	538	570	630

资料来源：国家发展改革委 住房和城乡建设部《关于印发长江三角洲城市群发展规划的通知》（发改规划〔2016〕1176号）。

（二）地方与中央共同参与的城市群治理机制

1. 地方政府自发建立的"三级运作"城市群治理机制

长三角已经初步形成三个层次的城市群治理机制：首先是决策层，即"长三角地区主要领导座谈会"，每年沪苏浙皖省（市）委书记、省（市）长出席会议，常务副省（市）长、党委和政府秘书长、党委和政府研究室主任、发展改革委主任和副主任等列席会议。其次是协调层，即"长三角地区合作与发展联席会议"，由沪苏浙皖常务副省（市）长参加。第三是执行层，包括"联席会议办公室"和"重点合作专题组"。沪苏浙皖三省一市分别在发展改革委（或合作交流办）设立"联席会议办公室"，分管副主任兼联席办主任。目前设立了交通、能源、信息、科技、环保、信用、社保、金融、涉外服务、城市合作、产业、食品安全12个重点合作专题。城市合作专题固定由上海市牵头，上海市政府合作交流办具体负责；其他专题由当年轮值方牵头。

《长江三角洲城市群发展规划》指出，要健全长三角三省一市政府层面的"三级运作"机制，强化议事决策功能，充分发挥长三角地区合作与发展联席会议的组织协调功能。

2. 中央从上位明确长三角城市群的区域定位

在2010年之前，国家强调长三角地区合作机制的作用。《国务院关于进一步推进长江三角洲地区改革开放和经济社会发展的指导意见》（国发〔2008〕30号）提出完善合作机制。积极探索新形势下管理区域经济的新模式。2010年5月《长江三角洲地区区域规划》获得国务院批准，其目标是"充分发挥长三角区域合作协调机制的作用，加强联系互动，推动规划实施"。

随着长三角城市群国家战略地位的提升，中央政府加大了对长三角城市群治理的参与程度。《国务院关于长江三角洲城市群发展规划的批复》（国函〔2016〕87号）指出，推动长江经济带发展领导小组要统筹协调长江三角洲城市群发展工作。国家发展改革委、住房和城乡建设部要加强对规划实施情况的跟踪分析和督促检查，适时组织开展规划实施情况评估，重大问题及时向国务院报告。

《长江三角洲区域一体化发展规划纲要》2019年7月颁布，明确了长三角"一极三区一高地"的战略定位，长三角通过一体化发展，使其成为全国经济发展强劲活跃的增长极,成为全国经济高质量发展的样板区,率先基本实现现代化的引领区和区域一体化发展的示范区,成为新时代改革开放的新高地。中央的定位表明长三角城市群的发展全面进入区域发展的高级阶段——区域一体化。

(三) 长三角区域一体化取得明显进展

随着长三角城市群治理功能和机制的不断完善,长三角城市群治理绩效也正在显现,区域一体化发展水平不断提升。

有学者就长三角城市群一体化进展进行了网络调查。当被问及"您认为长三角区域一体化目前的发展速度处在什么水平"时,有37.46%的被调查者认为非常快,34.47%的人认为比较快,20.62%的人认为长三角区域一体化的速度一般。因此,人们总体的感受是,长三角区域一体化发展的速度较快,但在某些方面还有提升的空间。被问及"您对目前长三角区域一体化融合总体成效的评价如何"时,有35.57%的人认为区域一体化的整体融合非常有成效,37.58%的人认为比较有成效。这说明人们对政府在推动长三角区域一体化发展过程中的整体成效还是比较满意的。[1]

上海社科院学者李世奇、朱平芳基于市场统一性、要素同质性、发展协同性以及制度一致性构建长三角一体化指标体系,对长三角一体化程度进行评价。研究发现,长三角一体化程度逐年提升,上海作为长三角的核心发挥了极为显著的引领作用。在他们所考察的4个二级指标中,上海排名第一的有3个,分别是市场统一性、要素同质性以及发展协同性。可以说,上海以一己之力带动了长三角一体化向前发展。但是,长三角一体化近两年来上升势头正在减慢,主要在于安徽与上海、江苏、浙江的差距有所拉大。[2]

长三角城市群一体化对区域创新产生影响。城市群一体化发展程度显著影响城市创新能力,存在单一门槛值,整体呈现倒"U"形特征。只有一体化发展程度超过门槛值,才能发挥正向促进创新产出的作用,否则存

---

[1] 赵红军、刘艳苹、陶欣洁、黄丹煌:《长三角区域一体化高质量发展调研报告》,《科学发展》2018年第6期。

[2] 李世奇、朱平芳:《长三角一体化评价的指标探索及其新发现》,《南京社会科学》2017年第7期。

在显著的抑制效应。[①] 长三角城市群产业空间演化的证据表明，区域空间一体化本质上是城市空间价值与产业价值链耦合发展的结果，同时，只有建立区域空间多样化和城市空间专业化合作与互补的区域经济关系，方可实现真正意义上的区域经济一体化发展。[②]

经过多年的快速发展，长三角城市群已经成为当代中国经济发展的中心。目前，国家将长三角城市群定位为世界级城市群、区域一体化示范区以及区域协调发展的引领区，对长三角城市群而言，已经步入改革攻坚的深水区，这需要加大治理机制的创新力度以适应城市群发展壮大的新要求。

四 改进长三角城市群治理的对策建议

（一）围绕区域一体化发展完善长三角城市群治理机制

《长江三角洲城市群发展规划（2016—2020）》《上海市城市总体规划（2017—2035年)》对长三角城市群治理问题进行了部署。2019年，国家出台《长江三角洲区域一体化发展规划纲要》，长三角区域一体化上升为重大国家战略。要以国家战略为引领，围绕区域一体化发展完善长三角城市群治理机制。要根据长三角"一极三区一高地"的战略定位，确定长三角城市群各治理主体的任务，通过多种方式促进区域治理绩效，并进行考核。中央政府部门继续拥有统筹区域规划权，以及区域制度设计、重大基础设施审批等权限。相应地，地方政府则拥有市政管理、交通管理、城乡社区事务、地方经济产业发展管理等事权。

长期以来，长三角城市群治理组织主要由三省一市主要领导座谈会、长江三角洲城市经济协调会，以及有关部委牵头组织合作机制（如长三角旅游合作联席会）等构成，长三角专家咨询委员会等组织也发挥积极作用。这些治理组织大多带有官方或半官方色彩。随着长三角区域一体化上升为重大国家战略，长三角城市群治理要进一步提升，中央政府要加强对长三角城市群治理的参与，确保国家战略的顺利推进。在长三角城市群

---

① 高丽娜、朱舜：《城市群一体化发展促进创新吗？——来自长三角城市群的经验证据》，《华东经济管理》2018年第6期。

② 周韬：《空间异质性、城市群分工与区域经济一体化——来自长三角城市群的证据》，《城市发展研究》2017年第9期。

内部，还需要有更多的治理主体参与，包括政府工作部门、行业组织和协会、非营利组织等构成的多层次、多渠道区域治理格局，尤其要重视企业、行业协会与社会组织的参与。

（二）强化城市群层次的区域治理功能

长三角城市群治理过去主要是地方政府主导，缺乏城市群层次的区域治理。在长三角区域一体化上升为重大国家战略的背景下，应该加强城市群层次的区域治理组织和权威，以衔接中央政府和地方政府，确保各项规划任务的顺利完成。建议由中央政府出面，设立由各利益相关方共同参与的跨区域行政组织——长三角区域管理委员会。长三角区域管理委员会拥有区域公共事务管理权限，实现长三角经济社会一体化发展。长三角区域管理委员会要明确长三角城市群区域发展目标，构建区域协调机制，保障财政资金统一使用，提升区域治理绩效。

为了保障长三角区域管理委员会的权威性，要对长三角城市群治理进行立法，长三角城市群规划立法、区域治理立法有利于保障区域公共治理事权划分。国家要制定区域治理相关法律，或针对长三角城市群治理制定长三角城市群区域治理法律法规等，清晰界定法律关系、权责配置机制等，从而为区域管理提供司法保障。

（三）围绕国家规划创新长三角城市群协同机制

为保障《长江三角洲区域一体化发展规划纲要》顺利推进，要创新长三角城市群协同机制，构建长三角城市群多层次协同机制。首先，要以长三角一体化发展领导小组为领导，以长三角区域管理委员会为依托，完善长三角城市群协同机制。领导小组对长三角城市群进行全局性的规划管理，作为长三角一体化发展的重要制度保障。区域管理委员会负责长三角城市群规划编制、重大问题决策等事宜。其次，推动市场和社会协同发展。市场机制要在长三角城市群资源配置起决定性作用，而在社会发展领域，要根据城市间人口流动和社会发展需求，支持非营利组织、居民等成为社会发展主体。最后，为城市群协同发展提供资金支持。如设立长三角城市群发展基金、长三角发展银行等，基金和银行由成员城市共同出资，为长三角城市群重大项目建设融资。

（四）长三角城市群治理要把握好中央和地方关系

明确承认存在中央与地方之间的区域性分权问题，合理进行中央与省市自治区地方财政事权和支出责任划分。中央政府对长三角城市群的管理权限包括发展规划、重大基础设施、制度设计、协调地区间关系，等等。长三角区域管理委员会对长三角城市群的管理权限包括生态环境维护、交通等基础设施建设和维护、区域文化发展、经济政策协同，等等。城市群内各省市把部分规划权等事权让渡给长三角区域管理委员会，并按照权责承担相应的支出。

第二节 珠三角城市群

一 珠三角城市群概况

珠三角城市群（以下简称珠三角）主要包括广州、深圳、佛山、东莞、惠州、中山、珠海、江门、肇庆9市，韶关、清远、云浮、汕尾、河源、阳江6市为扩充城市，由此而形成了"广佛肇+韶清云"（广州、佛山、肇庆+韶关+清远+云浮）、"深莞惠+汕尾、河源"（深圳、东莞、惠州+汕尾+河源）、"珠中江+阳江"（珠海、中山、江门+阳江）等三个新型都市区9+6融合发展的一体化格局。以广东省的2018年《统计年鉴》来看，珠三角土地面积54764平方公里，约占全省的30.5%，2017年年末常住人口达6150.54万人，约占全省年末常住总人口的55.1%，2017年地区生产总值75710.14亿元，约占全省的80.1%。[①]

（一）珠三角城市群的地理位置与社会经济发展情况

1. 珠三角城市群的地理位置

珠三角区位优势明显，毗邻港澳，面朝南海，与东南亚隔海相望，是我国南方对外开放的门户。从地形上来看，罗平山脉将珠三角划分为粤西和粤北两面，粤西为西江谷地区，粤北为北江水系，而东面的罗浮山则是珠三角的东界。

珠江三角洲由东江、西江和北江冲击而成，呈倒置三角形态，地面波动起伏，四周是山地丘陵，珠江三角洲同时也是广东平原面积最大的区域。另外，珠江三角洲位于北回归线以南，属于亚热带气候，气候温和，

---

① 数据来源：《广东统计年鉴（2018）》（http://stats.gd.gov.cn/gdtjnj/content/post_1424903.html）。

雨量充沛，日照时间长，因此农牧渔业发展优势明显。

2. 珠三角城市群的社会经济发展情况

珠三角是我国人口最密集、经济实力最雄厚、创新能力最强的三大区域之一，是我国乃至世界均具有重要影响力的先进制造业和现代服务业基地，也是引领带动全国经济高速发展的重要引擎。同时，珠三角也是我国科技创新和技术研发的基地，2015年9月珠三角正式获批国家自主创新示范区，目标是把珠三角建设成为中国开放创新先行区、转型升级引领区、协同创新示范区、创新创业生态区，打造成为国际一流的创新创业中心。

作为我国重要的经济中心和改革的"试验田"，珠三角不断深化体制机制改革，社会经济发展水平走在全国的前列，其对国民经济发展的辐射带动作用可见一斑，尤其在促进环珠三角和泛珠三角区域发展方面成效显著。如表3—8对珠三角9市2013—2017年相关统计数据进行了整理，从整体上看，广州和深圳的经济发展水平最高，佛山和东莞次之，其他城市较为薄弱；产业结构上，广州、深圳和东莞三市的第三产业要高于第二产业，其他城市则相反，尤其是经济发展水平最低的肇庆市，其第一产业占GDP的比重相对于其他城市来说还比较高；从社会发展和土地特征来看，除惠州、江门和肇庆的城镇化率较低外，其他6市的城镇化率均在85%以上，尤其深圳接近100%，但是深圳土地面积不大，不到广州的1/3，而人口大量集聚，因此其人口密度远远高于其他城市；最后在政府能力方面，广州和深圳也是遥遥领先于其他城市，深圳一般公共预算收入更是几乎达到了广州的两倍，佛山或东莞的四倍以上，当然，其一般公共预算支出也更高。

表3—8　　　　2013—2017年珠三角9市社会经济发展基本指标

城市	经济发展水平		产业结构			社会发展	土地特征		政府能力	
	GDP（亿元）	人均GDP（元）	第一产业（占GDP%）	第二产业（占GDP%）	第三产业（占GDP%）	城镇化率（%）	常住人口（万）	土地面积（平方公里）	人口密度（人/平方公里）	一般公共预算收入（亿元）	一般公共预算支出（亿元）
广州	18255.7	135394.5	1.3	31.3	67.5	85.7	1361.0	7434.4	1830.6	1332.6	1735.6

续表

城市	经济发展水平		产业结构			社会发展		土地特征		政府能力	
	GDP（亿元）	人均GDP（元）	第一产业（占GDP%）	第二产业（占GDP%）	第三产业（占GDP%）	城镇化率（%）	常住人口（万）	土地面积（平方公里）	人口密度（人/平方公里）	一般公共预算收入（亿元）	一般公共预算支出（亿元）
深圳	17997.5	159076.8	0.1	41.7	58.3	99.9	1144.5	1997.1	5722.8	2601.9	3236.7
佛山	8096.8	109288.2	1.7	60.3	38.0	94.9	743.9	3797.7	1959.0	552.4	656.8
东莞	6411.2	77268.2	0.3	47.8	51.9	89.1	830.4	2460.0	3375.2	503.9	550.1
惠州	3212.3	67768.4	4.6	55.4	40.0	68.0	474.7	11347.0	418.4	328.3	450.1
中山	3021.0	94257.4	2.0	54.2	43.8	88.1	321.3	1784.0	1794.9	274.4	334.9
珠海	2091.3	127215.9	2.2	49.8	48.0	88.4	165.6	1730.0	957.0	259.0	361.6
江门	2286.4	50570.8	7.5	49.4	43.1	64.8	452.7	9505.7	476.2	192.2	273.6
肇庆	1933.8	47717.2	15.0	46.9	38.1	45.2	406.4	14891.0	272.9	118.0	245.9

注：数据来源于广东省及各市统计年鉴，以上均为均值。

（二）珠三角城市群的形成条件与发展历程

1. 珠三角城市群的形成条件

珠三角能够形成如今初具规模和较强竞争力的国家级城市群，是众多要素共同作用的结果，具有一定的历史必然性，总的来说可归结为以下几个方面：

（1）得天独厚的区位优势

珠三角与港澳接壤，面向南海，与东南亚隔海相望，与世界紧密相连。在改革开放初期恰逢港澳经济转型升级与产业结构调整，珠三角成为港澳重要的制造业加工基地，缓解了港澳的成本压力同时也给珠三角注入了大量的资金。便利的海上交通运输，使得珠三角与世界的联系更加密切，珠三角也由此成为我国对外开放的重要窗口。

（2）改革开放政策的先行先试

乘着改革开放的东风，珠三角借助经济和政策上的先行先试，以改革

"试验田"为契机,率先完成了市场化改革,较早建立了社会主义市场经济体制框架,珠三角的城镇化水平也显著提高。市场化改革和对外开放的格局使得大量资金、人才、技术等生产要素在珠三角集聚,进一步奠定了珠三角集群发展的基础。

(3) 广东省政府的统筹规划

有别于京津冀和长三角,珠三角9市均位于广东省,受广东省政府统一管辖,在行政协调上更为方便快捷,效率也更高。而京津冀和长三角各市处于不同省份的管辖范围内,协调整合的难度更大,交易成本更高。如国家出台《珠江三角洲地区改革发展规划纲要 (2008—2020年)》之后,广东省也随即出台了《关于加快推进珠江三角洲区域经济一体化的指导意见》,珠三角各市则紧随其后,足见广东省政府在推动珠三角一体化进程中发挥的重要统筹规划作用。

(4) 开放包容的岭南文化

改革开放以来,广东率先打开国门,以开放包容的姿态迎接五湖四海的企业家、投资家等各路人才,进一步填补了本土人才的不足之处。外来人力资源的广泛注入为珠三角发展成为世界级城市群作出了突出贡献,同时珠三角也在对外经济和文化交往中发挥重要的作用。

(5) 充足的资金流入

珠三角作为我国著名的侨乡,是港澳同胞和海外侨胞聚集地,港澳和华侨的资本投入占据了珠三角外资投入的大部分,充足的资金流入为珠三角一体化发展提供了坚实的物质保障。

2. 珠三角城市群的发展历程

根据珠三角城市群的空间结构的发展历程,可将其划分为四个阶段:中华人民共和国成立前由单中心向双中心转化阶段;中华人民共和国成立后到改革开放前的衰退阶段;改革开放后至今由双中心向网络化转化阶段[1]。

(1) 单中心转向双中心阶段

隋唐以前,中原战乱致使大量移民沿着西江、北江涌入广东,当时

---

[1] 贺建风、舒晓惠、张小小:《珠三角城市群空间结构演变探析》,《商业时代》2008年第3期。

的番禺（即广州）等西江、北江沿岸城镇迅速发展起来，逐渐形成了广州为中心、西江和北江水运通道辐射发展的城镇布局。宋元时期，江南人口大规模南迁，沿着东江进入广东，带动东江沿岸发展，东江沿岸城镇得以强化，由此而形成广州为中心，西江、北江和东江三江辐射分布的空间格局。在这个阶段，珠三角的空间布局主要受港口的功能驱动，取决于港口的交通便利性，随港口的功能地位而处于动态调整状态，此时表现出明显的以广州为绝对中心，其他城镇处于相对边缘的单中心模式。

16世纪后，澳门被葡萄牙占领，并发展成为一个国际贸易港而崛起，打破了长久以往形成的以广州为核心的珠三角空间格局，进而演变为广州、澳门为双核心的"T"形结构，同时也大大促进了珠江口地区特别是西岸的城镇发展。鸦片战争后，香港割让，澳门的国际贸易口岸和航运地位不如香港，原有的双中心格局也由广州、澳门为中心转向以广州、香港为中心，西江和北江的水运地位也逐渐下降，东岸城镇发展起来，此时，广州的主体功能也发生了重大变化，逐渐成为综合发展的经济中心。

（2）缓慢发展的单中心阶段

中华人民共和国成立初期，由于帝国主义的封锁，珠三角作为边防前线，深圳、珠海被明确归为边防禁区，经济封锁严重，国家的投入又少，经济发展缓慢，基本处于停滞状态。政治方面的压制，使得内地与港澳的联系基本隔绝，经济往来出现明显的边界分割。珠三角内部的城镇空间格局仍以广州为中心，但功能衰退，关系松弛。

（3）快速发展的双中心阶段

十一届三中全会之后，改革开放的东风吹向了广东，珠三角依托得天独厚的地理优势，经济迅速腾飞。1980年，深圳、珠海特区建立；1984年，广州被确定为沿海开放城市；1985年，中央将珠三角划入沿海经济开放区，包括4市13个县，1986年增加珠海部分县，1987年扩大为7市21县，1994年珠三角经济区达到23市3个县；基本形成了东、中、西3个城市组群。在大量优惠政策的激励下，珠三角吸引了大量外资的注入，尤其港澳的企业，利用内地的政策红利和廉价的劳动力完成其产业转移，使得珠三角的生产要素和资源重新配置，形成了前店后厂的发展格局，进一步促进了珠三角的制造业发展，同时带动了服务业的发展。在这样的背景下，深圳获得了空前发展，并与广州并肩，成为珠三角新的双核中心城市之一。

(4) 多中心网络化发展阶段

21世纪初，随着工业化的纵深推进，珠三角的产业布局也发生了很大变化，逐渐由第一、二产业为主向第二、三产业齐头并进，城市化水平进一步提高。城市规划被提上重要议程，城市的数量和质量显著提升。在这个阶段，珠三角地方政府的行政区划进行了大力改革，如广州将原来代管的番禺和花都撤市改区，将地理版图延伸至珠江口，成为重要的沿海城市，交通运输综合网络的逐渐完善，城市的中心性进一步提高。珠海撤销最后一个县斗门县，设置斗门区和金湾区，形成了大珠海的行政格局。原佛山辖区的城区、石湾区以及县级市南海市、顺德市、三水市和高明市，设立佛山市禅城区、南海区、顺德区、三水区和高明区5个区，大佛山的城市格局由此形成。县级市惠阳市被撤销，设置惠州市惠阳区，也就是原来的惠阳市并入惠州，惠州的城市空间一下子扩大了5倍。珠三角行政区划改革的情况如表3—9所示，2002年前后珠三角各区县的数量发生了很大变化。此后，珠海、佛山、中山、东莞等相继成为综合实力较强的大城市，各中小城镇更是星罗棋布，由此而形成了大都市连绵区的雏形。2010年已形成东、中、西三大城市集群，东岸以深圳为首，东莞和惠州为其中重要组成部分；中部以广州为核心，佛山包括在内；西岸则包括珠海、中山和江门。三大城市集群在珠三角的整体空间布局上呈现"人"字形结构。此阶段，各城市经济发展较快，城市之间联系也越来越紧密，以广州、深圳、珠海等为中心的多中心格局初步形成。

表3—9　　　　珠三角地方政府数量变化（1999—2018）

年份	市	县（县级市）	市辖区	街道	镇（乡）
1999	9	24	22	178	498
2000	9	22	24	178	498
2001	9	21	26	192	473
2002	9	16	30	217	436

续表

年份	市	县（县级市）	市辖区	街道	镇（乡）
2003	9	15	31	226	409
2004	9	15	31	251	357
2005	9	15	31	259	329
2006	9	15	31	260	326
2007	9	15	31	260	326
2008	9	15	31	261	328
2009	9	15	31	263	329
2010	9	15	31	265	327
2011	9	15	31	267	324
2012	9	15	31	268	325
2013	9	15	31	268	324
2014	9	13	32	270	324
2015	9	12	33	267	324
2016	9	12	35	282	324
2017	9	12	35	286	320
2018	9	12	36	286	320

数据来源：相关各年《广东统计年鉴》。

(三) 珠三角城市群的城市职能分工与定位

按照《珠江三角洲地区改革发展规划纲要 (2008—2020年)》，珠三角的战略定位是：探索科学发展模式试验区、深化改革先行区、扩大开放的重要国际门户、世界先进制造业和现代服务业基地以及全国重要的经济中心。规划明确提到，要以广州、深圳为中心，以珠江口东岸、西岸为重点，推进珠江三角洲地区区域经济一体化。具体到珠三角各市，不同的经济基础、资源禀赋与主导产业等，必然要求其需要立足本市实际，明确相应的职能分工，实现资源优势互补与共同发展。

广州：增强高端要素集聚、科技创新、文化引领和综合服务功能，优先发展高端服务业，加快建设先进制造业基地，增强文化软实力，提升城市综合竞争力。

深圳：继续发挥经济特区的窗口、试验田和示范区作用，增强科技研发、高端服务功能。同时，深圳也是江口东岸地区的核心城市，要着力建设深圳通信设备、生物工程、新材料、新能源汽车等先进制造业和高技术产业基地。

佛山：强化广州佛山同城效应，携领珠江三角洲地区打造布局合理、功能完善、联系紧密的城市群。同时，佛山也是珠江口西岸地区的一部分，重点发展佛山机械装备、新型平板显示产业集聚区和金融服务区。

东莞、惠州：作为"以深圳市为核心，以东莞、惠州市为节点的珠江口东岸地区"中的一部分，要加快东莞加工制造业转型升级，建设松山湖科技产业园区，积极培育惠州临港基础产业，建设石化产业基地。

珠海：珠海作为珠江口西岸地区的核心城市，要加快交通基础设施建设，加快建设珠海高栏港工业区、海洋工程装备制造基地、航空产业园区和国际商务休闲旅游度假区，尽快形成珠江口西岸交通枢纽，建成现代化区域中心城市和生态文明的新特区，争创科学发展示范市。

中山、江门、肇庆：作为"以珠海市为核心，以佛山、江门、中山、肇庆市为节点的珠江口西岸地区"的一部分，要重点发展中山临港装备制造、精细化工和健康产业基地，江门先进制造业重点发展区，肇庆传统优势产业转型升级集聚区。

二 珠三角城市群在国家治理体系中的地位和功能

在2010年国务院印发的中华人民共和国成立以来我国第一个全国性国土空间规划《全国主体功能区规划》中明确提到，珠三角的功能定位是：通过粤港澳的经济融合和经济一体化发展，共同构建有全球影响力的先进制造业基地和现代服务业基地，南方地区对外开放的门户，我国参与经济全球化的主体区域，全国科技创新与技术研发基地，全国经济发展的重要引擎，辐射带动华南、中南和西南地区发展的龙头，我国人口集聚最多、创新能力最强、综合实力最强的三大区域之一。珠三角在国家区域治理中的战略地位也反映在以下几个方面。

（一）上升为国家战略的特大城市群

《全国主体功能区规划》提到，把环渤海、长江三角洲、珠江三角洲地区确定为优化开发区域，以率先转变经济发展方式和产业转移。《全国主体功能区规划》在国家城市化战略格局中进一步提出，推进环渤海、长江三角洲、珠江三角洲地区的优化开发，形成3个特大城市群。这意味着珠三角上升至国家优化开发区域和国家战略层面的特大城市群建设。《全国主体功能区规划》明确，优化开发区域是带动全国经济发展的龙头，全国重要的创新区域，是我国在更高层次上参与国际分工及有全球影响力的经济区，全国重要的人口和经济密集区。这在战略层面将珠三角置于优先发展的战略地位。优化开发的方向包括：优化空间结构、优化城镇布局、优化人口分布、优化产业结构、优化发展方式、优化基础设施布局、优化生态系统布局。

（二）建设世界级城市群

早在广东省"十二五"规划中就提出，广东省要携手港澳打造亚太地区最具活力和国际竞争力的世界级城市群。2015年，习近平总书记在视察广东时指出，经济特区充分发挥带动作用，联手港澳打造更具综合竞争力的世界级城市群。在广东省"十三五"规划中则进一步明确指出，要以广州、深圳为主要辐射核心，珠三角各市中心城区为支撑，各主要功能节点城市为依托，携手港澳共建世界级城市群。2018年11月18日，中共中央、国务院发布的《中共中央 国务院关于建立更加有效的区域协调发展新机制的意见》明确指出，以"一带一路"建设、京津冀协同发展、长江经济带发展、粤港澳大湾区建设等重大战略为引领；建立以中心城市引领城市群发展、城市群带动区域发展新模式，推动区域板块之间融合互动发展；以香港、澳门、广州、深圳为中心引领粤港澳大湾区建设。

城市群汇聚国内甚至国际经济发展的要素，是增强城市国际竞争力的重要形式。世界级城市群代表着该区域的国际影响力和强大的核心竞争力。参照法国地理学家戈特曼对世界级城市群的界定，成熟的世界级城市群具有如下特征：(1)区域内城市密集；(2)拥有一个或几个国际性城市；(3)多个都市区连绵，相互之间有较明确的分工和密切的社会经济联系，共同组成一个有机的整体，具备整体优势；(4)拥有一个或几个国际贸易中转大港、国际航空港及信息港作为城市群对外联系的枢纽，同时区域内拥有由高速公路、高速铁路等现代化交通设施组成的发达、便捷的交通网络；（5）总体规模大，城镇人口至少达到2500万；（6）国家经济的核心区域。

珠三角地区的广州和深圳已经属于国际化大都市。区域内九个主要城市又以三个城市圈布局，分别是广佛肇城市圈、珠中江城市圈、深惠莞城市圈，相互之间有较明确的分工和密切的社会经济联系。根据《广东统计年鉴》的数据看，截至2017年，珠三角土地面积54770平方公里，约占全国国土总面积的0.57%，年末常住人口6150.54万人，约占全国总人口的4.42%，城镇人口5245.70万人，地区生产总值75710.14亿元，约占全国国内生产总值的9.15%。也就是，珠三角0.57%的国土面积集聚了全国4.42%的人口和9.15%的产出。[①] 这些城市分布在珠江口，加上在同一区域的香港和澳门，具备大湾区的地理特点。因此，珠三角城市群具有很大潜力联合港澳建设世界级城市群。

（三）深化改革先行区

《珠江三角洲地区改革发展规划纲要（2008—2020年）》明确将珠三角定位为"深化改革先行区"，要求珠三角继续完成全国改革"试验田"的历史使命，先行先试，全面推进政治经济体制改革。

1979年，邓小平提出的创建经济特区的想法，在吸收境外资金、技术、人才等要素方面采取特殊政策，对珠三角乃至整个东南沿海地区发展外向型经济、促进经济繁荣发挥了重要作用，珠三角成为中国经济腾飞的重要增长极。1980年8月，第五届全国人大常委会第十五次会议正式批准了国务院提出的《广东省经济特区条例》，深圳、珠海、汕头设立经济特区正式获批。1981年，厦门经济特区获批。自此，经济特区建设如火如荼地展开，深圳这个昔日的边陲小镇迅速崛起，一步步迈向国际化大城市的行列。1988年4月，第七届全国人民代表大会第一次会议通过了国务院提出的《关于设立海南省的议案》和《关于建立海南经济特区的议案》。海南作为中国最大的经济特区正式成立。2010年，新疆的喀什和霍尔果斯又设立了经济特区，成为中国向西开发开放的重要门户。至此，中国经济特区增加至7个。但纵观7个经济特区，只有深圳步入一线城市的

[①] 数据来源：《广东统计年鉴2018》。

行列,深圳成立经济特区 40 年以来,创造了数个"中国第一",地区生产总值由 1979 年的 1.96 亿元到 2017 年的 22490.06 亿元①,翻了 1.1 万倍多,被业界称为全球罕见的"深圳速度"。2018 年 4 月 13 日,习近平总书记在庆祝海南建省办经济特区 30 周年大会上强调,经济特区要不忘初心、牢记使命,把握好新的战略定位,继续成为改革开放的重要窗口、改革开放的试验平台、改革开放的开拓者、改革开放的实干家。2019 年 7 月,中央全面深化改革委员会第九次会议通过《关于支持深圳建设中国特色社会主义先行示范区的意见》,要求深圳牢记党中央创办经济特区的战略意图,坚定不移走中国特色社会主义道路,坚持改革开放,践行高质量发展要求,深入实施创新驱动发展战略,抓住粤港澳大湾区建设重要机遇,努力创建社会主义现代化国家的城市范例。

三 珠三角城市群现有的治理机制和治理绩效

（一）多中心网络治理机制

1. 珠三角多中心合作网络

在国家战略布局以及广东省层面的统筹规划下,珠三角形成了广州、深圳和珠海为核心城市,广州佛山同城化发展,广佛肇（广州、佛山、肇庆）、深莞惠（深圳、东莞、惠州）、珠中江（珠海、中山、江门）多中心网络治理的局面。

珠三角部分城市通过"兼并"的形式完成行政区划的扩张,形成了"大广州""大佛山""大惠州"等行政格局,对促进珠三角一体化发展起到了一定的作用。除了行政区划的调整,珠三角各地政府间的合作交流对区域一体化发展同样必不可少。《珠江三角洲地区改革发展规划纲要（2008—2020 年）》发布以来,珠三角一体化融合的速度在不断加快,各地政府相继签署了一系列合作协议,如 2009 年 2 月,深圳、东莞、惠州三市在深圳签署《推进珠江口东岸地区紧密合作框架协议》,同年 4 月,珠海、中山和江门签署《推进珠中江区域紧密合作框架协议》,同年 6 月,广州、佛山和肇庆签署《广佛肇经济圈建设合作框架协议》。

---

① 数据来源：《深圳统计年鉴（2018）》（http：//tjj.sz.gov.cn/zwgk/zfxxgkml/tjsj/tjnj/201812/t20181229_ 14966437.htm）。

第三章　三大城市群治理报告

以科技创新领域方面的合作为例，有学者通过珠三角9市的政府门户网站，收集珠三角9市在2008年至2016年创新合作的府际协议，一共1472条，从2008年的29条到2016年的390条[①]。整体上来看，创新合作的府际协议总体上呈上升趋势，尤其是2015年、2016年的协议最多。具体如图3—2所示：

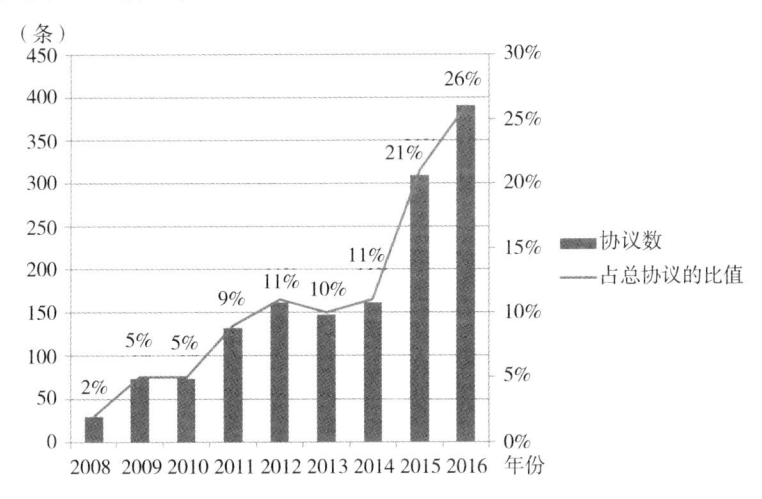

图3—2　珠三角近年科技创新合作情况

从创新合作的协议网络图可以直观地看到（如图3—3），在珠三角的创新合作网络中，广州和佛山的线条最粗，表示两者联系最紧密，广佛一体化发展效果比较明显，其次是广州和深圳的线条也较粗。进一步从协议网络的中心性来看（如表3—10），在创新一体化的进程中，广州、深圳、佛山和珠海等参与的协议最多，点度中心性较为靠前；接近中心性来看，广州、深圳和珠海的接近中心性一样，意味着这三个城市较为独立，不用过多受其他城市的控制；从中间中心性来看，深圳以46.429的绝对优势领先于其他城市，也就是深圳在珠三角的创新网络中处于最核心的位置，信息和资源的控制能力最强。其次是珠海，以37.5位列第二位，接着是广州和佛山。总的来看，深圳、广州和珠海分别作为深莞惠、广佛肇和珠中江三个小集群的核心作用还是很明显。

---

① 段昭霞：《"邻近性"对区域科技创新合作的影响》，硕士学位论文，电子科技大学，2018年，第21—23页。

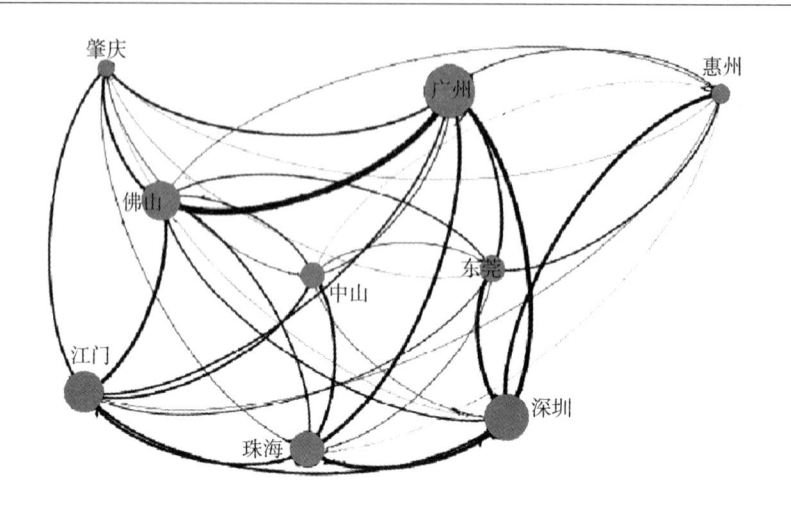

图 3—3　珠三角科技创新合作网络图

表 3—10　　　　　　　珠三角科技创新合作网络中心性指标①

城市	度数中心度	接近中心度	中间中心度	中间中心势
广州	37.500	61.538	28.571	
深圳	50.000	61.538	46.429	
佛山	37.500	50.000	26.786	
中山	12.500	40.000	0.000	
惠州	12.500	40.000	0.000	0.333
东莞	12.500	40.000	0.000	
珠海	50.000	61.538	37.500	
江门	25.000	50.000	7.143	
肇庆	12.500	34.000	0.000	

2. 珠三角府际联席会网络

地方政府协作治理模式形式多样，其中，府际联席会以广泛的参与主体与宽领域合作等特点而成为地方政府解决跨域问题实现互利共赢的重要合作形式。为此，我们通过城市官方网站与官方报纸相结合的方式，收集

---

① 段昭霞：《"邻近性"对区域科技创新合作的影响》，硕士学位论文，电子科技大学，2018 年，第 21—23 页。

了珠三角 2006—2015 年府际联席会的信息文本共 153 条。整体上来看（如图 3—4），初期召开次数较少，到 2009 年、2010 年召开联席会的次数达到该阶段的高峰，之后有所回落。从府际联席会涉及的领域来看（如图 3—5），探讨的主题主要以公共服务领域为主，占比 45%，如珠三角九市交通综合行政执法工作第一次联席会、珠三角地区文化市场行政执法协作第一次联席会、深莞惠交通运输一体化联席会等，其次是经济领域和综合领域，如深莞惠一体化经贸合作联席会、珠中江区域紧密合作首次党政联席会等。

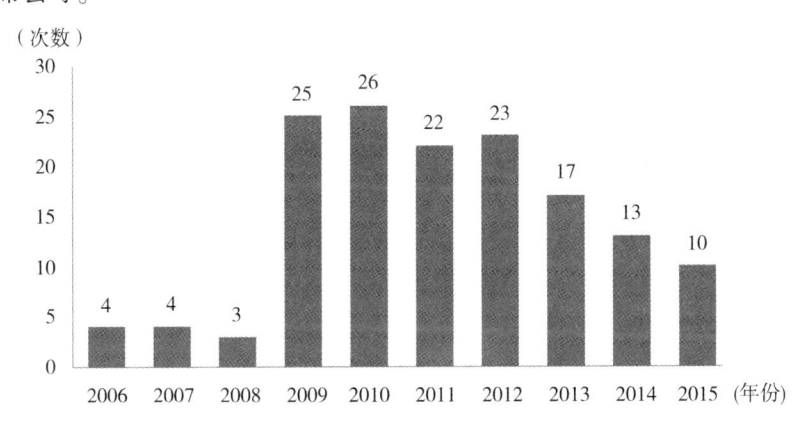

图 3—4　2006—2015 年珠三角召开府际联席会次数

进一步观察珠三角府际联席会的网络结构，其中，制度性安排具体表现为全体参与的面向制度构建的协作，自主府际协作表现为面向合作的双边协作与面向协调的多边协作。整体来说，联席会在珠三角的府际协作实践中，以上三种形式均被广泛采纳。具体来看，珠三角 2006—2015 年府际联席会召开总次数为 153 次，其中非自主联席会，即全体性联席会议 40 条，如珠江三角洲九市水务局长联席会、珠江三角洲地区防震减灾联席会等。此外，自主联席会 113 条，其中双边联席会 36 条，如深莞环保联络小组联席会、广佛同城化暨广佛跨界河涌整治联席会等；多边联席会 77 条，如广佛肇经济圈环保专责小组联席会、深莞惠交通运输综合执法联席会、珠中江区域紧密合作首次党政联席会等。①

---

① 资料来源：珠三角各市官方网站及相关媒体报道。

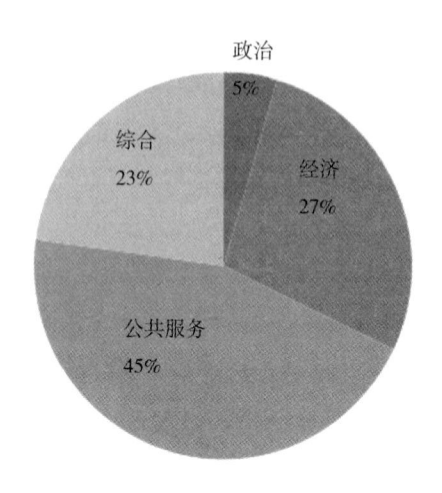

图 3—5　2006—2015 年珠三角府际联席会涉及领域

从图 3—6 可以看出，珠三角城市群作为省内城市群，其府际协作网络的变动趋势波动较大，并未形成较为清晰的协作演进趋势。但可以明显看到，2008 年之后珠三角的多边协作机制处于一种较为稳定的高水平运行状态，基本上围绕在每年 8 次以上的强度。但是其双边的趋势，则波动起伏较大，最高是在 2012 年，有 8 次。而全体性协作则表现出先增强后减弱的趋势，峰值出现在 2010 年，有 10 次。双边协作与全体性协作处于交替竞争的局势，在 2009—2011 年以及 2013 年以整体性协作为主，其余时间段则表现为双边协作。从珠三角府际协作网络演变趋势我们看到，多边府际协作网络处于较为稳定的高位运行，这表明珠三角区域的自主性高，能够通过自组织协调机制建起较为稳定和较为频繁的多边协作关系，其并未呈现出与制度型协作明显的相关关系。而从联席会议的参与主体来看，多边协作主要表现为深莞惠、广佛肇和珠中江三大中心区域之间的协作治理，尤其是深莞惠之间的联系最紧密，如深莞惠一体化党政联席会、深莞惠三市规划部门首长联席会、深莞惠旅游局联席会等，这一点从珠三角联席会议的合作网络图可以较为直观地看到（图 3—7）。

（二）向泛珠三角合作扩展

从珠三角过渡到泛珠三角，还涉及另外一个概念叫"大珠三角"，即原珠三角 9 市加上香港特别行政区和澳门特别行政区，也就是后来的粤港澳大湾区。泛珠三角的概念最早于 2003 年 7 月在国内正式兴起，包括珠

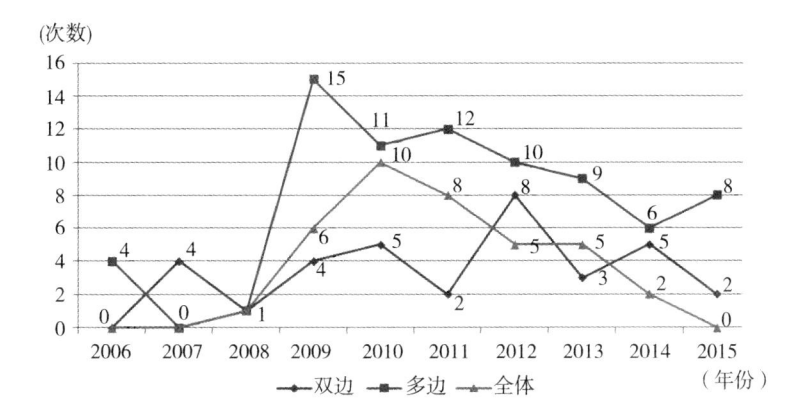

图3—6　2006—2015年珠三角府际联席会网络结构

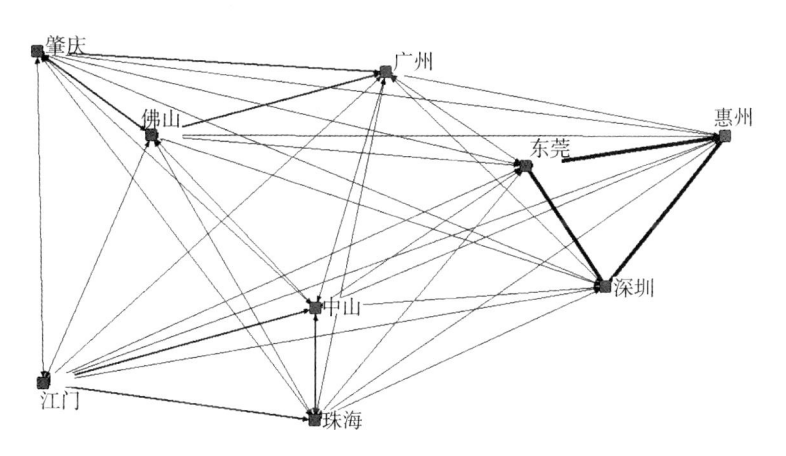

图3—7　2006—2015年珠三角府际联席会合作网络

江流域的广东、福建、江西、湖南、广西、海南、四川、贵州、云南和香港特别行政区、澳门特别行政区，即"9+2"。相比于京津冀和长三角，"9+2"合作区是最大的经济合作区之一，在地域范围和经济总量上都有明显的规模特征，占全国面积的1/5、人口1/3、经济总量占全国的比重超过1/3（不含港澳）（见表3—11）。

表3—11　　　　　　　三大合作区比较（2016年）

区域	土地面积（万 km^2）	占全国比重（%）	人口（百万）	占全国比重（%）	GDP（1000亿元）	占全国比重（%）
长三角	21.07	2.19	254.52	18.4	149.24	20.07

续表

区域	土地面积（万 km²）	占全国比重（%）	人口（百万）	占全国比重（%）	GDP（1000 亿元）	占全国比重（%）
京津冀	21.8	2.27	111.58	8.06	74.61	10.03
泛珠三角	192	20.00	494.31	35.75	239.21	32.2
全国	960	100	1382.7	100	743.585	100

资料来源：根据国家统计局数据库（http://data.stats.gov.cn/）相关数据整理而成。

1. 泛珠三角区域合作不断发展

泛珠三角各省区之间的经贸往来源远流长，特别在与港澳的合作上，严格遵守《内地与香港关于建立更紧密经贸关系的安排》和《内地与澳门关于建立更紧密经贸关系的安排》的制度安排，形成了友好往来、优势互补、互利共赢的大好局面。泛珠三角区域间合作的两大平台是，泛珠三角区域合作与发展论坛和泛珠三角区域经贸合作洽谈会，两大平台为推动区域合作纵深发展发挥了重要作用。"泛珠三角区域合作与发展论坛"按照"联合主办、轮流承办"的方式举办。该论坛与联席会议有机结合，原则上每年举办一次，统筹协调泛珠三角区域经贸合作洽谈会与9省区各自组织的赴港澳地区招商洽谈活动。泛珠三角区域经贸合作洽谈会原则上每年举办一次，方案由论坛承办方提出，经秘书长协调会议商定。国家发展和改革委员会、商务部、国务院港澳事务办公室、国务院发展研究中心担任论坛指导单位。

2004年6月，首届泛珠三角区域合作与发展论坛顺利召开，"9+2"各方在广州签署《泛珠三角区域合作框架协议》，标志着泛珠三角首轮区域合作正式启动。2014年10月，在泛珠三角区域合作行政首长联席会议上，泛珠各方共同签署了联席会议纪要和《泛珠三角区域深化合作共同宣言（2015—2025年）》，进一步明确重点合作领域、合作机制、合作平台等。2016年3月，深化泛珠合作正式写入《国民经济和社会发展第十三个五年规划纲要》，随后国务院正式发布了《关于深化泛珠三角区域合作的指导意见》，泛珠三角区域合作全面上升为国家战略。2018年9月，第十二届泛珠三角区域合作与发展论坛暨经贸洽谈会在广州举行，围绕

"共享湾区机遇开放创新发展"为主题展开,各方共同签署了《2018年泛珠三角区域合作行政首长联席会议纪要》,截至2018年,泛珠三角区域经贸合作洽谈会已成功举办十二届。

"泛珠合作区"成员各方建立了协调机制(如表3—12),明确合作的权责关系,从而保证了合作的有效运行。

表3—12　　　　　　　　泛珠三角合作区协调机制

机制设计	主要内容
内地省长、自治区主席和港澳行政首长联席会议制度	每年举行一次会议,研究决定区域合作重大事宜,协调推进区域合作
港澳相关人员参加的政府秘书长协调制度	协调推进合作事项的进展,组织有关单位联合编制推进合作发展的专题计划,并向年度行政首长联席会议提交区域合作进展情况报告和建议。设立日常工作办公室,负责区域合作日常工作。九省(区)区域合作的日常工作办公室设在发展改革委(厅),香港、澳门特别行政区由特区政府确定相应部门负责
部门衔接落实制度	各方责成有关主管部门加强相互间的协商与衔接落实,对具体合作项目及相关事宜提出工作措施,制订详细的合作协议、计划,落实本协议提出的合作事项

2. 泛珠三角区域合作形成网络关系

区域合作参与国际竞争的趋势也影响到珠江流域各地的发展战略。从2000年11月第四次"中国—东盟"领导人会议上首次提出建立中国—东盟自由贸易区的构想,到2010年中国—东盟自由贸易区建立,亚洲范围的大区域合作成为国际经济格局的一个重要环节。有了参与国际竞争的诉求,珠江流域也有了新的发展动力和方向,形成鲜明的合作偏好(如图3—8):(1)香港和澳门:这是"泛珠"地区的两个特别行政区,在一国两制的体制背景下,这两个行政区获得了许多制度优势,它们希望在连接内陆与西方世界的同时,进一步辐射和带动内地发展,扩大经济发展的空间和范围;(2)大珠三角:国际化的发展趋势要求其新的增长点,依托新的发展平台，内陆强大的资源优势给大珠三角的发展提供了坚强的支撑；(3)内陆省区：经济相对落后的省区有着较大的资源优势或地理优势，这些省份通过连接东盟和大珠三角，建立合作关系，发挥比较优势，实现跨越式发展是参与国际竞争的最优选择。11省区市强烈的合作偏好，相互之间共同利益的集合具备了实现区域一体化治理的条件。地方政府可以通过突破原有的地理行政竞争关系，形成一个有效的组织结构，共同构建区域性的治理机制，以满足各地方政府发展的需求，实现高效率的收益。

区域合作偏好结构强调合作对象和合作领域的决策。11省区市在10个领域的合作是偏好强度和偏好结构的集合，形成的最终合作意愿表现为合作区的一系列合作规则体系。"9+2"包含内陆、沿海和港澳不同省区市，经济发展水平处于不同阶段、资源禀赋和产业结构差异较大，但是11个省（区、市）有着相互匹配，互为融合的偏好强度，有促进区域协调发展的偏好结构。因而，最终能够形成以珠江流域为链接，以地理位置为依托、优势互补、互利共赢、共同发展的合作区格局。追求区域利益最大化成为合作方制度性的集体行动，实现了治理效率的提高。

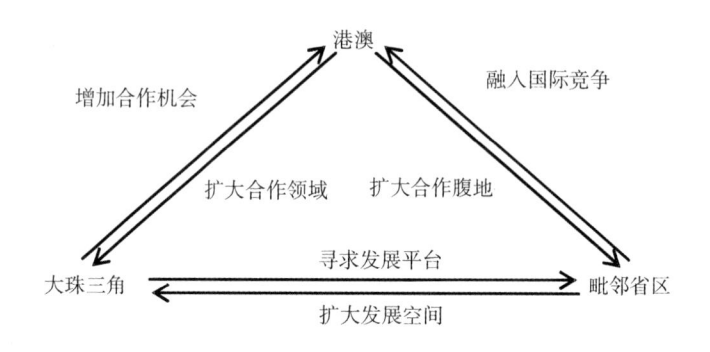

图3—8 泛珠三角区域合作意愿

珠三角城市群在区域合作发展的进程中取得了显著成就，地方政府间的合作愈发紧密，合作边界也在不断拓展，辐射带动了环珠三角和泛珠三角发展，并逐渐联合港澳打造世界级城市群。但依然存在一些问题亟待解决，一是中央和地方之间尚未建立强有力的联动机制，珠三角在融入粤港澳，推进泛珠三角发展方面依然乏力；二是内地和港澳之间的深度合作还有待加强，目前港澳与内地之间的联系主要停留在少数几个城市之间；三是合作机制不健全，合作成本较高，传统的双边或多边合作机制已无法满足合作的需求；四是横向政府间深度合作不足，合作积极性不高。

四　改进珠三角城市群治理的对策建议

（一）深化国家与地方创新联动机制

央地关系的调整要考虑到对府际协作治理选择的影响。虽然府际协作治理是地方与地方之间的关系，但是与央地关系的调整密切相关。央地关系优化是我国政府治理工具的重要体现，央地关系的调整影响和改变着地方政府的财权事权，这些财权事权会直接影响到其进行府际协作行动，就需要与央地事权财权划分等治理变革统筹考虑。

珠三角作为我国三大城市群之一，同时又是粤港澳大湾区和泛珠三角的核心组成，不仅受广东省政府直接领导，也是国家重点关注地区。中央和地方的创新联动是加快珠三角融入粤港澳大湾区和泛珠三角的重要手段，为此，我们提出，应构建新型央地关系。首先，明确划分中央与地方政府间职责权限范围，然后以此为基础在各级政府间进行财权和财力配置，同时修改预算体制，使之与分税制协调一致，并进一步改革规范转移支付制度。其次，促进中央与地方关系民主化。在重大决策或法律出台过程中，应该充分吸纳地方政府参与，使中央政策过程能够充分反映地方的利益诉求，使中央与地方的关系由过去以行政组织为基础的行政领导与服从关系转变为以相对经济实体为基础的对策博弈与合作关系，以形成相互制约之势。最后，促进中央与地方关系法制化。在明确划分中央与地方间职权范围的基础上，应该考虑将中央与地方政府间职权配置和调整程序法制化，使中央与地方政府间的领导、指挥、协调、约束和控制关系都有充分的法律保障和约束，而各级政府的职权也需要由本级人大授权并接受法律监督，重塑法律的权威与尊严，以促使中央与地方政府间关系走上法制化发展道路。[1]

（二）继续深化粤港澳大湾区城市群建设

珠三角与港澳的合作由来已久，早在2003年，内地和港澳分别签署

---

[1] 张紧跟：《以府际治理塑造新型央地关系》，《国家治理》2018年第12期。

了《关于建立更紧密经贸关系的安排》（简称CEPA），这是内地与港澳之间第一个全面实施的自由贸易协议，是内地与港澳进行经贸合作交流的里程碑。2010年、2011年，广东省人民政府分别与港澳两个特别行政区签订《粤港合作框架协议》和《粤澳合作框架协议》，进一步促进广东与港澳的经济往来。此外，珠三角各市也积极促进与港澳的合作交流，如在与香港合作方面，2013年11月25日，一年一度的深港合作会议在香港特区政府总部举行，深圳和香港特别行政区签署了《旅游合作协议》等新协议，深港合作进入新的发展阶段。在与澳门合作方面，2017年7月26日，2017年珠澳合作会议在澳门召开，珠澳两地签署了《珠海市文化体育旅游局与澳门特别行政区政府旅游局旅游合作框架协议》《珠海市文化体育旅游局与澳门特别行政区政府体育局体育合作框架协议》等一系列协议，双方将进一步加强在文化、体育、旅游以及统计领域的交流合作。

珠三角虽然与港澳已有一定的合作往来，但邝缉纶等对粤港澳的地缘经济联系的测度发现，2014年，香港与深圳联系较强，与广州、惠州、东莞、中山经济联系大部分为一般，其余为弱或很弱；而澳门2014年与珠海联系很强，与深圳和中山有较强联系，与广州、佛山、东莞、江门联系为一般，其余城市为弱或很弱[①]。也即，粤港澳大湾区一体化发展还有待加强，珠三角还需要继续深化与港澳的合作，在"一带一路"建设的引领下，推动粤港澳大湾区向更深更广领域合作。

(三) 创新城市间合作方式与合作领域路径

1. 选择适当的协作机制

当前，城市间合作机制主要分为两种：双边协作和多边协作。双边协作是区域合作中最为简单的形式，这种形式的交易成本是最低的；多边合作则需要付出合作伙伴选择、规则建立、网络维系等更多的交易成本。在我国城市群政府间协作的实践中，我们发现，除了合作导向的双边协作机制和协调导向的多边协作机制外，城市群政府间协作还存在一种制度安排机制。这种协作机制不是一种自主的协作机制，而是在上级政府的指导下基于非自主的协作机制。其目的是有意识地创建系统，以增进潜在合作者

[①] 邝缉纶、毛艳华：《港澳台与广东省地缘经济关系匹配研究》，《现代管理科学》2017年第4期。

之间的相互理解，促进信任，并制定规则，以降低风险。

对于一个潜在的合作成员，理想的演进趋势应该遵循以下模式，即制度安排与自主合作之间，制度安排优先，随着制度安排深化，双边和多边合作逐步增加，最终超越非自主合作，从而形成某一区域自主协作机制。这是因为，随着外部动力的加强，潜在合作者之间的信息共享和信任关系逐渐加强，其自主协作的成本和合同风险不断降低。另外，制度性协作的历史使命也将逐渐消失。

珠三角城市群地方政府协作治理网络中，多边协作在 2008 年之后一直处于高位，而双边协作则一直处于波动状态，全体协作则表现为先增强后减弱的趋势，并且 2009—2011 年以及 2013 年全体协作领先于双边协作，而其余阶段则双边多于全体，双边协作与全体协作处于一种交替竞争状态。也就是说，珠三角目前尚未进入一种稳定的协作变迁状态，表现为制度性安排对促进双边协作的作用不是很清晰，并且多边协作较为稳定，制度性安排对其影响的效果不佳。这说明制度性协作安排中交易成本降低仍然不足，在全体联席会等其他全体成员的制度安排中，应该更多地考虑给成员城市搭建协作平台，降低成员之间的信息搜索成本、谈判协商成本、协作执行成本以及监督追责成本。

2. 不同合作领域的路径选择

珠三角在融入粤港澳、深化与泛珠三角的合作中，实现了不同领域的跨界融合。不同的领域具有不同的属性特征，影响其合作治理的约束条件也不太一样。如环境治理领域受地理空间的客观因素约束较大，具有较强的外部性，因此在该领域地方政府容易依据"地理路径"形成高密度的共享型网络，而高密度的网络关系有助于增强彼此的信任和增加社会资本，从而减少相应的交易成本。相比之下，科技文化领域因其具有较强的不确定性，为避免推卸责任和投机行为，地方政府之间容易通过"抱团路径"形成稳定有力的小团体，并通过广东的经济和社会地位形成较高合作水平的领导型网络，广东在其中扮演了内部代理人的重要角色。

这启示地方政府在不同领域的协作过程中，应根据不同领域的特点选择适合的合作路径，构建行之有效的跨界政策网络。政策网络的核心在于，通过潜在行动者重复的信息共享、以最小化不确定性为特征，这一过程不依赖权威职能部门或上级政府的行政命令，也不需要统一的管理部门协调成员之间的合作行为。同时,不同的网络结构关系会对具体行为表现产生重要影响,从而改变交易成本。另外,有效区域合作治理的实现和持续会受到交易成本的约束。地方政府之间通过正式或非正式的网络结构关系增加协议中各方信息的完全性,并通过协议的执行提高彼此的信任程度,从而降低交易成本。区域合作治理可以提供各成员的政策信息并揭露潜在的风险,通过将短期的地缘关系发展为重复博弈,从而提高各方声誉,增加信赖和互惠,减少机会主义行为。

(四) 改进城市群网络治理结构

珠三角城市群一体化战略很早就已提出,但是在实施效果上,这些横向政府间的合作与协同大多流于形式,政府的积极性不高,合作的广度和深度有限。[①] 珠三角在处理横向府际关系,构建稳定高效的城市群治理网络结构方面还需要进一步改进。

1. 重塑政府间横向关系

一方面,要重建地方政府间竞争秩序,必须从以封闭式地方保护主义为策略的资源竞争转向开放式制度创新为基础的制度竞争,通过制度创新来吸引资源、创新技术、促进增长;另一方面,考虑到区域整合发展的需要以及日益增加的跨界公共议题使得单一地方政府往往无法独立承担,因此应该继续完善相关利益相关者之间的协作机制来促进区域间、区域内公共事务治理中的协作与资源整合。

以问题解决为导向构建地方政府间的组织互动与网络关系,利用不同功能的专业网络解决问题。其中,利益关系是府际协作互动关系的核心,利益冲突在很大程度上影响城市群合作治理的绩效,需要建立有效的政府间利益协调机制。政府间利益协调机制应该超越科层制,合作方在平等的地位进行充分的对话和协商;同时,也需要摈弃在合作中只维护一己之利的思想,防止搭便车现象。如果政府间的利益关系协调的好,将有利于生产要素的跨区域整合,提升珠三角城市群的整体竞争力。

2. 构建城市群合作治理网络

城市群治理要求建立网络型的府际结构。府际治理注重建立既包括政

---

① 边晓慧、张成福:《府际关系与国家治理:功能、模型与改革思路》,《中国行政管理》2016年第5期。

府系统内的各级组织，也包括政府外的企业、公民和非政府组织的合作型的组织架构，实现公共产品和服务的多元化供给。因此，随着府际关系突破政府界限，加强政府、企业、非营利组织的互动与协作也成为我国府际关系改革的重要内容。当前，构建多元主体的合作治理网络，关键在于尊重企业组织、非营利组织的组织利益与价值追求，参与以及合作关系应建立在独立、自愿、平等的基础之上。对于企业而言，其自利性本质使其参与公共治理的动机离不开对利润的追求，政府应当尊重企业的营利空间，主要通过利益诱因激励企业参与公共治理；对于非营利组织而言，政府也应当将其视为平等的合作伙伴，给予其自治的空间和权力。

另外，府际治理理论还指出，为了保证政府系统之外的私益主体更好地参与地区公共物品的提供，除了合同约束、契约引导之外，还需要政府的公益引导。要不断推动公私伙伴关系领域和内容的拓展，构建多样化的伙伴关系类型，促进企业与非营利组织在民意收集、政策制定、管理监督等方面发挥作用。最后，在多元主体的协作治理中，政府不再是依靠行政命令的"旁观者"管理，而要更多地依靠协议、契约的"参与互动式"管理，这也对政府的管理能力提出了新挑战，特别是基于互动过程的沟通、谈判、协商等交往能力直接影响着网络治理的达成与绩效。

第三节　京津冀城市群

京津冀城市群作为"拥有世界级城市群发展潜力"的城市群，在我国国家治理体系中有重要地位。随着京津冀协同发展上升为国家战略，现阶段京津冀城市群已经形成了追求一体化的发展格局，城市群治理初显成效。

一　京津冀城市群概况

(一) 京津冀城市群地理位置与社会经济发展状况

1. 京津冀城市群的地理位置

京津冀城市群与珠江三角洲、长江三角洲城市群并列，被视为"国民经济重要的增长极"，并以建设世界级城市群为发展目标。京津冀城市群范围包括北京、天津和河北的石家庄、唐山、保定、廊坊、秦皇岛、邯郸、邢台、张家口、承德、沧州、衡水 11 市。其面积约 21.6 万平方公里，涉及中国两大直辖市与河北省的 8 个设区市的 80 多个县(市)。

2. 京津冀城市群的社会经济发展情况

(1) 京津冀城市群经济总量

2017 年京津冀城市群总人口达 1.1 亿。就国民生产总值看，京津冀城市群以全国 2.3% 的土地面积承载了 8% 的人口，贡献了全国 10% 的国内生产总值，GDP 总量位居全国城市群第二位（表 3—13）。

表 3—13　　京津冀城市群各城市 GDP（2012—2017）　　单位：亿元/年

城市	2017	2016	2015	2014	2013	2012
北京	28014.94	24899	22968.6	21331	17879	17801.02
天津	18549.19	17885.39	16538.19	15727	14442	12894
石家庄	6003.5	5857.8	5440.6	5100.2	4863.6	4500.2
唐山	7106.1	6306.2	6100	6225.3	6121.2	5861.63
保定	3227.3	3435.3	3000.3	2757.8	2680	2720.9
廊坊	2880.6	2706.3	2401.9	2056	1943.1	1793.8
秦皇岛	1506	1339.5	1250.44	1200.02	1272.09	1180.9
邯郸	3666.3	3337.1	3145.4	3080	3061.5	3023.7
邢台	2236.36	1954.8	1760.0	1668.1	1604.6	1532.0
张家口	1555.6	1461.1	1363.54	1358.3	1317	1233.67
承德	1618.6	1432.9	1358.6	1342.55	1272.09	1180.9
沧州	3816.9	3533.4	3240.6	3133.38	3020	2811.89
衡水	1550.1	1413.4	1220	1139	1110	1027.47

数据来源：国家统计局 2012—2017 年统计公报，河北省统计局官网 2012—2017 年历年统计公报。

(2) 京津冀城市群人均可支配收入

从人均可支配收入看（表 3—14），京津冀城市群中北京、天津的人均可支配收入拉开河北城市一大截。同时，河北省人均可支配收入在不同城市也存在显著差距，京津冀城市群发展的不均衡现象突出。

表3—14　　　　2017年京津冀城市群城市人均可支配收入　　　　单位：元

城市	人均可支配收入	城市	人均可支配收入	城市	人均可支配收入
北京	57229	天津	37022	石家庄	24651
唐山	27786	保定	19641	廊坊	27338
秦皇岛	22473	邯郸	21793	邢台	18050
张家口	19585	承德	17755	沧州	21349
衡水	18004				

数据来源：国家统计局2017年数据，河北省统计局官网2017年统计公报。

（3）京津冀城市群的财政收入

财政收入（此处的财政收入指一般公共预算收入）反映了一个地区的公共服务能力和经济发展水平。如表3—15所示，京津冀城市群中北京财政收入远超其他地区，天津紧随其后，在公共服务能力上，河北省各城市与京、津两市差距巨大。

表3—15　　　　京津冀城市群2017年各城市财政收入　　　　单位：亿元

城市	财政收入	城市	财政收入	城市	财政收入
北京	5430.8	天津	2310.11	石家庄	460.9
唐山	380.3	保定	238.4	廊坊	331.5
秦皇岛	113.7	邯郸	220.1	邢台	126.7
张家口	135.8	承德	89.2	沧州	240.3
衡水	103.5	河北	3233.3		

数据来源：国家统计总局2017年公报，河北省统计局官网2017年统计公报。

（4）京津冀城市群产业结构

京津冀城市群的三个省级行政区各自产业结构的特征明显反映出三省、市经济水平处于梯次发展的不同阶段。北京以第三产业为主；天津第二、三产业占比最大，而河北省第二产业占比最高，第一产业也占据了重要比例（表3—16）。

表3—16　京津冀城市群2017年各省级行政区产业结构

地区		第一产业	第二产业	第三产业	总计
北京	总量（亿元）	120.5	5310.6	22569.3	28000.4
	占比（%）	0.4	19	80.6	100
天津	总量（亿元）	168.96	7593.59	10786.64	18549.19
	占比（%）	0.9	40.9	58.2	100
河北	总量（亿元）	3129.98	15846.21	15040.13	34016.32
	占比（%）	9.8	48.4	41.8	100

数据来源：国家统计局2017年公报。

（5）京津冀城市群常住人口情况

京津冀城市群各城市常住人口反映相应城市经济体量，2017年京津冀城市群中常住人口超过1000万的城市只有北京、天津、石家庄和保定4个，部分城市常住人口的规模较小（表3—17）。

表3—17　京津冀城市群2017年各城市常住人口情况　　　　单位：万人

城市	常住人口	城市	常住人口	城市	常住人口
北京	2170.7	天津	1556.87	石家庄	1087.99
唐山	789.7	保定	1046.92	廊坊	474.09
秦皇岛	311.08	邯郸	951.11	邢台	735.16
张家口	443.31	承德	356.5	沧州	755.49
衡水	446.04				

数据来源：国家统计总局2017年公报，河北省统计局官网2017年统计公报。

表3—18显示，近五年来京津冀城市群人口呈现持续增长的趋势，占全国的比重持续增加。值得注意的是，2017年北京、天津的常住人口实现了近年来的首次下降。

表3—18　京津冀城市群与全国常住人口对比（2012—2017年）　单位：万人/年

	2012	2013	2014	2015	2016	2017
北京	2069.3	2114.8	2151.6	2170.5	2172.9	2170.7
天津	1413.15	1472.21	1516.81	1546.95	1562.12	1556.87

续表

	2012	2013	2014	2015	2016	2017
河北	7169.7	7213.9	7264.2	7304.5	7374.2	7519.52
京津冀城市群	10652.15	10800.91	10932.61	11021.95	11109.22	11247.09
全国	135404	136072	136782	137462	138271	139008
占全国比重（%）	7.87	7.94	7.99	8.02	8.03	8.09

数据来源：国家统计局2012—2017年数据，2012—2017《河北省2016年国民经济和社会发展统计公报》。

(二) 京津冀城市群的形成条件与发展历程

1. 京津冀城市群的形成条件

(1) 独特的区位优势

京津冀地区北靠燕山，西倚太行山，位于华北平原北部，主要城市地形以平原为主。东临渤海湾，多滩涂湿地，区域内河流水系自西向东呈扇形基本覆盖全区域。据统计，京津冀地区适宜耕种土壤面积占全区域80%以上，适宜种植面积9.6万平方公里，地下水可开采量达188亿立方。[1] 依托着区域内宜居的环境和丰富的土地、水、矿产等资源，京津冀地区发展出较为发达的城市区域。

京津冀地区作为我国东北，华北，西北地区联系的交通要道，是我国东西之间，南北之间的陆上交通枢纽，且城市群位于环渤海地区的心脏地带，是我国北方重要的海运交通枢纽。在此背景下，北京、天津、石家庄等市均发展成为重要的交通节点城市，在区域内实现了陆运、河运、海运、空运网络的有机交织。这也带动了区域城市化的迅速发展，进而由点及面，推动了城市间经济交流与联系，为形成规模庞大，发展水平较高的城市群打下了坚实基础。

(2) 共同的历史文化基础

京津冀三地有良好的共同发展基础。历史上京津冀地区长期都同属一个行政区划，在不同阶段有直隶、腹里、河北等不同称呼。从中国古代的

---

[1] 马震、谢海澜、林良俊等：《京津冀地区国土资源环境地质条件分析》，《中国地质》2017年第5期。

区域划分看,京津冀地区东临渤海,黄河为南部界线,西界和北界分别为太行山和燕山,属于燕赵区域。因此作为燕赵文化的载体,京津冀地区具有长期的文化认同。

近代以来,天津、唐山、秦皇岛等地最先开始了工业化进程,各地间经济联系与合作交流增多。天津作为通商口岸、进出口城市以及军事工业重镇,对煤、铁等原材料的需求大增。唐山、秦皇岛等市的煤炭和钢铁工业因此兴起。工业化浪潮下大城市获得发展,且城市间的相互配合逐渐勾勒出区域产业布局的雏形。此外,中华人民共和国成立后天津、河北的城市长期也承担着保卫首都稳定安全及向首都提供供水、能源等职能,京津冀区域交流有深厚的历史渊源。习近平总书记在2014年的讲话中也提道:"京津冀地缘相接,人缘相亲,地域一体,文化一脉,历史渊源深厚,交往半径相宜,完全能够相互融合,协同发展。"① 这些都为京津冀城市群的形成和发展做了良好的铺垫。

(3) 国家政策的倾斜

对京津冀城市群来说,一方面,首都城市群的特殊定位决定了必然受中央政府关注;另一方面,作为北方经济发展体量最大,最具活力的地区,京津冀城市群展现出的发展潜力使其成为国家各项试点政策和财税优惠政策的关照重点。1991年成立的天津港保税区是中国最早保税区之一,2008年北京成立天竺保税区。1994年天津在经济技术开发区、天津港保税区的基础上成立了滨海新区,并于2005被写入"十一五"发展规划,成为国家重点支持开发开放的国家级新区。2014年,滨海新区又获批自贸区,成为了北方第一个自贸区。2017年中央决定在河北成立承担着疏解北京非首都核心功能,探索优化京津冀城市布局和空间结构的雄安新区。京津冀城市群的发展离不开国家政策的聚焦。

此外,国家还长期致力于构建有效推进京津冀城市群发展的各项合作机制,着重支援跨区域基础设施建设和产业转移升级事务。近年来在京津冀协同发展的战略规划下,为实现区域协调发展,带动天津,河北城市发展,出台了很多针对企业税收返还,高新技术产业的各项补贴政策,这些

---

① 人民网:《总书记足音激荡燕赵大地,京津冀协同奋进腾飞》(http://politics.people.com.cn/n1/2017/0921/c1001—29549845.html)。

优惠政策都为京津冀城市群的持续发展创造了良好的条件。

2. 京津冀城市群发展历程

京津冀城市群的萌发形成始自20世纪80年代，并在形成初始阶段就受到强有力政府力量形塑和推进。依据不同时期不同发展理念可将城市群发展分为三阶段。

（1）形成阶段

20世纪80年代至2003年是京津冀区域合作产生的初始阶段。伴随着该时期市场经济发展和区域城市化水平提高，京、津等大城市立足区位优势，凭借良好的产业基础和经济底蕴开始了要素跨城市流动的尝试。该阶段以京津冀行政区为范围成立了旨在通过政府层面协调，促进各城市交流的合作机制。1981年10月，京、津、冀、陕、内蒙古五省、市、自治区成立了华北经济技术协作会。1981年底，"京津唐地区规划"出台标志着京津冀地区合作事宜登上历史舞台。1982年，《北京市建设总体规划方案》第一次提出"首都圈"概念，拉开了京津冀地区经济一体化的序幕。党的十四大提出要加大开发囊括京津冀三省市的环渤海地区。1998年，北京，保定，廊坊，唐山，秦皇岛，张家口，承德6市建立起经济协作区，设立了联席会议制度与日常工作机构。

在京津冀区域合作产生的初始阶段，"建立合作关系"成为政府工作的重心，建立合作机制促进交流发展成为潮流。诸多不同层级的合作政策，合作理念及城市规划在京津冀区域的城市联系与经济交流尚不完备成熟之际，催生了京津冀区域合作。

（2）不均衡发展阶段

以2004年京津冀二省市达成"廊坊共识"为标志，京津冀城市群的发展进入全面启动阶段。该阶段城市群经济发展成果显著：北京作为核心城市借助雄厚的经济基础与区位优势实现了资源集聚；天津、河北的一些城市也借助政策便利与投资带动获得不同程度的发展。且随着中央政府牵头，各地方政府在各领域不断达成合作共识，京津冀城市群作为一个整体的观念日益深入人心。

此阶段京津冀城市群完成了经济集聚，经济总量增长迅猛，但辐射扩散不足。城市间发展差距拉大，经济极化发展现象突出。北京作为发展速度最快的核心增长极急剧膨胀，人口爆炸式增长、房价飙升、环境恶化等大城市病问题凸显;天津、河北的发展资源被掠夺,机会缺失,投资不足,发展速度明显缓慢。总体来说,京津冀城市群区域内中等城市数量过少,小城市发展欠缺,城市间差异拉大。此外,社会公平、生态环境问题突出,生活舒适感与城市宜居度下降,贫富差距拉大带来心理失衡。各自为战的发展政策导致京津冀城市群发展不平衡现象日益突出。

(3) 追求协同发展阶段

为解决京津冀城市群极化发展问题,2014 年 2 月,习近平总书记提出"京津冀协同发展"思路,指出要在协同发展理念下打造全新首都经济圈,随后京津冀协同发展上升为国家战略。自此京津冀城市群的发展上升到注重协同,追求一体化的阶段。2014 年 8 月,京津冀协同发展领导小组成立;2015 年 4 月,中央政治局审议通过了《京津冀协同发展规划纲要》,京津冀及区域内各个城市也相应制定了本地配合协同发展的规划细则。2018 年 11 月,党中央国务院明确京津冀协同发展的关键点是"疏解北京非首都功能",并强调以此为抓手推动北京城市副中心通州和河北雄安新区建设。2019 年 1 月,习近平总书记考察通州、天津、雄安新区三地,强调了"有序疏解北京非首都功能;高质量推进雄安新区建设;北京副中心通州建设;加强改革创新;强化生态环境联建联防联治及促进基本公共服务共建共享"六点推动城市圈协同发展的要求。[1]

2014 年以来,京津冀城市群的发展在关注 GDP 增速之余更注重城市间的合作联动。所有规划条例均以京津冀城市群协同发展为前提,通过各种政策推进缩小发展不均衡的鸿沟。京津冀三地强调在公共服务发展、非首都功能疏解、交通、产业、生态、协同创新布局等多个领域的密切配合,以及资源共享、基础设施共建和加快公共服务均等化等多方面整合对接。城市群各成员城市由单纯关注本地发展转向立足当地实际对城市进行功能定位,结合城市群发展需求完善产业优化布局与产业结构的转型升级。

(三) 京津冀城市群的职能分工和定位

近年来,在京津冀协同发展战略的引领下,京津冀三地在立足内部城

---

[1] 《人民日报》:《习近平在京津冀三省市考察并主持召开京津冀协同发展座谈会》(http://paper.people.com.cn/rmrb/html/2019-01/19/nw.D110000renmrb_20190119_1-01.htm)。

市各自优势产业的基础上,开展了抱团互补发展新布局的探索(表3—19)。

表3—19　京津冀城市群发展新布局

一核	北京:城市群核心城市。
双城	北京、天津:促进京津冀协同发展的主要发力点,以京、津两市为基点向外扩散,发挥城市群的辐射带动作用。
两翼	石家庄、唐山:河北省中心城市,城市群增长的新节点,通过提升经济体量增加承载力,在承接京、津产业转移的同时强化对周边中小城市的辐射,带动冀中南与冀东地区发展。
三轴	京津塘、京保石、京唐秦:打造三条各具特色的产业集群和分工明确的轴线。由中心城市向外延伸,实现联动发展。
四区	1. 环京津核心功能区:保定和廊坊要提升产业承接能力,通过加快基础设施建设和公共服务提升,一方面协助北京完成非首都核心功能的疏解;另一方面实现自身发展。 2. 沿海率先发展区:秦皇岛、唐山、沧州要立足沿海区位优势,主动融入海上"一带一路"建设,完成环渤海城市产业分工与合作,推进京津冀协同发展。 3. 冀中南功能拓展区:石家庄、邯郸、邢台、衡水一方面加强交通建设,增进周边交流获得发展机遇,为周边大城市进行农副产品供给;另一方面立足现有制造业基础,发展高新技术产业完成产业结构优化升级。 4. 冀西北生态涵养区:张家口、承德以及燕山、太行山山脉经过的城市,要承担涵养水源,生态保障的主要责任,发展绿色生产,保障区域生态文明建设和环境承载力。
五带	1. 依托普速公路、高速公路及京广铁路的京石邯城镇发展带,以石家庄、保定、邯郸、邢台市为核心,带动定州、涿州、武安等城市实现发展。 2. 以河北省东北部的唐山市、秦皇岛市为中心的京唐秦城镇发展带,依托京哈高速公路,立足两市发展水平较高的优势,增强三河、迁安等城市的聚集作用。 3. 包括了唐山,秦皇岛及沧州市的沿海城镇发展带,着重立足沿海优势,打造港口,发展相关产业,增强曹妃甸区、渤海新区、北戴河新区的聚集能力。 4. 依托石黄高速公路,以石家庄、衡水、沧州市为核心的石衡沧城镇发展带,增强辛集、黄骅等城市的聚集作用。 5. 依托京九铁路、大广高速公路,以廊坊、衡水市为核心的京衡城镇发展带,增强霸州、任丘等城市的集聚作用,打造京衡城镇发展带。

数据来源:作者整理。

二 京津冀城市群在国家治理体系中的地位功能

2015年4月中央通过《京津冀协同发展规划纲要》，提出京津冀城市群"以首都为核心的世界级城市群，区域整体协同发展改革引领区，全国创新驱动经济增长新引擎，生态修复环境改善示范区"四个定位，同时也奠定了京津冀城市群在国家治理体系中的地位和功能。

（一）以首都为核心的世界级城市群

作为我国重点发展的城市群之一，京津冀城市群是我国经济发展的第三增长极，拥有世界级城市群的发展潜力。与世界成熟城市群相比，京津冀城市群在面积与人口上遥遥领先，GDP总量上有所差距，但尤其值得重视的是，在人均GDP和地均GDP方面，京津冀城市群依然有很大的提升空间（表3—20）。

表3—20　　　　京津冀城市群与世界主要城市群的对比

城市群名称	京津冀城市群	美国东北部大西洋沿岸城市群	北美五大湖城市群	日本太平洋沿岸城市群	欧洲西北部城市群	英国中南部城市群
面积（万平方公里）	21.6	13.8	24.5	3.5	14.5	4.5
人口（万人）	11200	6500	5000	7000	4600	3650
GDP（亿美元）	11857.1	40320	33600	33820	21000	20186
人均GDP（美元/人）	11714	62030	67200	48315	45652	55305
地均GDP（万美元/平方公里）	542.3	2920	1370	9662	1448	4485

数据来源：国家统计局2017年数据，Konema世界数据图册，世界银行2017年数据，2017年国际统计年鉴，全球城市2017年报告，2017年美国人口普查局和经济分析局郡县级数据集和统计报告。

（二）区域整体协同发展改革指导区

从2014年起，京津冀城市群就尤为注重树立发展的整体性视角，强调对欠发达地区的辐射带动。国家通过设立京津冀协同发展领导小组等方式推进打破行政壁垒，促进城市群交流联系。当下，京津冀城市群内产业分工与经济合作已经取得一定成果，各城市依据产业优势构建互补型产业结构，为协同发展奠定基础。协同发展是发挥城市群以点带面，辐射扩散作用的必然选择，同时，京津冀城市群的探索也有助于在全国范围内推广有益的探索经验与实践。

打造雄安新区是推动京津冀城市群协同发展的重要手段。2017年4月，中共中央、国务院针对京津冀城市群极化发展严重，内部连接不紧密，产业结构不合理，扩散效果缺失等问题出台决定合并河北省内雄县、容城、安新3县及周边部分区域，设立雄安新区。国家希望通过打造雄安新区为快速发展的新增长极，避免北京出现"虹吸效应"，承接城市群内核心城市溢出的经济量，带动周边城市共同发展，呼应北京、天津，促进整个城市群的协同发展。

（三）全国创新驱动经济增长新引擎

现阶段京津冀城市群尤为强调科技创新的功能，北京市的四个中心定位就包含了作为科技创新中心的引领作用。以人工智能技术和产业为例，目前全国4000余家人工智能企业中北京占比超出1/4，北京人工智能专利数量超过2.5万件。同时，天津和河北依托于北京科技创新中心的领头羊地位，加快了北京科技成果的引入和转化，科技成果的引入量不断攀升。与2010—2013年相比，北京转移到天津、河北的技术专利规模扩大了近三倍。"控增量、疏存量"的产业转移和创新技术扩散也为津冀地区的产业升级和高质量发展注入了新动能。各类承接园区在引入技术专利和创新研发成果的同时也加快了其落地孵化和转化应用，这不仅助推了产业带和科技新干线为轴线的区域创新合作，也为区域产业升级和高质量发展注入了新元素和新动能。[1]

（四）生态环境改善示范区

京津冀城市群是重要的生态环境改善示范区。近年来，城市群内一体化的生态补偿机制也在逐步完善。京津冀城市群内的张家口，承德的大部分地区，以及北京、保定、秦皇岛等城市都属于国家级生态保护区，承担

---

[1] 王金杰、周立群：《非首都功能疏解与京津冀承接平台的完善思路》，《中国经济问题研究》，2019年第1期。

着为京津冀城市群涵养水资源和保障整个城市群生态安全的作用。以往对这些区域实行纯粹的限制性开发政策，导致该区域长期缺乏发展渠道，成为贫困县/市。如今城市群内部各城市间生态补偿机制正在建立，一方面，由京津冀三省市的主体功能区规划确定城市群内的生态功能区范围，对生态功能区的面积大小，补偿规模进行量化的确定；另一方面，京津冀城市群的成员城市（主要是北京、天津）也在根据自身财政资金收入的规模相应出资成立生态补偿基金，用于提高补偿区域内居民收入，为其另谋发展出路。

以治霾为例，京津冀三省市已经建立起三地的协调联动机制，区域空气重度污染预警机制。在划定大气污染防治核心区后，以城市群整体为范围，着手相应对口帮扶机制的建立。一方面，淘汰产能落后、低产出、高污染的企业，采用清洁能源代替。另一方面，不仅要求钢铁大省河北关闭工厂、去煤推气等，更要进一步完善城市群内各城市在大气污染与防治资金和技术上面的结对支援与合作，如让北京和天津支援河北的4个城市，对受影响的城市建立相应的财政专项补贴。

三 京津冀城市群的治理机制与治理绩效

（一）京津冀城市群的治理机制

京津冀城市群发展过程中政府作用力度大，覆盖范围广，且延续时间长。城市群从萌发、形成到日臻成熟的全过程都受政府连续关注，受相应政策的持续性影响，城市群治理由政府主导。政府通过制定发展规划，确定城市群成员城市等手段，以政策命令的方式确定城市定位，塑造了京津冀城市群的基本发展模式。各级政府还通过行政规划主导构建城市间合作机制，完善城市基础设施，在重点发展区域施加财税优惠政策等手段引导城市群发展。

1. 中央规划作用明显

政府主导京津冀城市群发展特征之一在于城市群发展中受政府作用全方位的规制。除解决传统意义上市场失灵问题外，京津冀城市群发展中政府作用更多体现在超越市场规律，在市场机制生效前的强力介入，主动干预城市群发展。2014年京津冀协同发展上升为国家重大战略以后，中央政府连续的强力推进使得京津冀区域内大规模跨城市经济现象的产生。

京、津、冀三省市在考察本地区发展现状的基础上，按照中央的要求制定规划，大力开展相关领域的合作。京津冀城市群是政府牵头引导下的合作，先有京津冀城市群理念，后产生的城市群具体建设。城市群发展的核心推动力源于政府行政力量。

2. 地方政府积极配合

政府主导京津冀城市群发展的另一特征在于通过多层级政府构建起城市群治理体系，以行政命令和相应的发展规划来规制、引导城市群发展。除却中央政府的政策指导外，京津冀三省市的各级地方政府在响应国家发展规划与重大发展战略的基础上，颁发的一些围绕京津冀城市群整体功能定位在疏解非核心功能、产业、交通、生态、民生、创新等领域实施的政策法规，推动着城市群的一体化。

《京津冀协同发展规划纲要》出台后，大到京、津、冀省级行政区域，小到一些城市内部的区县，都制定了本地区配合协同发展的纲要实施方案。2014年3月，《河北省委、省政府关于推进新型城镇化的意见》指出，河北省要紧抓京津冀协同发展机遇，以发展水平较高的石家庄、唐山两市为节点城市，发挥环京津优势，带动区域发展。2015年7月，天津市通过了涵盖制造研发，交通网络，生态环境，现代城镇体系五方面的《天津市贯彻落实〈京津冀协同发展规划纲要〉实施方案（2015—2020年）》。2016年，北京发布《北京城市总体规划（2016—2035年）》，提出要立足京津冀协同发展，借机疏解非核心功能，进行产业转移，调整空间结构。地方政府积极配合中央政府政策规划，对城市群的发展有重要影响。

3. 中央政府牵头建立合作机制

为解决京津冀城市群内部城市行政级别不对等，经济发展水平差距大等问题可能带来的合作困境，中央政府在京津冀城市群的各个合作领域都展开了相关推进和协调统筹工作。2005年1月，国务院审批通过《北京城市总体规划（2004—2020）》，从城市群整体的角度强调北京要加强区域联系与区域合作。2008年2月，在中央发改委的敦促下，京津冀三省市召开了第一次京津冀发改委区域工作联席会，并签署了《北京市、天津市、河北省发改委建立〈促进京津冀都市圈发展协调沟通机制〉的意见》。2018年12月，为推进完善区域协同创新联席会议制度，京津冀三地分别派出代表签署了《关于共同推进京津冀协同创新共同体建设合作协议（2018—2020年）》，提出要尽快成立京津冀科技协同创新工作领导小组，建立联席会议制度，共建创新要素与资源共享平台，协同推进重点区域的创新建设。

（二）京津冀城市群的治理绩效

1. 有效推进了京津冀三地协同发展

近年来京津冀城市群在推进协同发展上成果显著，主要表现在疏解北京非首都核心功能和帮扶欠发达城市两方面。

2015年以来中央政府提出要疏解北京非首都核心功能，将一般制造业，区域性物流基地和区域批发市场，部分教育医疗机构，部分行政性，事业性服务机构疏解出北京，实现经济结构和空间结构的调整。随后，北京的"瘦身计划"逐步细化疏解标准与任务进度，步步为营地展开。截至2018年，北京市累计调整疏解商品交易市场400余家，关停高污染、高能耗、高投入、低效益的企业1300多家。

此外，政府也在大力支持河北一些发展水平较低的城市，通过帮扶发展短板，推进一体化进程。现阶段，京、津已经建立起对口帮扶河北一些城市的基本合作机制。北京的13个区分别针对河北张家口、承德、保定市下辖的16个贫困县展开帮扶工作；天津的5个经济发展水平较高的区也在对口河北省承德的5个县进行帮扶。在《北京城市总体规划（2016—2035年）》中，明确指出了要精准开展对口帮扶工作，在产业发展、基本公共服务提供、基础设施建设等领域都要开展对口帮扶，帮助受援地区实现经济增长与可持续发展。在传统意义上的资金扶助之外，通过扶持产业发展，教育医疗合作，政策倾斜等手段进一步推进城市公共服务的均等化。从单纯的"输血"模式向"造血"模式转变。

2. 促进城市群基础设施建设的完善

为促进生产要素，公共服务转移流通更为便捷，有效促进产业转移和城市群空间结构优化升级，近年来，京津冀城市群在发展中尤其注重加快基础设施建设。

以城市群内部交通体系建设为例，京津冀城市群的铁路运营里程是全国平均水平的3.4倍，高速铁路覆盖到城市群80%以上的城市。同时，立足城市间人流客流量大增，交通设施高负荷运转的现实基础上，政府致力于打造半小时"城域交通圈"、1小时"京津唐交通圈"、2小时"区域交通圈"与3小时、5小时"城市群交通圈"。在已有多条放射性铁路干线的基础上,京津城际延长线,津保城际铁路,张家口到唐山的张唐铁路均在近期建成通车,国务院也最新批复了京津冀城际铁路网规划。此外,以北京和石家庄为中心的京沈、京霸、石济、呼张等多条高铁线路已在快速建设中。廊涿城际,津承铁路,京张铁路,大张铁路等均已全线开工。此外,多条贯穿城市的国道省道将城市群内的大小城市联通,形成了包括京哈、京沪、京广、京九、京原、丰沙、京包、京通、京承、津山、石德、石太为主的普速客运网,以及以京津城际、京沪高铁、京广客专、津秦客专、石太客专、京沈客专(在建)、石济客专(在建)、京张铁路、津保铁路(在建)为主的高速客运网。为解决河北省内部分城市交通运输不便的问题,近年来河北省修建公交线路350余条。在城市群内,公交一卡通的一体化全覆盖也正在进行中。现阶段的京津冀城市群,已经初步形成以北京为中心,以各个中小城市为节点,穿插着铁路、公路,航空和水运的综合交通网络。

(三) 现有治理机制下的发展困境

1. 三地协同发展的阻力依然存在

现阶段京津冀城市群发展的协同困境主要有主客观两方面因素。就客观方面来看,京津冀城市群内部城市之间的发展梯度过大,城市群极化发展导致产业要素流动转移困难。由于腹地实力过弱,河北的一些城市发展水平过低,难以承接发达城市转移的产业。在原本的规划中提出了要打造京、津两个核心,八个次中心城市以及四个新兴城市的"2+8+4"的发展模式。[①]但天津发展速度放缓,河北城市发展水平太低导致京津冀城市群成为"一核膨胀、一核萎缩"的单核心城市群。京津冀城市群在产业转移承接和空间优化布局的协同发展中举步维艰。

从主观角度来讲,即使存在各级政府的统筹协调,但由于过于不对等的发展现状,导致发达城市与欠发达城市的协作意愿不足。按行政区划统计政府绩效的发展模式不可避免的带来了协作上的分割。长期以来,北京,

---

① 景体华、陈孟平:《2006—2007年:中国区域经济发展报告》,社会科学文献出版社2007年版,第56—59页。

天津,河北的发展规划很多都是出于对本地区内部的考量,很大程度上忽视了与周边城市的合作,没有考虑在京津冀城市群整体内实现通盘发展。

2. 区域内市场驱动力不足

京津冀城市群在政府推动下获得长足发展,但经济要素发展的自由度不高,市场所起的作用不明显。事实上,在市场经济大环境下,政府要起的作用是立足市场经济在当地的现实情况进行规划制定,为之扫平发展障碍和阻力。而京津冀城市群发展过程中,过多的规划、政策、产业布局在某种程度上是对市场作用的替代。政府在顺应市场发展的考量上做得并不到位,依然习惯以规划者与方向的把控者自居,推动经济体发展。政策影响过大的另一方面带来的影响就是市场作用被弱化。城市群内部城市之间的关系除了政府强制性的规划,政策与产业布局外,非政府组织、市场的力量才是城市群发展的基石。无论政府政策能够覆盖到城市群发展领域多么细致的地步,能形成怎样完善的规划指引,但究其根本,城市群作为经济体,其所需要的产业合作、互动互通、经济繁荣,都要市场力量的介入,以弥补政策真空带,填充政策大框架下的各个角落。而市场力量的不足,导致整个城市群发展过程中内驱力不足,也难以按照市场形成规律去促使城市群向着一体化方向运作。城市群发展过程中所产生的各种经济联系与合作关系依然不够紧密,这成为京津冀城市群发展的短板。

3. 环京津贫困带问题突出

在京津冀城市群发展中,北京、天津由于其特殊区位,对周边城市在保障其政治安全和改善生态环境方面提出很多要求,一些城市不得不牺牲自己的发展机会完成这些任务。这导致河北省环京津地区出现了一片相对贫困的市镇,具体来说,该区域集中成片环绕在京、津以及河北的承德、张家口、保定等城市周边形成一个"C"形的环状。[1] 这一贫困带的存在对于京津冀城市群的公共服务一体化和区域整合无疑会产生不良影响。

四 推进京津冀城市群治理的对策建议

(一)建立地方政府主导的协作体系

由于京津冀地区的特殊性,京津冀协同发展的主要推动力来自于中央

---

[1] 孙仕林:《加快环首都贫困地区经济发展的对策建议》,《经济研究参考》2014年第12期。

政府。但从长远来看，城市群的良性发展需要自身的动力，不能长期依赖外部力量推动。一方面，北京、天津两大直辖市应该充分发挥核心城市的扩散效应，通过产业的疏散和其他生产资源的均衡配置带动周边中小城市的发展，同时主动对京津冀城市群进行规划，在其他城市的配合下进行交通运输等基础设施的建设完善；另一方面，由于经济发展水平落后，环京津的河北诸城市之间联动不足，区域联系松散问题也比较突出。大、中城市和小城镇之间尚未形成紧密的合作关系。因而，建立行之有效的，打破行政区域范围限制的协作体系非常有必要。这种协作体系不能仅仅依靠中央政府的战略口号来建设，而是应该根据各城市的现实需求为基础来构建，它不仅包含大城市之间的协作和宏观上的调控协作，更应该细致深入到城市群内部的大小城市与各个专业领域内，形成彼此嵌套、牵一发而动全身的协作体系。同时，在注重协调体系建立之余，还要注重监督机制的建设，加强对城市间合作项目的落实与推进，避免协调体系成为只开例会、喊口号的摆设。

(二) 注重发挥市场的作用

从京津冀城市群形成的历程看，政府在城市群的形成发展过程中通过规划制定，招商引资，政策倾斜等促使了城市群的发展。然而仅仅依靠行政手段与冗多复杂的政策是难以真正实现城市群的发展。弱化了市场的作用，其后果将使整个城市群发展的内驱力与自主发展意愿不足。城市经济的交流与协作，城市群的发展成熟更需要市场作用下刺激经济要素的流动，形成对行政手段的补充。因此，完善的市场机制是推动京津冀城市群发展必不可少的条件。

因此，在京津冀城市群发展的过程中，政府主导应当做到"有所为有所不为"。在国家力量引领城市群发展的大背景下，也要并列政府权力清单，明确政府在城市群发展中的职能，让政府在市场经济运行规律下制定政策。政府应致力于基础设施建设和公共服务的提供，为资源要素的合理流动扫清障碍。

(三) 加快推进城市群公共服务均等化

公共服务包括基础设施建设的完善、科教文卫事业的发展多个方面。目前中国公共服务的提供者基本都是当地政府部门，因而公共服务水平的高低明显与地方经济发展水平呈正相关。现阶段京津冀城市群的公共服务表现出不均衡特征，北京，天津等大城市拥有优质的教育、医疗等资源以及完善的基础设施建设，河北的一些小城市尤其是受限制性开发政策影响的城市公共服务水平偏低。公共服务的不均衡损害了社会公平，导致群众心理落差和相对剥夺感。此外，缺乏良好公共服务的地区必然难以有效吸引产业投资与资源集聚，间接导致发展差距越拉越大。因而，促进基本公共服务均等化是京津冀城市群实现一体化发展的迫切要求。

就促进京津冀城市群公共服务水平均等化来说，重点要从以下几个方面着手：一是高度重视北京、天津、河北三地公共服务存在的区际差距，由发达城市对欠发达地区提供人力物资的协助或横向资金转移，采取措施保障政策的贯彻落实。二是积极引导促进优质公共服务和相关资源要素，如教育、医疗、卫生、科研等在城市群内实现区域流动和均衡化分布。三是继续完善基础设施建设，保障资源在城市群载体内的自由流动。四是处于优先开发和重点开发地区的城市要对那些处于限制开发地区的城市提供利益补偿，促进城市群内部的正义和公平。

第四章　跨省城市群治理报告

随着经济的发展，城市的社会经济联系范围会不断扩展，一些分属不同行政辖区的城市由于地理上的接近、文化的相似以及产业的互补逐渐形成了紧密的联系，跨省城市群正是在我国市场经济快速发展的背景下兴起的。相对于同一行政辖区的城市群，跨省城市群的治理难度更大。

第一节　成渝城市群

一　成渝城市群概况

成渝城市群是以成都、重庆为双核的中西部第一大城市群，是西南地区最重要的社会经济发展综合体。在全球化发展背景下，成渝城市群对于我国实施西部大开发、"一带一路"建设等区域战略具有重要意义。

(一) 成渝城市群的地理位置与经济发展状况

1. 规划区域概况

成渝城市群位于川渝腹地，自然条件优越。从地形上看，区域地形丰富多样，主要以山地、丘陵、平原为主，适合立体农业的发展；从气候上看，成渝城市群地区主要属于亚热带季风气候，四季分明，同时雨量充沛，气候温和；此外，成渝城市群地区包括了成都平原的大部分区域，人口稠密，耕地集中，是全国重要的农业生产基地；区域河流众多，水系发达，四川境内就有大小河流1419条，重庆境内则包括长江、嘉陵江、乌江等主要河流，水量充足；川渝地区也是能源和资源大省，发达的水系与起伏的地势使得该地区蕴藏着丰富的水能资源，同时，区域内分布有石油、天然气、煤炭、铁矿、铜矿等丰富矿产资源，为区域发展创造了有利条件。

根据 2016 年 4 月发布的《成渝城市群发展规划》（以下简称《规划》），成渝城市群的具体范围包括：重庆市的渝中、万州、黔江、涪陵、大渡口、江北、沙坪坝、九龙坡、南岸、北碚、綦江、大足、渝北、巴南、长寿、江津、合川、永川、南川、潼南、铜梁、荣昌、璧山、梁平、丰都、垫江、忠县等 27 个区（县），以及开县、云阳的部分地区，四川省的成都、自贡、泸州、德阳、绵阳（除北川县、平武县）、遂宁、内江、乐山、南充、眉山、宜宾、广安、达州（除万源市）、雅安（除天全县、宝兴县）、资阳等 15 个市，总面积 18.5 万平方公里。

2. 经济发展概况

成渝城市群一些重要的发展指标已经接近全国平均水平并领先西部大部分省份。2017 年，成渝城市群地区 GDP 约 5.01 万亿元，全社会固定资产投资 4.2 万亿元，分别占全国 2017 年 GDP 总量、全社会固定资产投资总额的 6.05%、6.55%，人均 GDP 为 4.94 万元，与同年全国平均水平 5.92 万元还存在一定差距；而在成渝地区经济结构中，第一产业产值 4410.31 亿元，占比 8.81%；第二产业产值 23054.19 亿元，占比 46.06%；第三产业产值 22581.64 亿元，占比 45.12%。由此可见，成渝城市群地区经济结构主要以第二、三产业为主。

成渝城市群地区的城市化进程也处于快速发展阶段。2017 年，成渝城市群建成区面积达到 3769.05 平方公里[①]，地区常住人口 9349.75 万人，其中城镇人口 5366.86 万人，城镇化率达到了 57.4%，略低于全国平均水平的 58.52%。城镇居民人均可支配收入 32569 元，人均消费支出 21741 元，与全国平均水平存在 3000—4000 元左右的差距（见表 4—1）。

---

① 由于重庆相关数据未按区县统计，因此此处"建成区面积"数据包括成渝城市群范围内的四川 15 个市县和重庆全市。

表4—1　2017年成渝城市群城镇居民人均可支配收入与人均消费支出

市区县名称	城镇居民人均可支配收入（元）	城镇居民人均消费支出（元）	市区县名称	城镇居民人均可支配收入（元）	城镇居民人均消费支出（元）
成都市	38918	25314	沙坪坝区	35669	26236
自贡市	31016	20208	九龙坡区	36339	25401
泸州市	31449	21121	南岸区	35770	23338
德阳市	31609	22735	北碚区	35575	25487
绵阳市	31822	21043	渝北区	36414	24629
遂宁市	29308	20796	巴南区	35864	28151
内江市	30393	18797	长寿区	32428	21434
乐山市	31070	20771	江津区	33331	24063
南充市	28333	18335	合川区	32101	25969
眉山市	31130	19946	永川区	33684	17990
宜宾市	30832	20490	南川区	31398	15407
广安市	30616	20812	綦江区	28555	19781
达州市	28383	19557	大足区	32107	21819
雅安市	29732	18386	璧山区	35436	20664
资阳市	30867	20889	铜梁区	33865	20805
万州区	33967	24625	潼南区	30923	20804
黔江区	29812	20030	荣昌区	32230	20618
涪陵区	33709	26604	梁平区	31599	21164
渝中区	37175	26073	丰都县	28763	17595
大渡口区	35038	25364	垫江县	31889	15030
江北区	36662	24838	忠县	32107	19993

资料来源：《四川统计年鉴（2018）》（http://tjj.sc.gov.cn/tjcbw/tjnj/2018/zk/indexch.htm）；《重庆统计年鉴（2018）》（http://tjj.cq.gov.cn/tjnj/2018/indexch.htm）。

（二）成渝城市群的形成与发展

中华人民共和国成立以来，成渝两地的发展受到特定的历史时期及历史因素的限制，呈现出不同的阶段性特征。具体来看，以1997年重庆成为直辖市和2016年《成渝城市群发展规划》出台两个重要事件为节点，可将成渝城市群发展历程划分为三个阶段。

1. 1949—1996年：独立发展时期

在计划经济时期，行政力量主导着成渝两地的发展。由于国家对于成都的高度重视以及"三线建设"等活动的开展，成都的发展一度赶超重庆。改革开放后，市场的力量开始发挥作用，市场机制逐渐完善，资源配置进一步优化，重庆、成都依托于各自的优势和资源禀赋，双双实现了快速发展，"双中心城市"格局逐渐形成，成为西南地区最重要的两大中心城市。

2. 1997—2015年：合作发展时期

1997年，八届全国人大五次会议正式批准设立重庆直辖市，重庆与成都两市开始进入合作发展时期。1999年提出的西部大开发战略为成渝合作提供了良好的合作契机与合作背景，2003年，中科院地理科学与资源研究所发布《中国西部大开发重点区域规划前期研究》，正式提出"要积极构建以成渝两大都市为中心、各级中心城市紧密联系合作的中国西部最大双核城市群"，这也是第一次在国家层面的报告中出现成渝经济区的概念，成渝合作发展进入新阶段。随后，包括四川省政府、成都市政府、重庆市政府在内的多个区域主体签订了一系列合作协议及发展规划以推动成渝地区的合作发展。2011年5月，国务院正式批复了《成渝经济区区域规划》，从国家层面对成渝经济区的发展进行了总体设计与布局。

3. 2016年至今：一体化发展时期

以2016年《成渝城市群发展规划》为标志，成渝地区正式进入了"一体化发展时期"。《成渝城市群发展规划》明确指出，构建"一轴两带、双核三区"的空间格局是成渝城市群发展规划的核心内容，同时，包括区域市场一体化、基础设施一体化、生态建设一体化等在内的城市群一体化发展全面实现也是成渝城市群2030年的重要目标之一。

从图4—1可以看出，自1997年重庆直辖以来，川渝合作发展迅速升温。国家层面的各类重大报告、规划中，成渝经济区、成渝城市群等相关概念就出现过4次；省级层面，川渝两地政府先后签订了6份重要文件，助推两地合作发展。从时间序列看，进入合作发展时期后，两地的合作发展可以以2008年为界划分为两个阶段：2001—2008年这8年间，共涉及

6份各类重要的文件、规划等，由于处在合作发展初期，因此，这一阶段的合作以市级合作①和国家级报告②为探索和先导，进而推动了省级层面的合作协议签署。2008年汶川大地震，在一定程度上减缓和推迟了两地进一步合作的步伐。2011—2018年，以国务院通过《成渝经济区区域规划》为标志，两地的合作又正式重新提上日程，这8年间，川渝两省市政府签署了3份重要合作文件，国家层面出台了两份重要规划，尤其是2016年《成渝城市群发展规划》的出台，推动川渝合作迈上新台阶。

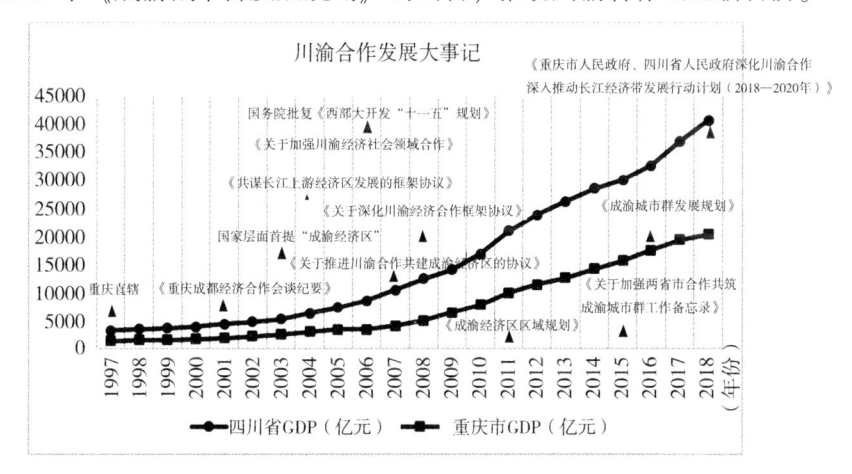

图4—1 川渝合作发展大事记（1997—2018）

资料来源：中国知网、中国经济社会大数据研究平台。

二 成渝城市群在国家治理体系中的地位和功能

《成渝城市群发展规划》将成渝城市群明确定位为"立足西南、辐射西北、面向欧亚，高水平建设现代产业体系，高品质建设人居环境，高层次扩大对内对外开放，培育引领西部开发开放的国家级城市群，强化对'一带一路'建设、长江经济带发展、西部大开发等国家战略的支撑作用"。

---

① 2001年12月，成渝两市签订《重庆—成都经济合作会谈纪要》，提出携手打造"成渝经济走廊"。

② 2003年8月，中科院地理科学与资源研究所发布《中国西部大开发重点区域规划前期研究》，第一次在国家层面的报告中出现"成渝经济区"的概念。

（一）作为西南地区经济中心的国家级城市群

成渝城市群是西部地区经济基础最好、经济实力最强的区域之一，将该城市群定位为西南地区经济中心，就是要充分发挥其区域辐射带动作用，从而推动整个西南地区的进一步发展，成为我国未来经济发展新的重要增长点。成渝城市群同样是全国重要的现代产业基地，在承接沿海地区产业转移、壮大地区金融、电子信息、互联网、旅游等现代服务业方面发挥巨大的支撑作用。此外，成渝城市群定位西部创新驱动先导区，旨在充分发挥重庆、成都、绵阳等市的创新资源，推动区域创新平台建设，健全技术创新市场导向机制。

（二）全国内陆开放高地与"一带一路"建设重要支撑

成渝城市群位于长江经济带与丝绸之路经济带接合处，依托于长江黄金水道优势，强化对内合作，打造国家内陆开放型经济战略高地，并成为促进国家东、中、西部经济互动发展的重要力量。同时，成渝城市群对于推动国家国际合作具有重要战略意义：南向对接东南亚和南亚地区，打造"中—印—缅—孟"经济走廊；西向对应西部大开发战略和"一带一路"建设，依托本地丰富的资源优势和良好经济基础，推动向西通道国际贸易发展，打造"中欧班列"品牌，从而建设为沟通中国与西亚、欧洲等地的重要交通运输通道，为"一带一路"建设提供重要支撑。

（三）全国统筹城乡发展示范区

重庆、成都两市是全国统筹城乡发展综合配套改革试验区，旨在通过两地的试点改革，在城乡统筹发展的重点领域和关键环节率先取得突破，并在成渝城市群推广先进经验，进而为全国城乡统筹发展提供示范。2007年6月正式成立示范区之后，重庆市政府就统筹计划了农村劳动力转移、农民工就业安居扶持、农民社会保障水平等七项主要工作；成都市在城乡统筹方面也进行了积极探索，从2004年开始，在城乡统筹规划中，成都市政府就为农民制订了养老计划。2008年，成都市政府为城市老年人制订了养老保险计划，并延伸覆盖至农村村民，成为全国范围内率先将农村养老保险与城市养老保险进行统一的城市。[1] 成渝地区是我国城乡二元结

---

[1] ［美］约翰·奈比斯特、多丽丝·奈比斯特：《成都调查》，魏平、毕香玲译，吉林出版集团2011年版，第72页。

构较为显著的区域之一，因此，成渝地区的统筹城乡发展的成功经验对于全国城乡统筹发展具有重要的示范效应和指导意义。

(四) 国家重要的自然资源储备基地

成渝城市群具有优良的自然资源禀赋，一方面，其所在的川渝地区是中国西南地区矿产种类最多、储量最丰富的地区，区域内水资源、天然气、森林资源等储量都位居全国前列。依托于丰富的资源储量，成渝地区成为国家重要的自然资源战略储备基地，为国家的能源、矿产安全提供坚实的保障。另一方面，成渝城市群地处我国长江流域上游区段，是三峡库区生态安全核心区域，包括三峡库区水土保持生态功能区、川滇森林生态及生物多样性功能区等重要生态保护区，对于整个长江流域中长期生态安全乃至全国生态环境具有至关重要的意义。因此，成渝城市群还承担着"长江上游生态安全保障区"的国家重要战略任务，走出一条具有区域特色的环境与经济协调发展之路是成渝城市群实现可持续发展的重要内容。

三 成渝城市群现有的治理机制和治理绩效

成渝城市群同时承担着西部地区重要的经济中心、全国内陆开放型经济战略高地两大重要战略任务，因此，成渝城市群治理应同时具有内向和外向两个重要维度，兼具区域中心和开放高地两大重要治理功能。一方面，成渝城市群的发展不仅是关乎西南地区发展问题，更是事关国家和民族发展的重要战略问题，因此，其发展的第一要务是在实现自身发展的同时，带动西部地区、沿长江经济带甚至是全国经济社会的发展，同时积极探索城乡统筹发展、美丽中国建设、生态环境保护，充分发挥其内部治理功能；另一方面，成渝城市群还要立足西南，面向世界，打造西部开放高地，为"一带一路"建设发挥重要支撑作用，有效发挥其外向治理功能。具体来看，成渝城市群的治理机制主要包括府际合作机制、一体化合作机制、空间协作机制三种类型。

(一) 多层级的府际合作治理机制

以市场为主导的治理和以政府为主导的治理是当前我国城市群治理机制的两种主要思路和模式。川渝地区地处内陆，市场化改革滞后于沿海发达地区，区域一体化市场尚未完全形成，因此成渝城市群治理机制主要体现为政府主导的"府际合作"形式，即城市群内部各成员政府之间的横向合作，既包括同级地方政府间的合作，也包括非同级政府间的合作以及政府各职能部门之间的合作。

1. 省级政府之间的合作

在成渝城市群治理中，四川省和重庆市两大省级政府发挥了重要的战略引领作用。二者之间的合作主要有签署协议和学习考察两种形式。

签署合作协议是省级政府层面最主要的合作形式。据统计，2004年以来，四川省和重庆市政府就区域合作发展签署了6份重要协议，成为成渝经济区以及后来的成渝城市群合作发展的重要纲领性和指导性文件（见表4—2）。

表4—2　　　　　　　　川渝省级政府合作协议

时间	协议名称	签署单位
2004.02	《关于加强川渝经济社会领域合作共谋长江上游经济区发展的框架协议》	四川省、重庆市
2007.04	《关于推进川渝合作共建成渝经济区的协议》	四川省、重庆市
2008.10	《关于深化川渝经济合作框架协议》	四川省、重庆市
2015.05	《关于加强两省市合作共筑成渝城市群工作备忘录》	四川省、重庆市
2016.06	《深化川渝务实合作2016年重点工作方案》	四川省、重庆市
2018.06	《重庆市人民政府、四川省人民政府深化川渝合作深入推动长江经济带发展行动计划（2018—2022年）》	四川省、重庆市

资料来源：四川省人民政府网站、重庆市人民政府网站。

川渝两地具有深厚的历史文化渊源，改革开放后，在竞争发展的过程中各有优劣，因此，两地也有互相学习考察的传统，2004年，两地就分别成立了成渝经济区区域合作领导小组，且每年进行一次高层互访活动。这种形式的合作同时也成为签署协议的重要补充和准备，两地的合作协议往往是在考察的过程中签署的。在省级政府层面，两地考察团的级别往往非常高，主要表现为"党政代表团"形式，由各自的党委书记、行政首长带队进行学习考察。近年来川渝合作逐渐升温加热，尤其是2016年4月《成渝城市群发展规划》批复之后，四川省就先后两次（2016年6月、2018年6月）组织省级"党政代表团"前往重庆进行学习考察，并签署了重要文件。

省级政府的合作机制往往对于区域发展具有重要的带动作用。如

2015年5月，重庆党政代表团赴四川考察学习并签署了《关于加强两省市合作共筑成渝城市群工作备忘录》，短短1年之后，两地合作的大型项目就增加了18个[①]，涵盖交通、信息、市场、公共服务、资源环境保护与利用、产业发展等六大领域，可见省级政府合作对于区域发展具有重要意义。

2. *市级政府之间的合作*

在省级政府层面的合作指导之下，成渝城市群区域内的市级政府（包括市、县、区）合作更加侧重于微观层面。这一层面的合作机制主要是城市群中四川各市县与重庆市之间、两地相邻片区之间进行沟通协作。前者主要采取"联席会"等形式，两地的市级政府之间针对某一特定议题召开联席会议，并组织相关部门参加。如2013年2月在重庆召开的"2013年国家土地督察工作联席会"，就是由成都市督察局与重庆市人民政府及其下属的国土房管局、发改委、监察局、财政局、工商局等12个市级部门共同参与召开。而后者则主要是两地相邻地区之间的合作协议，比较典型的是"渝西川东"地区所进行发展协作。2017年11月2日至3日，渝西川东地区的13个市区县[②]在重庆市荣昌区召开"渝西川东经济社会发展协作会"，并通过了《区域协作会圆桌会议荣昌共识》，签署了《渝西川东经济社会发展协作会框架协议》《成渝中线高铁意向协议书》《环境保护合作框架协议书》等79项双边、多边合作协议，涉及交通、产业发展、商贸物流、环境保护、司法协作等多个领域。[③]

（二）区域一体化合作机制

区域一体化发展是成渝城市群建设的重要目标导向，包括区域市场、基础设施、贸易、生态建设、科技服务等多方面的一体化建设。在推动成渝城市群一体化建设过程中，一系列官方与非官方的合作机制发挥了重要作用。

[①] 曾立、陈均、李欣忆：《一年实施18个重大合作项目，川渝共建西部重要增长极》，《重庆日报》2016年6月13日第5版。

[②] 13个市区县包括四川省泸州、内江、遂宁、资阳等4个地级市及所辖的安岳、东兴、隆昌、泸县和重庆市的荣昌、大足、铜梁、潼南、永川五地。

[③] 重庆市政府办公厅：《构建成渝城市群协调发展新格局》（http://www.cq.gov.cn/zwxx/jrcq/content_ 77788）。

成渝城市群从竞争向合作基本态势的转变为区域各种资源的充分自由流动奠定了基础，为市场机制的完善和作用发挥创造了良好条件，区域内寻求更低成本和更多优惠的各种企业与有意提供优惠政策、建设产业园区的地方政府直接沟通并签订协议，大大促进了成渝城市群内部资源的有效配置，从而推动市场一体化进程；基础设施一体化是成渝一体化的重要内容，主要是通过两地各级政府、企业签订双边或多边合作协议的形式以落实具体的建设项目，如上文所提到的"渝西川东"13个市区县协作会就签订了交通合作项目协议31个，建筑类项目协议22个，总投资1739.69亿元，总里程1881公里；贸易一体化合作也在逐步推进，主要侧重于对外开放通道和平台的建设，如2016年9月20日渝蓉海关所签署的合作文件，旨在深化两地区域通关一体化，推动川、渝自贸区建设，并探索"陆海新通道机制"合作共建；生态环境保护一体化建设主要以政府以及政府相关部门间的双边、多边协议为主，如四川、重庆、贵州、云南共同制定印发的《长江上游四省市2018年生态环境联防联控重点工作方案》，成都与重庆两市环保部门签订的《共同推进长江上游生态环境保护合作协议》，成都市环境执法总队、合川区环保局、广安市环保局开展了大气污染防治联合执法检查等；科学技术同样也是成渝城市群发展的重点领域，两地科技合作中，各大科研机构、高等院校发挥了重要作用，如2018年7月启动的"成渝城市群综合科技服务平台研发与应用示范"项目就是由重庆市科学技术研究院牵头开展平台建设，并联合中国科学院成都文献情报中心、重庆大学、机械科学研究总院、重庆科技服务大市场公司等25家企业、高校和科研院所共同承担。除了上述机制之外，还有诸多非官方机构组织也积极参与到成渝城市群一体化进程当中，如以各地经济专家和科研机构为主的跨域经济协调组织、跨区域的行业协会、泛成渝经济区商会合作峰会等形式，作为官方治理机制的重要补充。

（二）基于空间格局的空间协作治理机制

成渝城市群总体呈现"一轴两带、双核三区"的空间格局（见图4），实现不同区域间的有效协作，尤其是相邻区域间的协作，发挥中心城市的辐射效应和经济溢出效应，带动周边城市发展，是成渝城市群空间协作治理机制的主要目标。

成渝城市群最突出的特征在于"双核独大"，成渝城市群重庆区域人均GDP呈现从主城9区向渝西城市、由东向西逐渐递减的趋势,而四川的15个市县人均GDP呈现由成都市区向川东城市、由西向东逐渐递减的趋势,呈现出明显的"中部塌陷"现象。[①] 因此,充分发挥重庆、成都两市的双核带动功能,重点建设成渝发展主轴、沿长江和成德绵乐城市带,促进川南、南遂广、达万城镇密集区加快发展,提高空间利用效率,进而推动成渝中部崛起,提高整个成渝城市群的总体发展水平,是成渝城市群治理绩效的重要体现与标志。

作为双核的重庆、成都2017年GDP分别约为1.94万亿元和1.39万亿元,远远超出区域内其他城市,双核结构稳定,因此,这种空间协作机制面临的主要难点在于"一轴两带"和"三区"的建设方面。成渝双核从"背向发展"向"相向发展"的转变为这一区域的发展崛起带来了契机,成都提出"东进",重大项目布局开始向东延伸,重庆也相应呈现出"西进"的趋势,川渝毗邻区建立了一大批合作平台、产业园区,并规划构建成渝中部产业集聚示范区,打造"国际口腔装备材料基地""国家级临空服务制造基地""成渝中心城市配套服务基地""丘陵地区绿色发展示范基地""国家机车商用车制造基地",为成渝中部经济发展带来巨大的发展潜力。同时,贯穿渝西川东地区的高铁、高速公路分别建成通车、成渝高速公路省界收费站取消等等措施,也大大提高了该区域整体的互联互通水平,有助于加快"一轴两带、双核三区"空间格局的构建,并进一步完善区域空间协作治理机制。

在交通运输方面,2017年,成渝城市群公路总里程29.65万公里,公路运输在各种运输方式中占据主导地位,短途运输功能突出。成渝地区已形成以重庆、成都为中心,以高速公路、国家干线公路、国道、省道为骨架的公路网;在铁路运输方面,成渝城市群主要是以重庆、成都为主枢纽,达州为主要节点,包括成渝、宝成、成昆、成达等11条铁路干线及支线组成的运输网络,主要承担了长途客货运输的功能。而随着近年来我国高铁技术的发展,成渝地区的铁路运力得到大幅提升,尤其是在客运方面,随着2017年12月西成高速铁路的开通,从西安到成都的高铁全程运行时间缩短至3小时8分,北京到成都的时间也缩短至8小时以内;在内

[①] 曹清尧:《成渝城市群一体化发展的战略思考》,《经济日报》2018年8月3日第8版。

河航运方面，重庆依托于得天独厚的水运条件，成为成渝城市群区域的航运枢纽港口，在该区域形成以长江为主干，岷江、嘉陵江、乌江等支流为辅助的立体水运网络；而在航空方面，主要以重庆江北机场、成都双流机场为枢纽，同时包括绵阳、南充、达州、万州等次级机场构成航空运输网络。此外，成都新机场——成都天府国际机场预计于2020年一期建成，2021年投入使用，届时，成都将成为大陆地区的第三个拥有双机场的城市，进一步推动该区域航空运输能力的提升。[1]

（四）成渝城市群治理的不足

1. 治理领域有待拓展

从川渝合作发展中的各项重大文件可以看出，两地的合作主题一直以"经济发展"为主。不论是国家层面的规划，还是省市级政府间的合作，都仅仅关注经济发展领域，主题单一，对环境治理、扶贫等领域合作问题的关注较少。从总体上看，成渝城市群虽然是中国西部最大的城市群且经济总量居于西部第一，但其与长三角、珠三角、京津冀这三个代表着我国城市群发展最高水平的城市群相比，其综合实力还存在较大差距。根据上海交通大学城市科学研究院发布的《2016年中国城市群发展报告》的数据显示，成渝城市群综合指数排名为第6位，在五大一级评价指数中，除了文化和首位比指数都排名第3之外，成渝城市群的人口、经济、生活这三个重要指标都排名较低（分别是第7、6、9位）。[2]

2. 城市群一体化机制建设滞后

成渝城市群内部存在发展不均衡现象。首先，成渝城市群空间发展格局上存在着"双核独大"、次级城市发育不足的问题。两大中心城市重庆与成都是西南地区最重要的经济中心与交通枢纽，发展水平远远领先区域其他城市，2017年，重庆市主城区（包括渝中区、江北区、南岸区、九龙坡区、沙坪坝区、大渡口区、北碚区、渝北区、巴南区）与成都市的GDP之和占整个成渝城市群总量的42.87%，其中第三产业之和占比更是达到51.92%；两市常住人口之和为2469.53万人，占区域常住人口总量

---

[1] 姚士谋、周春山、王德等：《中国城市群新论》，科学出版社2016年版，第313页。
[2] 刘士林、刘新静主编：《中国城市群发展报告2016》，中国出版集团东方出版中心2016年版，第917 950页。

的26.41%，其中城镇人口之和占比达到35.96%。而区域其他城市发展水平则相对较低，城镇化率小于50%的城市就有10座。其次，城乡发展不均衡也是成渝城市群面临的重要问题。2017年川渝地区共有国家级贫困县50个，占全国592个国家级贫困县的8.4%。最后，两大中心城市存在恶性竞争，区域一体化程度有待提高。作为成渝城市群的两大中心城市，重庆、成都两地具有很深的历史渊源和相近的人文背景。但是，在两地加速发展的过程中，出现了产业结构趋同、竞争大于合作的背向发展现象，阻碍城际交通运输的互联互通、区域产业分工协调，从而导致成渝城市群总体发展滞后。当前，成渝城市群内部地方政府间主要通过联席会议、合作协议等形式达成了诸多领域的合作，取得了一定成效，但是与发达城市群的治理水平相比，仍然处在政策协同性低、合作机制单调、治理手段单一的初级阶段，区域统一性的决策机构、协调机制、一体化发展还相对滞后。

3. 社会组织参与治理不足

社会组织具有非营利性、独立性、自治性、志愿性、公益性的特点，对于区域的协作治理具有重要意义。然而，在我国当前的政治环境下，城市群内的合作机制往往倾向于官方渠道，即地方政府之间或地方政府部门之间建立合作关系，很少引入社会组织参与到城市群的治理中。成渝城市群的治理中也存在同样的问题，即治理机制主要以政府之间的正式合作为基础，以共同发展规划、府际合作协议、市长联席会议等政府文件为主要形式。社会组织参与主要体现在高校、科研机构的参与上，要么作用有限，要么需要依赖正式组织才能发挥作用。

四 改进成渝城市群治理的对策建议

（一）促进区域整体协调发展

构建"一轴两带、双核三区"的空间格局是成渝城市群区域均衡发展的基本导向和重要目标。第一，要充分发挥重庆、成都两市的辐射带动作用，在实现自身产业结构优化升级的同时向区域二三线城市进行合理的产业转移，从而形成区域多层次、网络化产业结构体系；第二，要注重培育壮大区域中心城市，促进区域城市合理分工，形成以重庆、成都、德阳、绵阳、南充、眉山等为重点的装备制造产业，打造以重庆、成都、绵阳、乐山、自贡、德阳等为重要支撑的战略性新兴产业集群，发展以成渝为核心，以绵阳、乐山、宜宾、万州、丰都等城市为支撑的旅游商务休闲产业集群，使各个城市的功能分区与产业结构特征相符合；第三，要推动区域内部各级城市协调发展，通过加强交通、物流、通信等基础设施建设，优化沿江城市带、成德绵乐城市带，着力培育川南、南遂广、达万成三大城镇密集区，从而促进区域的整体协调发展。

（二）提升府际合作治理水平

成渝城市群各级城府之间的合作治理首先应该转换思路，加强区域政策沟通，提高治理协同性。比如，建立省级政府层面的"一体化发展协调委员会"，对区域发展过程中出现的重大问题进行统筹协调，并通过设立城市群公约、市长联席会等形式提高政策约束力，保证政策协同性[1]；构建成渝城市群利益共享机制，设立"成渝城市群一体化发展基金"，由两个省级政府共同出资，共同承担，并建立相应的奖惩机制，实现城市群内部利益共建共享[2]；针对不同领域开展专业性合作，丰富合作治理形式，可设立"地区经济技术协作区"、"战略研讨会"、跨区域生态环境治理试点等，成立区域性经济协作、大气污染、河流水质等联防联治和保护机制。

（三）引入社会力量共建治理平台

随着当前地方公共事务的日益复杂化，在城市群区域治理中也更加强调整体性治理的重要性，即不仅要注重政府内部各部门的机构与功能整合，也要促使政府、私营部门、非营利组织以及公众之间的协作。成渝城市群具有西南地区最优质的教育资源和科研条件，成都、重庆两地就拥有包括四川大学、重庆大学、电子科技大学、西南财经大学等在内的诸多985、211 高校以及众多国内外顶尖院校设立的国家级科研机构。基于此，成渝城市群应该充分发挥相关优势，建立"政府—高校""政府—科研机构""政府—企业—科研院所"等一系列双边、三边合作平台，并积极吸引专家学者进入城市群政府各层级决策过程之中，以提高决策的科学化、

---

[1] 姚士谋、周春山、王德等：《中国城市群新论》，科学出版社 2016 年版，第 317—318 页。

[2] 李月起：《新发展理念下成渝城市群府际合作治理模式探索》，《中国行政管理》2018 年第 5 期。

专业化程度。

企业与社会公众在城市群治理机制中扮演着重要的角色，加强政府与企业和民众之间的互动对于城市群一体化治理架构的建立、整体性治理网络的构建具有重要意义。成渝城市群应该鼓励成立一批民间化的跨区域性行业协会，并通过建立和完善委托授权、合作联动、监督指导等机制，促进行业协会有效运转，从而建立起跨区域的信息交流共享平台，深化两地企业与民众之间的沟通交流。同时，在涉及区域性的重要决策过程中，通过座谈会、研讨会等形式，鼓励与该决策息息相关的社会公众参与到决策中来，倾听公众意见，提高城市群治理的民主化水平。

第二节　哈长城市群

一、哈长城市群概况

（一）哈长城市群的地理位置与经济发展状况

1. 规划区域概况

哈长城市群是东北地区城市群的重要组成区域，处于全国"两横三纵"城市化战略格局京哈京广通道纵轴北端。依据《哈长城市群发展规划》，哈长城市群地域范围包括黑龙江省哈尔滨市、大庆市、齐齐哈尔市、绥化市、牡丹江市，吉林省长春市、吉林市、四平市、辽源市、松原市、延边朝鲜族自治州。规划以定位为国家级、省级重点开发的区域为核心区统筹区域其他地区发展，核心区面积约 5.11 万平方公里，2015 年末常住人口约 2000 万人。[①] 哈长城市群区位优势突出，南依辽中南城市群，北临俄罗斯远东地区，东靠朝鲜半岛，西接内蒙古自治区，与京津冀、环渤海地区相呼应，便捷联通北美、欧洲地区，是我国东北地区对外开放的重要门户。根据国务院《印发哈长城市群发展规划的通知》，加快哈长城市群发展，是贯彻落实党中央、国务院决策部署的一项重要举措，有利于探索粮食主产区新型城镇化道路、培育区域经济发展的重要增长极，对于推进"一带一路"建设和扩大国际产能合作、进一步提升东北地区对外开放水平等具有重要意义。

[①] 国家发展和改革委员会：《哈长城市群发展规划》，发改地区〔2016〕499 号。

2. 经济发展概况

哈长城市群所涵盖的区域是全国重要的老工业基地和最大的商品粮基地，经济基础较好。此外，该区域煤炭、石油、天然气等资源储量较大，已形成以装备、汽车、石化、能源、医药、农产品加工等为主体的工业体系，拥有一汽、一重、长客、哈电气、吉化、大庆石油石化、齐齐哈尔轨道交通装备有限责任公司等大型企业。拥有国家级经济技术开发区12个、国家级高新区7个。近年来，依托优越的地理区位，边境贸易、国际物流等服务业快速发展，已经初步形成了区域开放型经济体系，设有哈尔滨、绥芬河、长春兴隆等综合保税区，目前已经开通长满欧班列，启动创建中韩（长春）国际合作示范区。《国务院关于近期支持东北振兴若干重大政策举措的意见》明确提出，支持哈尔滨打造对俄合作中心城市，《哈尔滨市推进"一带一路"建设三年行动计划（2019—2021年）》也提出要将哈尔滨打造成为国家对俄合作中心城市的目标。

（二）哈长城市群的形成与发展

哈长地区幅员辽阔，拥有哈尔滨和长春两大核心城市，并分别形成哈尔滨和长春两大都市圈。两省区域性城市群的发展为跨省区的哈长城市群的形成奠定了基础。哈长城市群拥有哈尔滨1座特大型城市，长春1座Ⅰ类大型城市，大庆、齐齐哈尔、吉林、四平4座Ⅱ类大型城市，牡丹江、绥化、松原、延吉4座中型城市，尚志、五常、九台、农安等一批小城市。两大核心城市哈尔滨、长春交通便捷，直线距离只有220公里，处于2小时经济圈内，便于人员交往，两地气候因素、文化传统、资源禀赋具有相似之处，具有天然的区域向心力。

早在2010年出台的《全国主体功能区划》中就明确提出了"哈长地区"的战略性概念，但是对哈长城市群的具体范围并未进行严格划定。2013年，"哈长城市群"被列入国家10个区域性城市群的规划中。为加快城市群发展，国务院对哈尔滨、长春的行政区划进行了优化调整，于2013年设立哈尔滨市双城区、2014年设立长春市九台区。哈尔滨市内的县级市双城"撤市设区"，使得哈长两市之间最短空间距离由原来的220公里缩短为185公里，促进了两市的空间联系。2014年发布的《国家新型城镇化规划（2014—2020年）》将哈长城市群与长江中游城市群、中原城市群、成渝城市群列入国家级城市群。2016年，国务院正式批复"哈长城市群发展规划"。

(三) 哈长城市群的城市职能分工与定位①

1. 整体布局

统筹城市群空间、规模、产业三大结构，推动大中小城市和小城镇分工协作、协调发展，构建布局合理、功能完善的城市群一体化发展格局。强化哈尔滨、长春两市的核心带动作用，有效发挥其他城市的支撑作用，建设哈长发展主轴和哈大（庆）齐（齐哈尔）牡（丹江）、长吉（林）图（们江）发展带，构建"双核一轴两带"的城市群空间格局。

2. 双核城市

哈尔滨：充分发挥开放通道节点、科教文化资源和产业基础优势，强化对俄开放合作、物流集散、创新引领等功能。依托现有交通干线，建设五常、尚志、宾县、阿城、双城、肇东、兰西等卫星城，加快哈尔滨新区建设，打造哈尔滨都市圈。提升高端装备制造、绿色食品等优势产业集群辐射带动作用，促进与哈长发展主轴和哈大齐牡发展带等周边城市联动发展，建设成为对俄合作中心城市、东北亚国际商贸中心城市、东北亚区域性中心城市和国际冰雪文化旅游名城。

长春：充分发挥长春区位、科教文化资源和产业基础优势，强化创新引领、产业支撑和要素集散等综合功能，全面提升引领带动能力。延伸长春对外辐射半径，促进长吉一体化发展，联动农安、德惠、公主岭、伊通、永吉、蛟河等县（市）打造长吉都市圈。规划建设长春新区。加快长春与四平、松原、辽源等周边城市联动发展，提升核心城市集聚力和辐射力。推动汽车、轨道客车、农产品加工及战略性新兴产业、现代服务业集群布局，打造哈长城市群人口和要素集聚的核心平台，建设成为东北亚区域性中心城市、国家创新型城市、东北亚区域性服务业中心城市和绿色宜居森林城市。

3. 区域重点城市

大庆：石油化工产业基地、装备制造基地、新材料产业基地。

齐齐哈尔：重型装备制造基地、绿色食品基地、生态旅游基地。

绥化：绿色农产品加工与物流集散基地、寒地黑土生态宜居城市。

---

① 国家发展和改革委员会：《哈长城市群发展规划》，发改地区〔2016〕499号。

牡丹江：黑龙江对俄合作桥头堡、国际休闲与北国风光山水旅游名城。

绥芬河：区域商贸物流中心、对俄合作开放示范城市。

吉林：先进制造业基地、面向东北亚的休闲型旅游目的地。

松原：粮畜生产加工基地、绿色产业城市和生态宜居城市。

四平：绿色产业与物流集散基地、蒙吉辽区域合作示范区。

辽源：绿色产业与物流集散基地。

延边：图们江区域合作开发先行区和生态文明示范区。

二 哈长城市群在国家和区域治理体系中的地位和功能

根据《哈长城市群发展规划》，哈长城市群在国家和区域发展中的战略定位包括以下四个方面：

（一）东北老工业基地振兴发展重要增长极

近年来，东北地区经济在全国四大板块中始终处于较为困难的低谷时期。2015年，我国专门出台了《关于全面振兴东北地区等老工业基地的若干意见》。哈长城市群发展规划提出要"着力推进结构性改革，加快转变发展方式，改造提升传统产业，建设国家新型装备制造业基地、粮食生产基地、食品医药产业的绿色安全示范区，加快形成以创新为引领和支撑的经济体系和发展模式，带动东北地区经济转型发展"。哈长城市群的建设与发展将有望带动东北地区尽快走出经济困局，实现东北老工业基地全面振兴的目标。

（二）北方开放重要门户

哈长城市群涵盖吉林省中部和黑龙江省西南部的主要城市，地处东北亚腹地，与日、韩、朝、俄、蒙诸国交汇，是中国沟通东北亚、中亚和欧洲的重要通道和交通枢纽。在"一带一路"建设中特别是"中蒙俄走廊"构建中占据重要地位。哈长城市群发展规划明确提出要加强"中蒙俄经济走廊"陆海丝绸之路经济带建设，加快长吉图开发开放先导区建设，大力实施"走出去"战略，构建外向型现代产业体系，深入推进国际产能和装备制造合作，积极参与国际分工合作，打造"一带一路"我国北方对外开放合作的重要门户。

(三) 老工业基地体制机制创新先行区

哈长城市群作为东北地区重要的工业化和城镇化区域，承担着带动东北地区创新创业、支撑东北工业转型升级、引领城镇化与城市转型、率先推进以国有企业改革为重点的制度改革等重要任务。《哈长城市群发展规划》指出，要着力先行先试、改革创新，破解制约经济社会发展的体制机制障碍，营造有利于全面实施创新驱动战略、大力推进"双创"的政策环境和制度环境，形成促进创新的体制构架，为带动区域协同发展提供示范模式。

(四) 绿色生态城市群

在我国全面推进生态文明建设的背景下，哈长城市群是东北地区推进绿色城镇化和工业化的重点区域，需要把生态文明理念全面融入城市群建设，通过建设生态文明示范区，把哈长城市群建设成为东北乃至全国生态环境质量高、有代表性的环境友好型城市群。《哈长城市群发展规划》指出，在推进城市群的建设中要尊重自然格局，合理布局城镇各类空间，保护自然景观，传承历史文化，保持特色风貌，促进大中小城市和小城镇协调发展，建设国际知名的生态和冰雪文化旅游目的地，推动形成人与自然和谐发展的新格局。

三 哈长城市群现有的治理机制和治理绩效

从全国城市群的空间布局和区域经济发展的宏观角度看，哈长城市群是东北地区规模最大、经济实力较强、区位优势突出的城市群，良好的治理机制对于城市群的整合发展具有重要意义。

(一) 东北地区已有的区域合作机制

在经济一体化加速的大背景下，东北地区地市间协作和对话的需求日益迫切。在哈长城市群发展规划出台前，东北地区四省区（辽宁、吉林、黑龙江、内蒙古）建有"东北四省地区行政首长联席会议制度"，会议每年举行一次，本着"平等协商、协调行动、互利互惠、多方共赢"的原则，在大生态、大交通、大电网、大开放等方面加强合作，努力构建东北地区经济一体化发展的新格局。签署了《东北四省区合作框架协议》，通过了《东北四省区行政首长协商机制框架方案》《2010年东北四省区合作行政首长联席会议纪要》。根据《合作框架协议》，联席会议主要研究协调跨省区重大基础设施项目、产业布局、生态建设、对外开放以及区域协调发展等问题，并对推动老工业基地全面振兴的重大事项提出意见和建议。在坚持四省区区域合作行政首长联席会议制度中，要建立相关部门以及市（州）、县（市）间合作协调机制，强化对行政首长联席会议议定事项的落实，确保取得实效。四省区相关部门之间、城市之间要研究建立不同层级和领域的合作协调机制。2012年东北四省区合作行政首长联席会议于8月10日在黑龙江省黑瞎子岛召开。本次会议以"扩大对外开放、实现合作共赢"为主题，签署了《东北四省区对俄合作框架协议》《东北地区旅游与航空互动发展合作协议》《东北三省与蒙东地区公路交通项目合作框架协议》。沈阳、长春、哈尔滨、大连、呼和浩特、满洲里海关关长和辽宁、吉林、黑龙江、内蒙古自治区出入境检验检疫局局长共同签署了《东北及内蒙古地区海关、检验检疫局关于建立关检合作机制的协议》。2013年东北四省区合作行政首长联席会议以"扩大对外开放、实现合作共赢"为主题，共同签署了《内蒙古自治区东部与东北三省西部合作协议》《东北四省区沿边开放合作框架协议》《东北四省区农牧业产业化经营合作协议》，进一步推动四省区在更大范围、更深层次、更宽领域开展交流合作。此外，大连、沈阳、长春、哈尔滨四个东北中心城市还建有东北四城市市长峰会，联合制定并签署了《东北四城市协同合作全面推动老工业基地振兴的意见》，组建了由四城市政府有关部门共同参与的协调组织机构，定期不定期召开四城市政府高层联席会和协调会，就合作中遇到的具体问题进行磋商，通过双边或多边形式，联手打造东北地区经济共同体，在更大范围推进东北经济一体化进程。东北四城市市长峰会每年举办一次，协调和推进合作项目。这些合作机制对于促进哈长城市群的形成和发展具有重要意义。

（二）《哈长城市群发展规划》获批以来推进的合作机制

自《哈长城市群发展规划》获批以来，哈尔滨、长春两市及时出台实施方案落实规划，形成了一些具有地方特色的城市群治理机制。

一是签署了《哈尔滨—长春市协同发展合作框架协议》，建立了行政首长协商机制，2018年12月21日，在长春举行的哈尔滨市与长春市合作交流对接座谈会上，双方两市发改、教育、环保、交通、文广新、卫计、旅游等对口部门，围绕促进相关领域战略合作签署了合作协议。

二是初步建立了"哈长城市群发展联席会议"制度。2019年8月24日，为进一步推进哈长城市群建设，落实两市协同发展合作框架协议，哈尔滨市发改委、应急管理局、教育局、交通局、体育局、商务局、卫健委、文旅局以及相关企业负责同志参加了在长春召开的哈长城市群发展联席会议，重点就公交IC卡互联互通、旅游景点优惠政策、互投广告、中欧班列合作等事宜进行了深入座谈并达成共识，两市应急管理和体育部门分别签订了《应急管理合作框架协议》和《体育交流战略合作框架协议》。

三是制定了《哈长城市群一体化发展示范区规划》，哈长一体化发展示范区位于哈尔滨都市圈和长吉都市圈交汇处、哈长发展主轴区域，总面积约2.8万平方公里，2018年总人口约503万人，实现地区生产总值约2462.2亿元。示范区规划提出建立省级主要领导协调会。黑吉两省省级主要领导定期举办专题协调会，作为示范区发展的指导机构，重点确定示范区合作发展方向，审议、决定示范区发展重大事项，分析示范区合作发展面临的新形势，协调解决区域发展重大问题。省级协调会每年召开一次，各地区轮值举办。建立由两省发展改革委牵头组织的，哈尔滨、长春两市及示范区内其他层级城市政府相关领导参与的示范区"市长联席会议"，作为示范区建设的决策机构。市长联席会每年召开两次，各地区轮值举办。建立由两省发展改革委指导的，由长春、哈尔滨两市及示范区内其他城市政府发展改革部门参与的示范区"区域协作委员会"，作为市长联席会议常设的执行与协调机构。制定完善联席会议和协作委员会功能定位、职责权限、议事规则、决策程序，建立重大问题协调机制，建立区域规划的编制、区域重大基础设施建设的前期论证、区域重大产业布局的前期论证、区域生态环境保护与治理的补偿、对落后地区经济发展建设的援助等事宜的统筹协商制度，协同做好重大政策的落实工作。建立专项协作组和咨询委员会。围绕交通设施、生态环保、旅游建设、市场体系、产业发展、会展经济、科技研发、公共服务等方面一体化协同工作，分别由两省、四市、六市（区）相关部门组成专项协作组。专项协作组在区域协作委员会指导下负责落实联席会议和协作委员会制定的各项合作任务，进行任务分解，落实责任部门，明确年度目标和时间节点，列入政府工作绩效考核，定期通报工作进展。专项协作组会议根据实际需要在示范区各地区不定期召开。同时，定期举办高峰会议、企业家论坛、专家学术论坛等活动，加强示范区各地区之间的沟通交流。

（三）"长春经济圈"规划建设中的合作机制

2019年，吉林省提出推进"长春经济圈"建设，出台了《关于支持长春经济圈高质量发展的若干政策》，重点谋划建立四个机制：一是联席会议机制。建立由长春市、吉林市、四平市、松原市、辽源市、梅河口市、公主岭市主要领导参加的联席会议机制，每月召开一次联席会议，研究确定重点合作发展方向，审议、决定经济圈发展重大事项，分析合作发展面临的新形势，协调解决区域发展重大问题；二是常态办公机制。经济圈联席会议办公室设在长春市发改委，吉林市发改委、公主岭市发改局各派一人联合办公。具体负责联席会议日常工作，定期向联席会议汇报经济圈建设发展和重大事项落实情况；提出需要联席会议研究决定的重大体制机制改革和创新政策建议；指导协调推动各相关部门落实联席会议相关决定；三是专项研究机制。在联席会议指导下，各市行业主管部门召开各专题合作发展会议，研究行业情况，制定分行业专项规划，推动经济圈建设；四是专家咨询机制。开展专家论坛等活动，针对经济圈发展重大问题，邀请国内外著名专家、学者，为长春经济圈建言献策。此外，长春、吉林等市还将建立协同发展机构，协同发展机构由省政府高位统筹，长春市牵头，相关部门及吉林、四平、辽源、松原、梅河口、公主岭等主要城市政府共同组成。按照规划，长春经济圈的建设结合哈长城市群展开，具有重要意义。

（四）区域合作机制取得的成效

自2010年首届东北四省区合作行政首长联席会议召开以来，推动区域协调发展和经济一体化进程成为各省区五年规划的重点内容，在旅游、物流、交通合作等方面取得了实质性进展，并且规划建设了一批跨省区的重大合作项目。特别是在交通等基础设施方面取得了显著的进展，为促进哈长城市群发展奠定了良好的基础。目前，哈长城市群的跨省交通网络已初步形成，城市群内设有铁路、公路、航空等多种交通线路安排。铁路方面，城市群内有京哈线、绥佳线、长大线等铁路线路，省际铁路建设相对完善，往返于核心城市哈尔滨市与长春市之间火车、动车、高铁日达174车次，最短耗时可达54分钟。公路方面，哈长城市群目前已经建成长吉客运专线、哈大客运专线、同三高速公路、京哈高速公路以及 102 国道、203 国道等多条公路段，密集的公路网络缩短了哈长城市群内各城市之间的时空距离。

东北四城市市长峰会自启动以来，已经成为扩大东北地区城市间交流合作的重要平台，有力推动东北区域合作进入了一个崭新阶段。目前，四城市在重大基础建设上开始合作改造和拓宽大连至哈尔滨高速公路，建设大连至哈尔滨高速铁路，大连至沈阳客运铁路专线，推动"北水南调"工程，缓解吉林中部城市群和辽宁中部城市群水源紧张问题。经过多年的扩展，东北四城市市长峰会已经吸纳进鞍山、吉林、齐齐哈尔、满洲里，变成了"4+4市长峰会"，今后还将继续扩大规模。

《哈长一体化发展示范区实施方案》提出，到 2025 年，统一的规划编制体系基本建立，基础设施基本实现对接互联，公共服务资源基本实现共享，生态联防联治格局、区域分工协作的产业发展格局、产学研协同创新机制初步形成，为哈长城市群一体化发展发挥示范引领作用。

以上述合作机制为基础，哈长地区还初步建立了"龙江丝路带""中蒙俄经济走廊""长吉图先导区"等若干区域性对外开放平台。此外，依托中韩、中俄自贸区的相关规划，相关城市正在加快长春、吉林、延边、哈尔滨等地区对外服务贸易园区的建设。

哈长城市群已经具备了良好的发展基础。但从发展水平看，哈长城市群仍然处于城市群发展的初级阶段，还存在一些明显的掣肘因素，比如城市群内哈尔滨、长春两大核心城市的作用未能充分发挥，对周边区域发展的辐射带动作用有待增强；城市群内各城市功能定位与分工不明确，低水平同质化竞争严重；跨流域污染和冬季大气污染问题突出，生态环境治理任务艰巨；行政壁垒阻碍要素有序自由流动，一些深层次体制机制和结构性矛盾突出，跨区域协同发展机制尚须完善。

四 改进哈长城市群治理的对策建议

为贯彻落实《哈长城市群发展规划》，需要协调城市之间的关系，明确城市的产业定位，建立产业协同发展机制，促进生产要素合理流动和优化配置。拓展合作领域，促进公共服务、生态环境的协作共治，探索区域利益协调共享机制；构建合作机构，进一步完善区域合作机制，将合作规划和协议落到实处，提升城市群的治理水平。

(一) 协调城市间关系

首先是协调双核心城市和其余中小城市之间的关系。哈长城市群内极化发展现象明显，作为省会城市，哈尔滨、长春两大核心城市在经济人口规模上都呈现出典型的首位城市特征。比如，哈尔滨人口占全省1/4，GDP超过全省1/3，科技资源占全省70%以上，拥有丰富的社会经济资源。因此要防止出现虹吸效应，促进"扩散"效应。目前哈长城市群小城市数量占比较大，中等规模城市数量不足，这种城市体系不利于哈长城市群的发展。两大核心城市需要通过基础设施建设和产业的分流促进人力资源和生产要素向外围扩散，增强周边中小城市的规模。

其次是协调城市之间的产业关系。从产业结构上看，哈长城市群是我国重要的老工业基地和商品粮基地，依托土地、煤炭、石油等优势资源形成了以农业及农业设备、汽车生产、石化、能源重工业为主体的产业格局。从表4—2可以看出，大庆、长春、辽源等城市的第二产业比重接近50%，各城市产业结构趋同、产品竞争严重，在一定程度上遏制了城市群的整合速度。因此，需要围绕各城市主体功能定位进行城市间产业结构调整，实现城市间经济资源优势互补，促进形成以城市主体功能定位引导城市主导产业方向、以产业错位发展带动城市功能互补的有序、高效的发展态势。哈尔滨和长春重点发展高端装备、汽车、轨道交通、信息与科技服务业；大庆、吉林依托其资源优势重点打造石油化工产业基地、新能源新材料产业基地和先进装备制造业基地；珲春、绥芬河等沿边口岸城市重点推进商贸物流业的发展。细化齐齐哈尔、四平、松原等周边城市与区域中心城市的制造业分工。形成城市群内部产业的合理分工格局。同时，也需要充分发挥现有区域合作机制的作用，强化哈长城市群大、中、小各级城市之间的协同发展。

表4—2　　　　　　　　　哈长城市群产业结构

地区	生产总值	第一产业	第二产业	第三产业	三次产业产值比例
哈尔滨	6257.18	593.81	1820.72	3842.64	9∶29∶61
齐齐哈尔	1333.84	296.89	377.86	659.09	22∶28∶49

续表

地区	生产总值	第一产业	第二产业	第三产业	三次产业产值比例
大庆	2680.52	194.18	1463.59	1022.75	7∶55∶38
牡丹江	1344.73	178.84	478.11	687.77	13∶36∶51
绥化	1336.84	480.55	354.86	501.43	36∶27∶38
绥芬河	148.66	1.58	16.42	130.65	1∶11∶88
长春市	6495.02	288.39	3165.46	3041.17	4∶49∶47
吉林市	2208.85	139.50	824.34	1245.02	6∶37∶56
四平市	939.83	195.01	303.27	441.56	21∶32∶47
辽源市	668.65	34.24	362.19	272.23	5∶54∶41
松原市	1372.51	166.72	456.89	748.90	12∶33∶55
延边朝鲜族自治州	706.33	48.00	224.91	433.42	7∶32∶61

资料来源：《黑龙江统计年鉴（2018）》（http：//www.hlj.stats.gov.cn/tjsj/tjnj/201902/t20190214_72266.html）；《吉林统计年鉴2018》（http：//tjj.jl.gov.cn/tjsj/tjnj/2018/）。

（二）完善合作机制

哈长城市群在推进过程中已经建立了省、市两级交流机制，并在此基础上签订了很多合作协议。同时，各地方政府出台了相应的政策，比如，哈尔滨市出台了《落实哈长城市群发展规划实施方案》，长春市也出台了《落实哈长城市群发展规划实施方案》。当前的主要任务是保证这些合作协议和政策的规划衔接执行有力、切实落地。《哈长城市群发展规划》提出要组建由黑龙江、吉林两省政府和相关城市组成的领导小组，定期召开协调会议，负责制定城市群的整个发展战略和政策，协调解决基础设施建设和城乡一体化规划等。但领导小组并不是一个常设行政职能机构，还需要建立跨省的行政协调机构，可以考虑在国家层面上组建哈长城市群协调发展管理委员会，在地方层面上建立跨城市的城市群协调发展管理委员会。这些委员会应有必要的行政等级，可以采用行政手段调控引导城市群的发展。

同时，创新利益共享机制。城市群各个城市经济实力上存在差距，容易导致合作项目的受益不均或成本分摊不均。需要创新利益共享机制平衡城市群发展过程中各个城市间的收益差额，以确保城市群府际合作的顺利开展。《哈长城市群发展规划》提出鼓励黑龙江、吉林两省和城市群内各市（县）研究共同出资设立区域合作发展基金，推行政府和社会资本合作（PPP）模式，重点用于跨区域基础设施建设、生态建设与环境治理、公共服务体系建设、产业协作等合作共建项目建设。建立跨地区投资、地区生产总值、财税等利益分享机制，推动城镇间产业分工、产业整合、园区共建。我们认为，可以依托2018年年初成立的东北振兴金融合作机制建立"哈长城市群合作发展基金"，该基金可用于城市合作的基础投入和利益补偿，基金来源按城市群内各个城市国内生产总值的比例筹集，也可针对城市群内部合作产生的合作剩余征收特别税。设立城市群合作专项基金可缩小合作伙伴之间发展差距，强化合作基础、巩固合作成果、提升合作层次，有利于促进城市群内各城市的协调发展。

此外，拓宽合作领域。哈长城市群重工业集中，局部地区的生态环境恶化，给城市群的发展带来很大环保压力。《哈长城市群发展规划》提出建设绿色城市群，因此需要加强环境保护协同机制的建设，加强大气污染应急响应合作，主要措施包括统一监测、统一监管的大气污染联防联控手段，污染防治与监测信息互相通报制度，推进生态环境综合治理。

最后，增加合作主体。随着经济的快速发展，公共事务日益复杂，政府能力有限，在城市群治理的过程中，应该扩大民间力量的参与。行业协会、环保组织、学术性公益团体等各类民间组织和社会团体贴近民众日常生活，可以提供的服务种类多种多样，在很多方面可以适应哈长城市群一体化协调发展的要求。因此，政府在构建合作机制时需要强化这些民间组织的参与程度，形成多元主体合作共治的城市群治理格局。

（三）提升城市群对外合作能力

黑龙江、吉林两省地处东北亚区域中心，与东北亚国家和地区的经济联系相对便利，哈尔滨是我国对俄合作的中心城市，从地理上看，哈长城市群的辐射范围包括由俄罗斯、日本、韩国、蒙古等国家构成的"东北亚经济圈""跨亚欧经济合作区"和"大图们江次区域合作"环线，在扩大对外开放合作方面具有良好的区位优势。2015年我国发布的《推动共建丝绸之路经济带和21世纪海上丝绸之路的愿景与行动》中提出要"完善黑龙江对俄铁路通道和区域铁路网以及黑龙江、吉林等与俄远东地区陆海联运合作，推进构建北京—莫斯科欧亚高速运输走廊，建设向北开放的重要窗口"。黑龙江和吉林的近期规划中也提出要将牡丹江及绥芬河建设成为对俄合作开放示范城市；延吉—珲春建设成为图们江区域合作开发的桥头堡；支持绥芬河、珲春、东宁、图们、和龙建设全面开放的口岸城市，发展口岸经济；以建设"中蒙俄经济走廊"陆海联运通道、图们江区域合作长吉图开发开放先导区为重点，依托珲乌交通干线，连接长春、吉林、松原、敦化、珲春等节点城市，强化向西腹地支撑作用和向东沿边开放功能，推进长吉一体化和延龙图一体化发展，构建与俄罗斯远东的贸易通道，加强对韩朝的交流合作等战略意图，因此，需要积极推进哈长城市群开展国际区域合作。

目前，中俄、中日韩蒙古等均建有跨国的次区域合作组织，例如，东北亚地方政府合作委员会（Local Governments in Northeast Asia Cooperation Committee）、"东北亚（G6）城市发展共同体"、东北亚地区地方政府联合会（NEAR）、中俄友好和平与发展委员会地方合作理事会、中俄地方合作交流论坛暨中俄友城合作论坛等。哈长城市群中的多个核心城市均为这些合作组织的成员，可以借助这些次区域合作组织平台将哈长城市群建设成为我国最活跃的外向型城市群。与国内地方间的区域合作不同，跨境经济合作涉及海关监管、政府外交、国家主权等全局性、敏感性问题，需要适度扩大哈长城市群地方政府在对外事务方面的权限，在口岸通关、通道接驳、贸易互通方面鼓励地方政府大胆探索，进行"先行先试"。同时，各城市也应从国际视野出发，建设面向国际服务的交通和生活设施，吸引各国领事馆、跨国企业、银行和国际组织进驻，增加友好城市数量，积极加强与国外城市的合作，促进资源跨境流动，多举办国际会展和博览、国际商贸论坛以及跨国文化节庆活动，提升城市的国际化程度和对外交往能力。

第三节 中原城市群

一 中原城市群概况

（一）中原城市群的地理位置与社会经济发展状况

1. 地理位置

中原城市群位于中国中东部、以河南省为主体的中原地区，地处沿海开放地区与中西部地区的结合部,属于我国自东至西梯次推进经济发展的中间地带。中原城市群的核心发展区包括河南省郑州、洛阳、开封、新乡、焦作、许昌、漯河、平顶山、商丘、鹤壁、周口、济源12市以及山西省的晋城市和安徽省的亳州市。联动辐射河南省安阳、濮阳、南阳、信阳、三门峡、驻马店6市,以及河北省邯郸、邢台2市,山西省长治、运城2市,安徽省宿州、阜阳、淮北、蚌埠4市,山东省聊城、菏泽2市,共涵盖5省30个地级市。国土面积28.7万平方公里。

2. 社会经济发展状况

中原城市群城市规模不断扩大,根据城市规模划分标准,截至2017年,中原城市群有郑州1个特大城市;大城市数量达到19个。截至2017年底,中原城市群实现地区生产总值67044.34亿元,按可比价格计算同比增长7.1%,占全国经济总量的8.1%;实现地方一般公共预算收入4789.41亿元,同比增长7.7%,占全国总量的5.2%。实现社会消费品零售总额30114.59亿元,同比增长11.4%,占全国总量的8.2%;实现固定资产投资62329.68亿元,同比增长5.4%,占全国总量的9.9%。[①] 中原城市群从业人员人数2017年末达7636.53万人,同比增长0.9%,城乡居民就业形势稳定,支撑居民收入稳步提高;居民人均可支配收入为19637元,比上年增加1731元,同比增长9.7%。其中,城镇居民和农村居民人均可支配收入差距比为2.25∶1,低于全国城乡居民人均可支配收入2.71∶1。[②] 由此可见,中原城市群综合经济实力持续增强。

(二) 中原城市群的形成与发展

中原城市群所处以河南省为主体的中原地区,是中华民族和华夏文明的发祥地,历史上曾先后有20多个朝代建都或迁都于中原地区,中国八大古都中原地区就有洛阳、开封、安阳、郑州4个,是中国建都朝代最多、建都历史最长、古都数量最多的地区。

民国时期,随着京广铁路、陇海铁路等主干铁路沿中原地区主要城市修建,中原城市群的雏形已经初步显现。近代以来,郑州逐步发展成为中原地区的交通枢纽中心和繁华的商业大都会。

---

① 夏远望:《让中原城市群"灯火"更璀璨》,《河南日报》2018年12月24日第9版。
② 樊霞:《中原城市群报告首次发布》,《河南日报》2018年12月20日第3版。

中华人民共和国成立初期，中原城市群仅有郑州、开封、洛阳、许昌、漯河和新乡6个城市，发展缓慢。1954年郑州成为省会城市，进而发展成为大城市，洛阳、新乡和平顶山也成为中等城市。以郑州为中心的中原城市群框架基本形成。

20世纪90年代以来，学界和政府部门都开始积极致力于中原城市群的构建和发展。河南省在"八五"计划中已经提出了"中原城市群体"的概念。随后，中原城市群建设又列入河南省"九五"计划，提出统一规划协调中原城市群重大基础设施、产业布局、城镇体系和生态环境建设。

党的十八大以来，中原城市群从概念设想正式进入规划发展、推进实施阶段。2003年河南省又正式提出中原城市群构想，筹划发展思路。《河南省全面建设小康社会规划纲要》明确界定了中原城市群的地域范围即以郑州为中心，包括洛阳、开封、新乡、焦作、许昌、平顶山、漯河、济源8个省辖（管）市及其辖县在内的城市密集区。2010年8月25日，国家发改委发布《促进中部地区崛起规划实施意见》；同日公布的《关于促进中部地区城市群发展的指导意见的通知》明确提出中部地区要重点建设武汉城市圈、中原城市群、长株潭城市群、皖江城市带、环鄱阳湖城市群和太原城市圈六大城市群。2016年12月28日，国务院正式批复《中原城市群发展规划》。

（三）中原城市群的城市职能分工与定位

在中原城市群的城市化发展战略格局上，郑州是国家中心城市、中原城市群中心城市。洛阳为国家区域中心城市、中原城市群副中心城市。南阳、安阳、商丘、长治、邯郸、蚌埠、阜阳为国家区域中心城市。国家重要节点城市为平顶山、周口、信阳、驻马店、鹤壁、濮阳、三门峡、运城、晋城、邢台、聊城、菏泽、淮北、宿州、亳州15市。

中原城市群的产业分工与定位随着国家和国际总体的经济社会发展与治理实践的变化而不断调整变化。以河南省中部的郑州、洛阳、开封、新乡、焦作、许昌、平顶山、漯河、济源9个城市为研究区域，可以发现，中原城市群产业整体处于产业链中下游。从行业发布来看，有效吸纳就业的三大支柱行业分别是制造业、其他工业和其他服务业，而高级的生产性服务业与一般生产性服务业的发育程序则处于较低水平。总体来看，中原城市群的专业化分工格局正在减弱。

当前,中原城市群各城市的产业分工和职能定位如下:

郑州——加快发展生产性服务业,提高其他服务业服务能力,今后依托制造业的发展基础,瞄准产业价值链高端,重点发展高级生产性服务业和一般生产性服务业,提高其他服务业对整个城市群的服务能力。

开封——立足其他服务业,积极发展一般生产性服务业,开封市未来的产业发展仍需依托郑州市,在继续壮大其他服务业优势的同时,积极培育一般生产性服务业职能,提高在产业价值链上的位置。

洛阳——培育仅次于郑州的服务业次中心,以发展其他服务业职能为契机,努力向生产性服务业转变,成为与郑州市并立的服务业中心。

平顶山——依托工业职能,努力向高级生产性服务业转型,在将其他工业职能作为核心职能的同时,考虑大力发展金融和商贸服务等高级生产性服务业。新乡市——回归制造业,培育其他服务业,以制造业为主,依托邻近郑州市的地理优势,加快承接发展教育、公共服务等其他服务业职能,将新乡市培育为其他服务业第三大城市。

焦作——依托制造业,培育壮大一般生产性服务业,立足制造业发展基础,积极进行经济转型,依托其交通枢纽地位,培育壮大以交通运输、仓储及邮政业为主的一般生产性服务业职能。

许昌——制造业与其他服务业并驾齐驱,未来的职能定位仍是继续发展具有产业特色的制造业和其他服务业。

漯河市与济源市——培育制造业基地。漯河市食品加工业发展卓著,是全国首家中国食品名城,也是河南省食品工业基地市,培育出亚洲最大肉类加工企业双汇集团等一批知名食品企业;济源市已形成钢铁、铅锌、能源、化工、装备制造、电子信息等支柱产业,是全国最大的铅锌基地和河南省重要的钢铁、能源、化工、机械制造基地。这两市形成了分别以轻工业和重工业为特色的错位发展格局。[①]

二 中原城市群在国家和区域治理体系中的地位和功能

总体来看,在整个国家治理体系中,中原城市群起着重要的联结传动

---

① 史雅娟、朱永彬、黄金川:《中原城市群产业分工格局演变与功能定位研究》,《经济地理》2017年第11期。

作用。中原城市群属于中国经济发展的新增长极，能够从东部向中西部地区、在京津冀地区和长江中游城市群间进一步传递经济发展动力。中原城市群还可以发挥国家自主创新示范区的区域引领作用和开放功能，促进社会与创新资源的综合集成、开放共享。

(一) 中原城市群上升为国家战略

从2003年河南省正式提出落实中原城市群构想、明确区域实施范围，到2016年国务院批复《中原城市群发展规划》，中原城市群实现了由区域性城市群向国家级城市群的跨越。党的十九大报告提出，要"实施区域协调发展战略"，"以城市群为主体构建大中小城市和小城镇协调发展的城镇格局"。城市群的发展，不仅可以破解区域协调发展难题，而且可以引领区域经济社会快速发展。《国家新型城镇化规划（2014—2020年）》指出，要"加快培育成渝、中原、长江中游、哈长等城市群，使之成为推动国土空间均衡开发、引领区域经济发展的重要增长极"。因此，将中原城市群打造成资源配置效率高、经济活力强、具有较强竞争力和影响力的国家级城市群是着眼于现代化发展全局的国家战略。

从城市化发展规律来说，以城市群及其核心城市为节点构建城市发展体系是必然选择。随着交通体系不断升级，京津冀城市群、晋中城市群、关中城市群、长株潭城市群、华中城市群、长三角城市群以及山东半岛城市群等逐渐整合在了一起，中原城市群位于这些城市群的中心，在整合上述城市群过程中扮演着节点城市群的角色；统筹规划中原城市群的内部格局，及其与邻近其他城市群的互动格局，对于构建互动效率更高的全国性城市体系具有重要价值。[1] 随着中原城市群的发展，其在国家发展战略中的地位也更加突出。国家新型城镇化规划明确将中原城市群列为国家重点培育发展的中西部地区三大跨省级城市群之一。中原城市群的发展对于加快促进中部地区崛起、推进新型城镇化建设、拓展我国经济发展新空间具有重要意义。

(二) 中原城市群对豫、晋、冀、鲁、皖五省发展的重要性

中原城市群核心发展区包括中部地区的河南、山西、安徽三省，并联动辐射东部地区的河北、山东两省，对于这些省份的发展具有重要的推动

---

[1] 孙晓雅：《中原城市群崛起要做好"格局"文章》，《人民论坛》2019年第6期。

作用。

河南省除中原城市群规划外，还拥有粮食生产核心区、中原经济区、郑州航空港经济综合实验区、郑洛新国家自主创新示范区、河南自贸区、中国（郑州）跨境电子商务综合试验区、国家大数据综合试验区等"国字号战略规划"。国家战略持续叠加，战略格局更加完善，战略效应也更加明显。河南省通过充分发挥战略规划的载体功能，有助于凝聚城市群内各地区、各阶层的共识和力量，积极吸引周边省份共同推动中原城市群一体化发展。[①]

对山东而言，纳入中原城市群规划的聊城与菏泽两市，不论就山东地理特征、还是区域发展战略、治理体系而言，一直都具有很大程度的边缘性，在山东省内属于发展相对较慢地区。而两市纳入中原城市群发展规划，通过与中原重要城市对接，可以成为鲁豫皖冀交界地区重要的经济增长隆起带，成为中原经济区和中西部地区东向出海的重要桥梁，中部城市与环渤海地区沟通联系的前沿地带。两市由此成为山东与中原城市群沟通连接的重要节点城市，对加强山东西部区域发展能力、治理能力，以及山东与中西部地区的协同互动水平都有重要作用。

对安徽而言，皖北地区未能像皖南地区城市一样有效对接融入长三角地区的大发展，但通过中原城市群建设的有利机遇，纳入规划范围的五市有望被打造成中原城市群的重要支撑轴带、新发展理念的先行示范区，从而推动皖北地区经济社会持续健康发展。五市有望建成具有强竞争力的先进制造业和服务业基地，形成与中原地区及沪苏浙地区畅通对接的现代基础设施体系，从而加快安徽省内外周边地区一体化发展进程，成为美好安徽和中原城市群的重要增长极。

对山西而言，可以借助中原城市群发展机遇，形成以晋城为核心、以长治和运城为两翼的晋东南发展区。在传统的对接京津冀的战略基础上，实现南向和东南向发展战略的平衡。传统的资源产业优势可以借助中原城市群节点，通过中原地区向安徽、山东和沪苏浙地区扩展，在更大的范围内实现更多生产要素的优化配置和发展空间的扩大。

---

① 白小明：《中原城市群一体化发展的对策建议——基于城市间分工协作的视角》，《科技和产业》2018 年第 12 期。

对河北而言，邯郸、邢台两地被纳入中原城市群发展战略，这使河北在抓住"京津冀世界级特大城市群"战略基础上，进一步拓展了面向中原地区和山东以至东南沿海地区的发展空间。河北有望呈现"东西拓展、南北提升、中心带动"的发展格局。

（三）塑造中部崛起新增长极

2013年中央城镇化工作会议强调，要在中西部有条件的地区依靠市场力量和国家规划引导，逐步发展形成若干城市群，成为带动中西部发展的重要增长极。《国家新型城镇化规划（2014—2020年）》提出加快培育中原城市群等城市群，使之成为推动国土空间均衡开发、引领区域经济发展的重要增长极。因此，中原城市群的建设担负着国家发展战略的要求、引领区域发展的需要以及带动中西部地区崛起的使命。

中原城市群作为引领和带动中部崛起的经济增长"发动机"，中原城市群的建设对于维护国家粮食安全和生态安全、解决"三农"问题、加快国家的工业化与城镇化进程、实现区域协调发展都具有重大的影响。在国家战略的推动下，中原城市群将成为促进中部地区崛起的引擎和动力；将成为辐射带动中西部地区发展的核心增长极；也将成为我国经济社会发展的重要战略支持。

（四）培育内陆地区双向开放合作发展新动能

中原城市群区位优势明显，位于京沪渝三角形的重心位置，又处于晋冀鲁皖鄂陕六省交汇处。中原城市群还具备产业基础好、要素成本低、环境承载力比较大等对外开放综合优势，成为东、中、西部地区承接产业转移的最佳区域之一、具有全球影响力的内陆开放合作示范区。

通过发挥构筑内陆开放型经济高地的功能作用，中原城市群有望发展壮大口岸经济。在高水平推进郑州航空港经济综合实验区、中国（河南）自由贸易试验区郑州片区等国家级战略平台建设的基础上，通过集聚境内外先进技术、高端人才和企业，拓展郑州国际航空口岸、铁路口岸功能，提高功能性口岸、海关特殊监管区域运行效率，拓展东联西进的陆海通道，推进"一带一路"沿线重要口岸互联互通，建设双向经贸产业合作园区和海外物流基地，中原城市群将能提升在新亚欧大陆桥经济走廊建设中的重要节点作用，形成内陆地区双向开放发展的新动能。

三 中原城市群现有的治理机制和治理绩效

(一) 河南城市主导的地市联合治理机制

城市群是最有效的空间组织形式，也是我国推进区域发展和新型城镇化建设的主体形态。河南省抓住中原城市群进入国家级城市群行列这一重大机遇，着力谋划、扎实推进，积极推动了区域经济社会发展。但从目前实施进程来看，中原城市群的联合发展与治理主要由河南省或河南的主要城市在主导，其跨省域的城市群联合治理效应仍不明显。

目前的城市群协调与治理实践，主要是基于交通枢纽网络的联合治理形态。中原城市群首先具有较明显的交通、产业协同发展潜力，交通枢纽功能突出且具有较高的运行效率。例如，郑州一直是国家重要交通枢纽，近年来迅速发展为国家中心城市，便于通过其交通枢纽作用和中心城市地位实现农贸、物流等产业的集聚，具有较强的国内辐射力和国内外资源整合力。因此，能够基于其较强的联通功能和中心地位发展郑州航空港经济综合实验区、中国（河南）自由贸易试验区、郑洛新国家自主创新示范区等创新载体，成为我国中西部地区创新创业的先行区，形成交通、物流便捷的开放营商环境。近年来，河南省加强了与山东鲁西南、河北冀南等地区的交通设施对接，尤其在山东至陕西等高铁线路建设等方面发挥了重要作用，进一步为基于交通网络和物流体系加强联合治理打下了基础。

可以说，跨省域的联合治理机制作用仍待加强。五省省级层面、各省主要职能部门之间、30个地市之间的城市群协调发展机构尚未形成密切协同的治理体系。受制于中原城市群各省在各自区域的定位、功能、发展环境，尤其是山东属于华东地区，与其南北方向的京津冀和长三角对接较多，河北本身属于京津冀地区，安徽承接长三角产业转移等；省际间在跨区域交通设施建设、产业经济分工、生态环境协同治理、大气污染联防联控等方面还没有形成可比于京津冀、长三角、珠三角地区的强力协同机制，中原城市群与中原经济区的叠加效果、累积效应还没有充分显现出来。

(二) 中原核心发展区的治理空间重构和资源重置

中原城市群在区域经济调控、要素资源配置、产业结构调整、城乡发展统筹等方面都有重要的地位和作用，正在不断促进核心发展区的治理空间重构和资源重置，促进各地优势互补和协同治理能力与水平的提高。

一方面，中原核心发展区的治理空间正在重构优化。该城市群的规划实施与发展，对未能有效纳入山东半岛城市群规划的聊城、菏泽两市，京津冀南缘的河北省邯郸、邢台两市，距离太原城市群较远的长治、运城等三市，长三角辐射力减弱的宿州、阜阳、淮北等皖北地区城市带来了跨省域的产业价值链和社会关系调整机遇，引发了各省基于中原城市群发展环境的传统发展战略和治理空间重构。各省正在积极对接中原城市群战略，比如山东等省加快了济南经聊城到郑州的高铁建设，山东西部地区具备了较好的发展环境和空间格局。

另一方面，随着治理空间重构，中原核心发展区各种资源的重置过程也在加速进行。这里提到的资源，更多的指可流动资源，比如人力资源、金融资源、信息资源、知识技术资源等，这些资源正随着治理空间的重构发生重组、优化，更多的优秀人才、资金、技术等流向区域内更具有发展潜力的城市。山西省的煤炭加工产业、河北的冶金产业、河南省的农业一体化产业、山东省的农业加工产业、安徽省的农业加工产业，以及相应区域的劳动力资源等，由于不同的产业分工布局和发展水平，正突破传统行政区域和战略空间，形成高中低搭配、要素互补的配置格局。

(三) 晋冀鲁皖边缘城市的治理格局转换和发展转型

我国的边缘城市是国家力量推动城市扩张的结果。晋冀鲁皖边缘城市特指处于这些省份核心治理体系或发展体系边缘，已经纳入或有可能进一步纳入中原城市群受到中原城市群辐射影响的城市。对于那些没有被划入中原城市群的相关省份边缘城市，或者原先在中原地区并不处于中心、重要地位的边缘城市，中原城市群的出现，由此引发的新治理格局、战略格局的转换，都给他们带来了新的发展动力和机遇。

治理格局的转换给地处中原城市群边缘的晋冀鲁皖等省部分城市带来了新的发展动力。治理格局的转换带来了资源重组，过往形成的资源优势、传统管辖关系被打破，边缘城市需要重新梳理与周围城市关系和联系，重新梳理与上级省政府、所在城市群核心区省级政府等的关系和联系，促进他们不断开拓差异化的特色发展之路、一体化的融合互助之路。这些边缘城市，正在新发展时代寻找新的发展道路和城市群格局下的新定位、新突破点，甚至有可能在加速融入和对接城市群战略的同时，借助乡村振兴等更多战略机遇，深入思考和顺应未来逆城市化的发展路线，找到自己特有的文化传承和自然资源禀赋，从而在中原城市群的边缘地带实现逆转。

作为全国最大的跨省城市群之一，中原城市群治理幅度较大、治理形势相对复杂。在经济地理上，中原城市群河南城市占60%；山东、山西、河北、安徽四省边缘地区城市占40%，跨省协调难度较大。在经济方面，其辐射连动地区经济势差较为明显，多为承接产业转移地区，落后产能较多；缺乏强有力和引领性的跨省域产业链、价值链和创新动能中心。在社会发展上，五省文化具有差异性，公共服务、教育、科技等缺乏能够有力协调、内在激励的融合机制、创新机制，发展很不均衡。生态环境上，资源环境约束压力大，环境治理压力大，水资源、土地资源利用形势紧张，且多为京津冀大气污染跨省传输通道城市，环境治理的复杂性更为突出。

四 改进中原城市群治理的对策建议

(一) 发挥国家中心城市功能加强城市群集聚效应

现有城市群发展经验表明，中心城市对整个城市群乃至更广大地区的发展具有重要引领、驱动、凝聚作用，是一个区域发展的"心脏"。因此要首先加强中心城市治理，发挥中心城市对整个城市群治理的示范带动和辐射作用。郑州是"国家中心城市"，其战略功能的重点在于如何跳出郑州看郑州，如何跳出河南跳出中原看郑州，立足中国发展、立足"一带一路"等国际战略。一方面，郑州需要摆脱立足中原地区或国家中部地区交通枢纽的战略窘境，除在交通结构上发挥重大联结疏导作用外，更在产业结构、能源结构、土地结构、生态资源结构、城乡结构、科教创新、公共服务结构尤其是国家大战略格局中产生明显影响力、吸引力、竞争力、突破力；另一方面，郑州需要注重与周边洛阳、开封等副中心城市的双向平衡交流，形成稳定的核心互助和协调区域。同时采取构建有效"飞地"模式、对口支援互助等模式，允许在中原城市群的其他四省城市因地制宜地建设中心功能分支机构，促进功能联结与交互合作，更允许城市群其他城市以中心城市名义在国内、国际战略格局中合作开拓发展项目。

(二) 促进城市群基础设施、公共服务一体化

中原城市群发展的根基在民，发展必须坚持以人民为中心。提供共通、共享的基础设施和公共服务是加强中原城市群共识、认同和集聚力的根本保障。在基本设施服务方面，联通郑济等地的高铁交通网络开建，可以为交通服务提速注入充足活力。但文化教育、旅游休闲、医疗社保、人才和人力资源交流等方面的基础设施和服务尚未实现高度融合。因此，应当以这些民生领域的重点互通项目为切入点，加快城市群内基础设施与公共服务一体化进程。

一是建设城市群内教育文化联盟机制，实现小、初、高、大学教育资源互认、共通共享，促进大学生互换交流、联合培养和学分互认等；二是设立高端人才交流合作中心、区域共享人力资源交流平台，促进区域内高端人才和人力资源流动共享；三是完善区域内旅游休闲资源集散服务中心、副中心和节点体系，实现中原城市群旅游、交通一卡通；四是加快实现医疗社保康养服务一体化，利用郑州大都市区公共服务圈、郑州—济南—重庆、太原—郑州—合肥等轴线建设机遇，协同核心区和轴线节点城市资源，打造医养健康服务和社会保障资源一体化供需管理平台。

(三) 筑实省级层面合作治理机制

中国城市主要为行政区划性、行政等级性城市，城市管理具有明显的行政上下级关系、行政隶属关系。城市政府间关系的协调运行，要经过共同的行政上级。在中原城市群当中，河南省外城市占比40%，分布在四省相邻交界地区；山东、山西、河北、安徽等各省份又都具有自己在华东、华北或环渤海、京津冀、长三角等不同区域的相应定位和自身发展战略，因此在不同省份的城市政府间进行区域战略合作，复杂性和难度较大。但中原城市群战略作为国家正式批复战略，五省政府都有建设、建好中原城市群的主体责任，应当共同协商采取措施筑牢中原城市群五省合作治理机制。

重点考虑以河南省政府作为牵头单位，建立中原城市群五省联席会议机制。制定会议章程，在中原城市群五省份不同城市轮流举办不同主题、规格的会议，比如综合政策会、发展规划会、专门交流会、区域招商促进会、专题高端峰会等，并将会议机制明确纳入进一步的发展规划和合作治理政策。另外，联合区域内各治理主体，摆脱传统的强制性规则模式，协

作协商建立平等合作协议，通过广泛的反复互动达成共识性规则，形成各治理领域的"郑州共识""中原共识"。考虑设立中原城市群协调促进机构和网络平台，定期在国内公开发布中原城市群建设项目、发展政策、发展状况公报，推出中原城市群共识，逐步在国家城市群发展机制中形成有影响力的合作品牌，甚至争取在法律政策允许前提下在国际经济社会舞台上推广中原城市群名片。

(四) 注重生态文明治理

要紧紧利用中原城市群南部、北部生态经济资源对接发展机遇，京津冀污染治理、长三角环境治理机遇，提升城市群区域内的水资源、土地资源、空气资源质量，建设协同一体的、具有中原城市群特色的资源环境共治共享模式、生态文明治理模式和基于城市群范围的综合大型生态文明示范区。

第五章　省内城市群治理报告

长株潭城市群、山东半岛城市群和呼包鄂城市群是分布在我国东部沿海地区、中部地区和西部民族地区的三个重要城市群，在区域治理和国家治理体系中发挥着重要作用。深入分析长株潭、山东半岛和呼包鄂三个省内城市群的治理机制及其治理绩效，对于进一步推进城市群治理创新，实现省内城市群"高质量发展"意义重大。

第一节　长株潭城市群

作为"两型社会"建设综合配套改革试验区，位于湖南省中东部的长株潭城市群是我国较早进行区域经济一体化实验的城市群，在城市群建设中发挥着标杆作用，并于2007年获批为全国资源节约型和环境友好型社会建设综合配套改革试验区。

一　长株潭城市群概况

（一）长株潭城市群的地理位置与社会经济发展状况

长株潭城市群是长江中游城市群的重要组成部分，位于湖南省中东部地区，总面积9.68万平方公里。城市群涵盖长沙、株洲、湘潭三个地级市以及周边岳阳、常德、益阳、衡阳、娄底五市，占湖南省总面积的45.8%；包含人口4047万，占湖南省总人口的61%。长株潭城市群最初只包括长沙市、株洲市、湘潭市三个地级市。其后，按照湖南省确定的区域规划，长株潭城市群空间范围进一步扩大。即"3+5"城市群的规划范围："3"指早期的长沙、株洲、湘潭三个地级市，"5"指岳阳、常德、益阳、衡阳、娄底五个湖南省东部城镇密集区域。作为城市群核心，长株潭三市地理位置沿湘江呈"品"字形分布，分别相距不足40公里。从地理位置看，近年来长株潭城市群显现多中心、网络化发展的趋势。

长株潭城市群是湖南省科学技术与人才教育集中的区域。据统计，全省3/4的研发人员及80%的科技成果集聚于此，中南大学、湖南大学、国防科学技术大学等著名高等院校也都坐落在区域内。长株潭城市群经过长期的经济一体化建设，被誉为"中国第一个自觉进行区域经济一体化实验的案例"，成为城市群建设的标杆，起到了典型的示范作用。2018年，长株潭城市群实现地区生产总值（GDP）28946.64亿元，占全省76.94%，作为核心区的长株潭三市则实现地区生产总值（GDP）15796.31亿元，占全省41.98%。①

（二）长株潭城市群的形成及发展

长株潭城市群能够得以良好发展与其自身优势是紧密相关的，主要体现在几个方面：首先，基础雄厚的工业是城市群发展的基础。以"有色金属之乡""非金属矿产之乡"著称的湖南省，在有色金属冶炼、化工、机械电子技术、建材、纺织技术等行业领域享有其特有的资源优势，为城市群的发展奠定了良好的发展基础。其次，优越的农业基础是城市群得以发展的保障。高效益、高产出的农业源于发达的农业科学技术与集中的专业农业技术人才，发达的农业条件为城市群的建设与发展提供了重要的保障。最后，发达的科技教育水平是城市群发展的必要条件。武汉、合肥、长沙，以"三足鼎立"之势，形成科学技术中心，并在全国范围内产生了一定的影响力。三市集中了28所大专院校和2个国家级高新技术开发区，这种较强的科学教育水平巩固了三市的科技实力，并辐射到湖南与中部六省，推动着该区域经济的发展。除工业、农业、教育之外，城市群内基础设施建设也较为完善，基本满足公众的日常生活需求。

从长株潭城市群及其发展历程来看，可以分为四个阶段。

第一阶段：城市群格局初具雏形阶段（1949—1962年）

新中国成立以来，全国上下纷纷进行经济体制改革、国家区域发展与建设，长株潭三市紧随国家发展脚步，积极响应国家的政策号召，使得其经济得以快速发展，城镇化水平也得到了显著提升。在计划经济体制下，

---

① 数据来源于《湖南统计年鉴（2019）》（http：//222.240.193.190/19tjnj/indexch.htm）。

重点项目投资政策对三市的经济发展产生了较大的影响,在国家"一五""二五"计划实施期间,国家作出了重工业优先发展的战略决定,强调了国家重点项目的建设,并在湘潭与株洲两市对大规模的重点项目进行投资;与此同时,国家要重点建设一批城市,株洲是其中六个城市之一,长沙、湘潭两市被列于一般扩建城市之中,这为城市群的形成奠定了良好的基础。伴随该方针政策的推进,长株潭三市的基础设施得到了改善,城镇体系的逐步形成,区域内城镇化水平得到提高,"三足鼎立"的态势开始展现,奠定了长株潭城市群形成与发展的初步格局。

第二阶段:城市群停滞发展阶段(1963—1978年)

1966年"文化大革命"的爆发使得社会运转一度失灵,经济发展几乎停滞,生产力水平持续低迷,在这样的社会背景下,长株潭三市的城镇化无法得到进一步发展,只是维持在一个较低的水平,更有甚者,还会出现倒退的现象。在这一阶段,国家还出台了一系列的政策,如土地政策和户籍管理政策,这些政策更加阻碍了城市的发展,也使得区域经济一体化建设受到冲击。在城市,严格按照行政指令分配城市物资资源,导致区域内商业与服务业一度陷入低迷态势,第三产业难以良好运行;在农村,土地不再允许买卖与出租,生产队的土地受到限制,之前高水平的公有化现象也随之消失,农村土地的产权也受到了很大程度上的限制,在这一时期长株潭三市的农村生产力发展水平很低。《中华人民共和国户口登记条例》于1958年出台,这一条例更进一步限制了农村人口的流动,束缚了农民外出务工的自由,剩余劳动力无法输出,农村劳动力严重过剩,增大了城乡差距,导致城乡分化严重,城乡二元体制的形成严重制约了长株潭地区城镇化发展的进程,进而影响了城市群的建设与发展。

第三阶段:城市群格局基本成形阶段(1979—2006年)

改革开放以来,国家相继出台新政策,"引进来,走出去",使得我国政治、经济、社会的面貌焕然一新。国家出台了区域协作和经济区政策。湖南省在1984年建立了"长株潭经济区",以此来响应区域发展政策和国家宏观发展战略。自此以后,长株潭城市群一体化发展正式启动,该区域内的金融改革、组建企业集团、规划选址、规划布局、供水供电、通讯互联等相关产业工程方案逐渐开展。1997年,湖南省又提出了长株潭城市群经济合作战略,随后启动了总体规划,三市利用自身优势,共建共享,进一步走向一体化建设。长株潭三市通过实施"交通同环、信息同享、电力同网、金融同城和环境同治"五个网络规划，使得基础设施的建设得到更进一步的优化。在区域经济不断发展和工业化进程不断推进的过程中，通过实施产业政策的方式，使得长株潭城市群产业结构逐步升级、空间逐步转移。其中，工程机械、电子信息、生物制药是长沙市的主导产业，建材、机械加工、陶瓷、有色金属是株洲市的主导产业，而湘潭的主导行业则是发展机电和钢铁。长沙、湘潭和株洲三市的产业分工现象在2006年开始出现。长株潭产业协调发展，使得长株潭的城市产业结构不断升级。而长株潭的城市群产业的协调发展，又使城市群产业布局在空间上更加合理。

第四阶段：城市群的高速发展阶段（2007年至今）

2007年，长株潭城市群被批准为"国家两型社会综合改革试验区"，长株潭城市群发展被上升到国家战略的高度，开启了长株潭城市群一体化发展的新时期。但是，在快速发展的时期，由于长沙、株洲、湘潭三市的行政区划，为增强各自的发展实力，开始盲目扩张城市发展的规划，使得城市群发展面临的问题更加复杂严峻。因此，长株潭城市群开始对城市群治理体系进行创新和改革，以实现建设"两型社会"的发展目标。作为区域协调组织，湖南省长株潭两型社会建设与改革试验区协调委员会办公室制定并实施了一系列的空间规划，促使长株潭三市形成新的制度空间。在区域一体化进程中，长株潭城市群创新性地规划和建设了滨湖、韶山、大河西、天易以及云龙五大示范区，并把五大示范区细化为十八片区。在产业、社会公共服务、基础设施、城乡统筹规划和生态保护等方面，各辖区各有侧重，互利共存，最终通过区域之间的相互合作来促进整个城市群的一体化建设。

（三）长株潭城市群的城市职能分工与定位

长株潭城市群被划分为核心区、功能拓展区和外围协作区，区域内共计20个县市，各城市在区域一体化建设中都发挥着各自的职能，且城市间差别较为突出呈层级式分布。根据《长株潭城市群区域规划（2008—2020）》各城市定位及发展方向，确定了长株潭城市群各城市职能分工与定位。[1]

---

[1] 《长株潭城市群区域规划（2008—2020）》（2014年调整，http://www.hunan.gov.cn/szf/hnzb/2015/2015nd8q/szfwj_99174/201505/t20150507_4701276.html）。

1. 长沙、株洲、湘潭中心城市功能定位

长沙作为长株潭城市群的核心城市，城市发育相对完善，在地产、服务业、商业、教科文卫、公共管理和社会组织职能方面均较为发达，而在交通运输、制造业、工业等领域职能相对较弱。长株潭城市群以长沙作为发展的核心，向株洲、湘潭两个方向的周边地区有重点、分层次、立体式的辐射，旨在把长沙建设成为区域科技教育研发中心、商业金融中心、物流中心、文化娱乐中心、服务外包基地以及华南国际大都市。(1)立足长沙市高等院校、科研院所以及开发区高新技术企业，不断加快科教研发，最终建设成为湖南省的科技、教育和高新技术服务高地；(2)以芙蓉路为主导，加大力度吸引世界优秀大金融企业在湖南发展，从而打造中部地区世界金融中心；(3)物流产业要注重长沙金霞、空港物流区的建设，特别是加快物流公共信息平台体系、物流高新技术、转运设施、多式联运等的建设；以黄花机场为节点，以空港快速发展为基础，发展多式联运业务，建立高附加值、高时效货物的设施建设；(4)在服务外包产业方面，旨在培育具有地区特色和国际竞争力的品牌，拓宽和扩大长沙的服务外包集聚区，力争把长沙建设成为我国中部地区最大的服务外包基地城市，并成为全国十大服务外包示范城市之一；(5)被称为文化之城、娱乐之都的长沙要利用好自身文化产业资源，让文化产业在丰富的文化资源中迸发，充分发挥政府主导作用，建立覆盖全市、造福全体人民的公共文化服务体系；(6)在城市功能、政府管理、公共服务、经济贸易、人类居住环境、政策制度等方面，紧随时代潮流，面向国际化发展，构建与国际化大都市相匹配的城市功能布局；充分利用自己的优势，努力在经贸方面对接国际化；加快改革政府管理体制的步伐，进一步提高政府的国际管理经验和能力，提高对外交往的密度和能力；进一步开展和实施人居环境质量改善工作；建立多元化公共服务供给系统；保持制度创新的活力，最终接轨国际。

湘潭、株洲是长株潭城市群的次中心城市，与核心城市长沙在地理位置上相距很近，但是作为老牌的工业城市，其所发挥的功能与长沙就大相径庭了。较为突出的如湘潭，其制造业功能优势突出而交通功能、公共管理和社会组织功能较为匮乏，故依托老工业基地，加快发展同制造业相关的物流配送、科技研发、信息咨询、电子商务、金融以及专业服务等生产性服务业。同时，结合自身实际，有重点地建设九华创业创新服务平台，并加快培育园区科技创新服务体系，开发物联网+和服务应用平台。作为湖南的交通枢纽，株洲的交通运输功能则较强，发达的交通运输业使得资金与人口源源不断注入株洲，各方面都取得了良好的发展，但制造业相比湘潭而言还略显薄弱。因此，依托老工业基地及交通枢纽，重点交通运输、物流配送、发展研发设计、职业教育、信息咨询、服装贸易和节能环保等生产性服务业。依托铁路交通优势，构建快捷、方便、互补的物流网络，以石峰物流园区、联商物流建设为中心、株洲神农食品医药物流中心为重点，与长沙、湘潭、兖州、衡阳等地合作建设旅游精品路线，推进实现旅游资源、产品与市场相结合；加快职业教育大学城的建设，使之成为全国著名的职业教育培训基地；加快株洲大桥两岸长江中路中心商务区建设；使之成为国际或国内轨道交通、服装、传统文化等论坛的定期或不定期的举办地。

综上所述，对于长株潭城市群的构成主体，长沙、株洲、湘潭三市未来发展方向的定位如下：长沙市"以高新技术产业为主导，制造业和服务业为主体"，株洲"建设轨道交通设备制造基地，突出有色深加工、化工、陶瓷产业优势"，湘潭"建设先进制造中心、现代物流中心、生态休闲中心"，三足鼎立，充分发挥核心城市的引领带头作用，努力打造中部崛起的"引擎"。

2. 岳阳、常德等地级市的功能定位

在长株潭城市群发展规划中，湖南省政府还提出了以"3+5"为基础的城市群体系概念，即以长沙、株洲和湘潭三个城市为中心，以一个半小时的通勤为半径，增加了衡阳、岳阳、益阳、常德和娄底五个城市，共同构成长株潭城市群。这五个城市在发展建设过程中也都各具特色，发展潜力巨大。如衡阳、岳阳、娄底三市的地产商业科教文卫服务职能较明显，益阳和常德的制造功能、公共管理组织功能较突出，但五市均表现出工业、交通、金融等功能欠发达的情况，工业化进程亟须加快，以期积极培育综合性城市职能，尤其当衡阳、常德的交通枢纽职能得到加强，才能更好发挥其区域中心城市主体和交通枢纽的作用。"3+5"城市群是湖南省交通区位、资源条件和经济发展水平最为良好的区域。湖南在发展布局中的规划是在促进长株潭的经济一体化过程中，同时逐步打造长株潭都市区→长株潭城镇圈→长株潭城市群。这一发展理念与目前长株潭城市群呈现出的城市职能分异和产业化程度由核心向外围递减的阶梯式分布是契合的。

3. 城市群中12个县级市的职能定位

长株潭城市群还包括12个县级市,其中,津市、冷水江、韶山、湘乡4个城市表现出较为明显的功能特征,且符合城市群整体的发展规划。以津市、湘乡为例:津市应在现有发展的基础上,引入区域经济的发展思路,规划未来的发展平台,推行经济结构转型,进行产业升级,紧紧围绕新型城镇化建设,在互联网时代的大背景下,发展好智慧经济,建设成为以内河流域开放型经济、现代服务业为方向的澧水流域中心城市;湘乡制造业职能较为突出,但是商业服务业等旅游配套职能仍有待加强,以把其建设成为长株潭城市群的重要工业基地和旅游休闲城市为目标。其余8个县级市目前还没有明显的职能优势,不能进行有效分工,大多依靠其所拥有的自然资源优势,发展传统型产业。因此,当下城市群内县级市需要解决的问题主要是找准自身职能定位,因地制宜地发展具有自身特色的职能优势,打造一批特色县级市,例如耒阳就可以其丰富多产的煤炭、金属、非金属矿藏品大力发展采掘业,突显能源工业职能。

二 长株潭城市群在国家和区域治理体系中的地位和功能

长株潭城市群是长江中游特大型城市群建设中的"三驾马车"之一,集中国经济新增长极、中西部新型城镇化先行区、内陆开放合作示范区和"两型"社会建设引领区于一身,是湖南经济社会发展的核心增长极。提升环长株潭城市群战略地位及竞争力是实现长江中游城市群和长江经济带快速发展的关键环节,对湖南乃至全国经济社会发展和全面建成小康社会意义重大。

(一)长株潭城市群是我国区域一体化发展、两型社会建设、创新驱动发展的重要"试验场"

2007年12月,长株潭城市群被国家批准为全国"资源节约型和环境友好型社会建设综合配套改革试验区",拉开了两型社会改革试验的序幕。国家要求长株潭试验区实现"三个率先",即率先形成有利于资源节约和环境友好的新机制,率先实现了传统工业化的成功转型,并积累了新经验,率先探索出城市群发展的新模式。长株潭城市群肩负着探索中国科学发展道路的重任，两型试验是湖南绿色崛起的国家动力。

十多年来，长株潭三个城市，特别是长沙市率先大胆创新，走出了一条不同于传统模式的工业化、城镇化新道路。长沙市始终坚持把两型社会和生态文明建设放在总揽全市经济社会发展全局的战略高度，一以贯之加以推进；坚持以制度创新释放绿色红利，建立最严格的生态环境保护制度体系；坚持以技术创新抓产业发展，重点建设绿色低碳循环发展的现代经济体系，被评为全球绿色城市、中国可持续发展模式城市、全国十大生态文明建设示范城市、全国最具幸福感城市。

(二) 长株潭城市群在中部崛起战略中占有重要地位，是推进长江经济带发展的需要

我国东中西部地区经济发展长期处于不平衡状态，致使内陆地区（尤其是中部地区）省市都在积极探索承东启西的发展道路。长株潭城市群一体化的建设发展正是这一探索的体现，并为湖南省及其辐射到的周边省市的经济协调发展提供了新的发展机遇。

长株潭城市群在中部六省建设发展中拥有突出地位，可以从以下几个方面概括：一是长株潭城市群是中部六省经济发展区域的纵向枢纽之一。长株潭城市群作为纵向的重要枢纽，其功能在于向南联通广东，成为中部地区六省加强与东部沿海地区发达省市经济联系的"前哨"；二是长株潭城市群为中部六省经济发展区域的横向枢纽之一。沿湘赣铁路向东约300公里，是以南昌为中心的江西城市网络；沿湘桂铁路与湘黔铁路向西，则联通西南地区经济区。与此同时，现有的106、107、319、320四条国道与正在修建的京珠高速公路构成区域内四通八达的路上交通网络，而航空线路则可联结全国乃至世界，湘江水运经由三市通江达海，拥有便利的交通区位优势，使长株潭城市群成为华南地区经济圈和华中地区经济圈联系的直接枢纽，也成为我国东部沿海地区技术与人才向西部地区转移以及西南地区资源向东部沿海地区流动的必经之地；三是长株潭城市群是中部六省经济发展区域出口通道的中转站之一。独特的地理区位优势，不仅限于四通八达的交通运输网，同时也可直达西部沿海地区的港口，因此也是中部六省经济发展区域持续扩大对外开放的重要出口道。

与此同时，作为长江城市群重要组成部分的长株潭城市群，是中部区域重要的城市群之一。据此，持续推进长株潭城市群的发展既是国家实施

中部崛起战略的需要,也是推动东、中、西部区域协调发展的重要实践。环长株潭城市群是国家"十二五"规划以及全国主体功能区规划确定的重点发展区域,是将长沙、株洲、湘潭作为核心,辐射到岳阳、娄底、益阳、常德、衡阳五市的发展区域。长江中游城市群是长江经济带的重要组成部分,是推进中部崛起战略、全面深化改革开放、推进新型城镇化的重点区域,是贯穿东西、连接南北的重要纽带,在我国区域发展格局中起着重要作用。长江中游城市群是以环鄱阳湖城市群、环长株潭城市群、武汉城市圈为主体的特大型城市群,涉及湖南、江西、广西3省(自治区)31个城市。根据国家发展规划,长江城市群中游将建设互利互惠、开放合作、共享一体化的发展机制,走新型城镇化道路,着力推进城乡、公共服务、生态文明、基础设施、产业"五个的协同发展"。到2030年,长江中游城市群将发展成为中国经济增长、转型升级的重要引擎,成为具有一定国际影响力的城市群。

(三)长株潭城市群成为中部欠发达地区推进新型工业化、新型城镇化的典型示范区

正处于工业化中期阶段的长株潭城市群,具有东部发达地区和中西部地区的发展特点。长湘潭城市群的快速发展,既关系到湖南自身的发展,也是贯彻落实国家中部崛起战略的需要,更是促进东中西区域协调发展的重要途径。积极推进建设资源节约型、环境友好型社会,建设配套综合改革试验,加快长株潭城市群发展,为全国探索资源节约型、环境友好型的体制机制建设提供示范,为中部欠发达地区推进新型工业化、新型城镇化积累经验,为全国探索区域协调发展新模式作出贡献。

三 长株潭城市群现有的治理机制和治理绩效

(一)长株潭城市群现有治理机制

1. 行政主导

行政主导是指政府凭借强有力的行政权力以及雄厚的资本实力,对城市以及区域发展的多个方面进行引规范和引导。一方面,政府使用大量资金来投资大型基建项目,控制企业投资资金的流向;另一方面,政府利用行政权力来制定并进一步实施政策制度的这一做法,间接地促进了区域间各要素之间的流动。例如,政府通过制定产业发展政策,来对企业的投资

方向以及区位选择进行指导，进而推动区域一体化建设的实现。政府行政权力发挥着重要的作用，它主导着"十一五""十二五"期间长株潭城市群中主要项目的投资和建设，这为该城市群的工业化以及城市化奠定了强有力的基础。在政府行政指导下制定和实施的电力、环保、金融、信息和交通方面的"五同"规划，增强了长株潭城市群的基础设施连通性。长株潭高技术开发区和高技术产业走廊的建设布局不仅促进了产业升级和空间转移，而且影响到长株潭城市群的空间布局（见表5—1）。

表5—1　　　　2008年以来长株潭城市群各类空间规划表

规划名称	规划年限	规划范围	规划调控目标
长株潭城市群区域规划	2008—2020	长沙、株洲、湘潭、衡阳、岳阳、常德、益阳、娄底八市行政辖区	合理布局城市群空间、协调城市群内各市发展利益，建设"两型社会"实现城市群区域一体化发展
长株潭城市群生态绿心地区总体规划	2010—2030	长沙、株洲和湘潭三市的交汇地区	科学引导长株潭三市交汇处的生态保护与开发利用
长沙大河西先导区规划	2011—2020	湘江以西，涉及4个区县，15个乡镇	促进高新产业的集聚，统筹城乡发展，建设具有示范带动作用的"两型社会"示范区
长株潭国家自主创新示范区发展规划纲要	2015—2025	长沙、株洲、湘潭3个国家级高新区	实施创新驱动战略，建设创新产业集群，推动大众创业，万众创新
湖南湘江新区总体方案	2015—2025	核心区域为岳麓区15个街道，望城区8个街道以及宁乡县金州镇	提升新区发展水平，促进新型工业化与新型城镇化的融合

资料来源：作者搜集整理。

2. 市场驱动

在城市群的形成和发展过程中，市场起着"看不见的手"的作用，它驱使着人口、资源、信息等要素在区域内自由流动，最终达到资源在城市群区域范围内的优化配置。尽管初期的长株潭城市群区域一体化发展有着很重的行政色彩，但伴随着市场经济的不断发展，人们越来越重视市场在城市群发展中的资源配置的决定性作用。在区域基础设施投资建设方面，投资主体多元化的趋势愈加明显，政府与企业间的投资融资合作方式得到采纳，区域内积极吸纳社会资本，如城际铁路的投资建设就应用了PPP的模式。"投资+总承包"这一模式实现了政府与企业在投资建设重大基础设施时的合作。总之，在长株潭城市群区域一体化进程中，市场发挥着越来越重要的作用。

3. 社会参与

尽管社会参与不能使社会组织及公众直接地参与到法政策及制度的制定过程中，但它可以使社会组织以及公众表达自己的利益诉求，并参与到区域公共问题的治理过程中。近些年，长株潭城市群区域一体化的进程中不断涌现出各方社会力量，尤其是在城市群生态环境保护与治理以及社会公益慈善等领域。但是，社会参与的主体非营利性以及自愿性的特点致使社会参与缺少有效的制度保障以及充足的资金支持，最终致使长株潭城市群在一体化发展过程中的社会参与力量非常有限。

(二) 长株潭城市群治理绩效

1. 经济实力显著提升

长株潭城市群地区生产总值由2007年建设城市群之初的3461.8亿元提高到了2018年的28946.64亿元，占全省76.94%。而作为核心区的长株潭3市实现GDP15796.31亿元，占全省41.98%。[1] 近年来，战略性新兴产业的积极引进使得长株潭城市群的产业布局与结构层次得到优化升级，区域整体竞争力有了显著的提升。

2. 全面推进基础设施建设

长株潭城市群固定资产投资总额在2015年达到了10350.06亿元，占全省的比重高达40%，且投资力度还在不断加大。在交通设施建设上，长株潭城际快速铁路已于2016年12月26日正式通车，三市间交通往来时长缩短至39分钟。此外，区域内广播电视及信息的一体化建设也在加速发展。通过这些重大举措的实施，长株潭城市群的软硬环境均得到极大的改善，城市群的集聚与扩散效应得到强化，同时也促进了三市的多方位

---

[1] 数据根据相关统计年鉴计算。

融合，为长株潭城市群的一体化协同发展奠定了良好的基础。

3. 社会民生和生态环境明显改善

随着长株潭一体化的深入，对民生的影响越来越明显，城镇居民的工资水平也有了显著提高。2015年，长株潭城市群城乡居民人均收入水平分别达到30458元和14307元，比上年分别增长8.4%和9.2%，居民生活得到了很大改善。区域内已顺利启动了大量的安置小区、保障性住房和各类房屋改造项目，各项社会保障体系也不断趋于完善，有力地支持了全省民生工程投资快速增长，为长株潭城市群一体化协同发展提供了内在动力和重要保障。

长株潭拥有世界上最大的城市群绿心。长株潭绿心位于长株潭3市交汇地区，面积522.87平方公里，划定为禁止开发区（263.69平方公里）、限制开发区（198.56公里）和建设协调区（66.62平方公里），生态空间管制分区，实施不同空间管理措施和保护与发展相结合。它不仅是目前国内唯一的大型城市群绿心，也是目前世界上最大的城市群绿心，是此前国际公认最大城市群荷兰兰斯塔德城市群绿心（面积约150平方公里）的3倍多。2011年，湖南省"两型委"提出了《长株潭城市群绿心地区禁止开发区、限制开发区保护标识建议》，组织指导并监督三市政府对禁止开发区进行勘界立桩保护，要求各自设立永久性保护界桩，强制管控，对禁止开发和限开发区定期维护，2013年，湖南省人大还正式颁布了《湖南省长株潭城市群长株潭绿心保护条例》，在全国最早以立法的形式将绿心区域置于法律保护之下，对于保护长株潭城市群的生态环境发挥重要的作用。

4. 一体化建设成效显著

从整体水平看，2003—2015年间，长株潭城市群一体化水平基本实现逐年上升且增幅较大，一体化建设成果明显，空间布局建设、要素流动、体制机制完善均取得进展。从时间特征上看，长株潭城市群一体化建设具有明显的阶段性特征，具体可分为两个阶段：第一阶段是2003—2007年期间，长株湘潭城市群一体化整体水平进展缓慢；第二阶段为2008—2015年，长株潭城市群一体化水平的增长速度明显高于前一阶段。究其根本，一方面，得益于2008年长株潭城市群区域规划的颁布实施，有效地促进了城市群的社会经济发展，逐步改善了城市群的基础设施条件，加快了区域内各方面要素的流动；另一方面，2007年，长株潭城市群上升为国家两型社会综合改革试验区，在这一战略前提下，许多有利于城市群综合发展的政策相继出台，极大地促进了区域一体化的发展。

四 改进长株潭城市群治理的对策与建议

（一）转变城市群治理理念

长株潭"3+5"城市群中，"3"指核心城市长沙、株洲和湘潭，其中，除省会长沙的发展水平较高外，株洲与湘潭的发展水平较之长沙还存在较大的差异，益阳、娄底、岳阳、常德、衡阳五市之间经济发展亦存在一定差距。因此，八市地方政府在城市群治理过程中难免出现观念上的差异，转变治理理念对长株潭城市群治理能力的提升有着举足轻重的作用。一是要强化政府人员的服务理念，以建设服务型政府为目标，把为居民和入驻企事业提供高质量的公共服务作为城市群治理的主要内容，转变政府职能，工作重心要从"管制"转变到市场监管与公共服务上来，构建服务型城市群治理机制。此外，顺应当今时代科学技术的迅猛发展，加快电子政府建设，完善政务公开平台，降低行政成本，为社会提供更为优质的公共服务，进一步提升城市群治理能力。同时，还要强化府际合作理念，只有长株潭城市群内的各地方政府合作起来，才能取得"共赢"，形成合力，共同提升城市群整体实力。

（二）提高城市群治理法治水平

在市场经济条件下，为更好地开展城市群内部合作，有必要进一步完善长株潭城市群政府间合作的相关法律法规，为提高长株潭城市群的治理能力提供法律制度保障。提供立法以明确地方政府在城市群中的职权范围，做到有法可依，依法对城市群进行治理。同时，要加强法治教育，使城市群广大公务员树立法律意识，提高公民个人的法律素养和相关素质，实现高效高质量执法，推动法治建设进程。为避免城市群内有各自为政的现象，要规范和统一城市的地方性行政法规，建立统一的城市群法律法规制度。

（三）加强城市群治理组织建设

目前，湖南省长株潭两型试验区工委为省委派出机构，湖南省长株潭两型试验区管委会为专门负责统筹、协调和指导长株潭城市群"两型社会"试验区改革建设各项工作的正厅级行政机构,两型试验区工委、管委会实行两块牌子、一套人马。2018年,还建立了长株潭城市群一体化发展联席会议制度。但要提高长株湘潭城市群治理能力,还必须在省政府、城市群内相关市政府、社会组织等多个层面上建立制度性的协调管理机构,如长株潭城市群协调发展委员会(小组),进行多层次的协调与互动。该委员会(小组)既是协调机构,更是决策机构,由省长或常务副省长任主任(组长),省政府相关职能部门厅长或主任、城市群内各市市长为委员,增强委员会(小组)的治理能力,有效推进长株潭各市政府之间的协调与合作。

长株潭城市群协调发展委员会(小组)作为协调、决策机构的功能和作用得以更好地发挥有赖于城市群治理机制的完善。第一,利益协调机制,目的在于协调长株潭各市与城市群整体利益,解决好城市群内利益平衡问题。第二,城市政府协商机制,通过定期的会议进行城市间的相互沟通,有利于多方合作的顺利开展。第三,改革和完善长株潭城市群决策机制,从地方政府决策和公众参与两个方面加快政府决策的民主化、法制化和科学化。

此外,提高公务员素质。公务员作为城市群治理的主体,在城市群治理中发挥着不可替代的作用。要实现城市群治理,必须通过公务员对政策的具体执行和落实来实现。同时,城市群的治理能力也与公务员的个人能力和素质密切相关,要完善政府治理水平,必须提高公务员的能力和素质。为此,一要严格公务员选拔程序,择优录用;二要加大公务员培训力度,完善公务员终身学习制度,建立健全公务员终身培训机制,让公务员队伍常学常新,永葆活力;三要进一步完善公务员的绩效考核机制。

第二节 山东半岛城市群

山东半岛城市群起步较早、发展较快,是"十三五"期间国家重点建设的城市群之一,也是山东省实施新型城镇化的主体形态。目前,山东半岛城市群面临着核心城市竞争力不强、城市间协作机制不健全,交通设施不够完善、产业结构不够优化、发展方式不够集约等一系列发展治理问题。这些区域内部具有共性的公共问题，客观上要求城市群内部各城市之间建立协调机制。

一 山东半岛城市群概况

山东半岛城市群东与日韩隔海相望，西引黄河流域，南北紧邻京津冀和长三角两大世界级城市群，既是环渤海地区的重要组成部分，同时也是"一带一路"建设的重要枢纽，在新时期我国区域发展战略格局中具有突出地位。

（一）山东半岛城市群的地理位置与社会经济发展状况

山东半岛城市群位于中国东南沿海，山东中东部，东与日韩隔海相望，北接京津冀城市群，南临长三角城市群，西与中原经济区相邻，具有连接南北、承启中外的重要区位，既是中国重要的出海门户与桥头堡，也是山东省经济隆起地带以及全国重要经济发展极。从空间范围来看，山东半岛城市群最早提出于本世纪初，原范围包括济南、青岛、淄博、东营、烟台、潍坊、威海和日照8个城市，并在《山东半岛城市群总体规划（2006—2020年）》中予以确认。经过十多年的快速发展，尤其是近五年来，在山东半岛蓝色经济区、黄河三角洲高效生态经济区以及省会城市群经济圈和西部经济隆起带等国家和省区域战略的推动下，城市群内部各城市间联系不断增强，泰安、莱芜、德州、聊城、滨州等外部城市与城市群互动日益增多，在《山东省新型城镇化规划（2014—2020年）》将山东半岛城市群范围拓展为包括13个城市（另增泰安、莱芜、德州、聊城、滨州5个城市）。目前，山东半岛城市群形成了济南、青岛、临沂、烟台、淄博、济宁、潍坊7个大城市，枣庄、威海、滨州、德州、聊城、菏泽、东营、日照、泰安、莱芜（已合并到济南）、即墨（已合并到青岛）、新泰（县级市）等12个中等城市，81个小城市和1115个建制镇均衡分布的空间体系。[1] 山东半岛城市群具体范围变化见表5—2。

---

[1] 山东省人民政府：《山东半岛城市群发展规划（2016—2030年）》，第3页。

表 5—2　　　　　　　山东半岛城市群具体范围变化

城市群名称	城市群具体范围	提出时间与依据文件
8 地市山东半岛城市群	济南、青岛、淄博、烟台、威海、潍坊、日照、东营	2005 年《山东半岛城市群总体规划（2006—2020 年）》
13 地市山东半岛城市群	济南、青岛、烟台、威海、淄博、潍坊、日照、东营、德州、滨州、泰安、莱芜、聊城	2014 年《山东省新型城镇化规划（2014—2020 年）》
17 地市山东半岛城市群	山东省 17 个设市区（其中，2019 年莱芜市已合并到济南市）	2017 年《山东半岛城市群发展规划（2016—2030 年）》

资料来源：姬宇：《山东半岛城市群空间范围变化及其竞争力演变研究》，山东师范大学学位论文，2018 年，第 19 页。

　　城市群的发展归根结底是城市群内部经济与人口的发展。山东半岛城市群人口总量较大（见表5—3）、经济基础较好，是东部沿海地区重要城市群之一。2015 年，该地区常住人口 9847.16 万人，实现地区生产总值 63002.3 亿元，地方财政收入 5529.33 亿元，分别占全国的 7.2%、9.3%、6.7%；拥有城镇人口 5613.87 万人，常住人口和户籍人口城镇化率分别达到 57.01%、47.5%；城镇居民人均可支配收入为 31545.3 元，农村人可支配收入为 11882.3 元；工业总产值达到 145964.2 亿元，实际利用外资达 163.01 亿美元。2017 年，该地区常住人口 10005.83 万人，国内生产总值达 72634.15 亿元，地方财政收入 6098.63 亿元，分别占全国的 7.2%、8.8% 与 6.7%；拥有城镇人口 6061.53 万人，城镇居民人均可支配收入为 36789.4 元，农村人均可支配收入为 15117.5 元；工业总产值达到 137440.74 亿元，实际利用外资达 178.57 亿美元。[①]

---

　　① 资料来源：《山东统计年鉴（2016）》、《山东统计年鉴（2018）》（http://www.stats-sd.gov.cn/tjnj/nj2018/zk/indexch.htm）。

表 5—3　　　　　　2017 年山东半岛城市群人口情况表

地区	总人口/万人	土地面积/km²	农村人口/万人	城镇人口/万人	城市人口密度/（人/km²）
济南市	732.12	7998	215.76	516.36	2425
青岛市	929.05	11282	254.84	674.21	1942
淄博市	470.84	5965	140.03	330.81	2475
枣庄市	392.03	4564	167.32	224.71	2887
东营市	215.46	8243	69.49	145.97	672
烟台市	708.94	13852	257.63	451.31	2264
潍坊市	936.30	16143	374.99	561.31	1092
济宁市	837.59	11311	359.16	478.43	1760
泰安市	564.51	7762	222.25	342.26	1731
威海市	282.56	5798	94.77	187.79	1526
日照市	291.65	5359	120.60	171.05	2006
莱芜市	137.60	2246	51.49	86.11	1116
临沂市	1056.34	17191	450.00	606.34	1688
德州市	579.58	10358	257.51	322.07	1725
聊城市	606.43	8984	301.15	305.28	2118
滨州市	391.23	9660	161.85	229.38	1122
菏泽市	873.60	12256	445.10	428.50	2002
全省	10005.83	157901	3944.30	6061.53	1554

资料来源：《山东统计年鉴（2018）》。

山东半岛城市群海洋资源丰富，蓝色经济特色突出。2015 年海洋生产总值约 1.1 万亿元，占全国接近 1/5，海洋装备制造业、海洋生物产业等在全国居领先地位；矿产资源组合良好，石油产量约占全国总产量的 16%，黄金、自然硫、石膏等 30 多种矿产储量位居全国前十位。半岛城市群内集聚着山东省 2/3 的国家级开发区，集聚了包括海尔、海信、青啤、轻骑、浪潮、重汽、胜利油田、齐鲁石化在内的一大批"巨人"型企业；本地区公路、铁路、港口等交通运输的发展在山东省占据重要的地位，胶济铁路横贯东西，济青、京福、潍莱、同三等高速公路四通八达（见表 5—4）；

2017年本地区港口货物吞吐量合计超过15亿吨(见表5—5),约占全国港口货物吞吐量的17.5%,已是中国重要的港口群之一。

表5—4 2017年山东半岛城市群地区公路情况

地区	公路里程/km	高速公路里程/km	二级及二级以上公路合计/km	公路密度(km/100km²)	客运量/万人	货运量/万吨
济南市	12857	488	1397	157	3229	24181
青岛市	16140	808	3278	146	4749	26516
淄博市	11385	206	1559	191	599	19030
枣庄市	8574	164	1190	188	2601	7155
东营市	9207	218	996	107	639	6300
烟台市	19473	558	3606	143	5797	24496
潍坊市	27382	462	4122	170	5968	29579
济宁市	19599	328	2298	175	3875	32654
泰安市	15473	239	1914	199	2986	7769
威海市	7064	165	1522	122	3322	9812
日照市	8676	165	1419	162	2508	9460
莱芜市	4597	140	624	205	186	7526
临沂市	27686	515	3673	161	4985	35083
德州市	22148	476	1759	214	1886	15305
聊城市	19334	291	1664	222	1878	20054
滨州市	16716	281	2084	183	1067	13663
菏泽市	24279	317	2061	198	4873	16130
全省总计	270590	5821	35166	173	51148	304711

资料来源:《山东统计年鉴2018》。

表5—5 沿海主要港口货物吞吐量 (单位:万吨/年)

港口名称	2010	2013	2014	2015	2016	2017
青岛港	35012	45783	47701	49749	51463	51149
烟台港	15033	28680	31971	33027	35407	40058
日照港	22597	31809	35324	36082	38286	40189

续表

港口名称	2010	2013	2014	2015	2016	2017
威海港	2407	7001	7110	7324	7554	7806
总计	86421	118137	128593	134218	142856	151571

资料来源：《山东统计年鉴（2018）》。

（二）山东半岛城市群的形成与发展

城市群形成与发育的过程是各种要素的集聚，城市群的可持续发展需要依靠行政力量推动、市场机制主导、产业集聚支撑、交通走廊拉动、科学规划引导。[①] 改革开放以来，山东半岛城市群凭借区位优势和开放政策，经济总量不断增加，工业化和城市化水平不断提升。可以说，半岛城市群已经成为区域发展的制高点，带动了山东区域经济的整体发展。从公共管理的角度看，半岛城市群内在的发展机制既有经济集聚的主导支撑，也有行政力量的推动规划。具体来说，表现在以下四个方面：

第一，自然区位与区域交通模式的影响。山东半岛城市群的发展得益于自然地理位置与经济地理位置组合的优势，优越的区位条件成为半岛城市群发展的前提。从国际地缘区位来看，山东半岛城市群处在我国以上海为界的北方海岸线的中端，与背面的辽东半岛形成环抱渤海的形势，构成中国北方大陆伸向西太平洋地区的前缘。从国内的区位来看，半岛城市群处于长江三角洲城市群与京津冀城市群之间，是黄河中下游地区重要的出海门户，与这些地区历史上联系密切。胶济铁路沟通东西，津浦铁路（京沪铁路）联系南北，其建成、通车都已逾百年，历史地位早已确立。半岛城市群拥有青岛、烟台、威海、日照等天然良港，不仅促进了这些城市的发展，而且海陆便利更易密切半岛城市群与国内、国际上的联系。综合交通发展奠定了城市群的基础骨架，并随着半岛城市群交通设施的完善，人口、资金和产业等资源沿着交通干线不断集聚和扩散，推动了山东半岛城市群的发展。

第二，产业集聚和对外开放奠定经济基础。工业化和城市化的良性互动，可以有力地推动城市和城市群的形成和发展。半岛城市群地区一直是山东经济发展的核心地区，也是我国重要的经济带，其产生和发展的根本

[①] 方创琳等：《中国城市可持续发展理论与实践》，科学出版社2010年版，第43页。

原因是沿线地区产业快速发展,从而带动了要素之间的流动。这种要素之间的流动,进一步促进了该地区基础设施的发展,提供了要素集聚的便利条件,带来城市规模的扩大,带动周边城市的共同发展。从产业发展来看,改革开放以来山东的国有企业发展颇有特色,先后经历了简政放权、转换企业经营机制、建立现代企业制度、实施国际化经营等阶段。在这些改革中,其特点是通过重点支持大型企业来提高山东经济竞争力。此外,外商直接投资诱发了半岛城市群产业的集聚,实行对外开放政策以来,半岛城市群充分利用区位优势及有关优惠政策,大力改善基础设施,不断扩大对外贸易和利用外资,提高引进技术的科技含量,促进了经济的快速增长,原有城市规模不断扩大,新建了一批小城,城市体系不断完善。产业集聚增强了城市效应,引领了城市空间结构的变化,加强了城市间的密切联系,从而促进了城市群的形成与发展。

第三,政府的宏观调控与政策。在计划经济时期,整个山东省经济发展主要依靠国家投资,由于实行了均衡发展战略,半岛城市群地区的优势地位并不突出。改革开放以来,国家实行了向沿海倾斜的发展战略,山东也开始对胶济沿线、沿海区域进行了重点开发。20世纪80年代,山东省提出"东部开放、西部开发、东西结合、共同发展"的方针,在经济基础较好的半岛城市群地区实行重点开发,大力培植经济增长极和隆起带。90年代初期,山东省调整了外向型经济发展和区域布局,提出了以青岛为龙头,烟台、威海以及济青公路两侧设区布局,全方位招商引资,形成整体对外开放格局。通过实施重点倾斜战略,山东省的要素资源向胶济沿线和沿海地区集聚,促进了山东半岛城市群的发展。在城镇化建设方面,注重城市体系布局的均衡发展、整体发展。在不同发展阶段注重突出重点,如"十五"规划中提出:"强化济南,起到两个大城市的带动作用";在"十一五"规划中提出:"要继续推进城市化发展战略,加快形成半岛城市群都市连绵带";在"十二五"规划中提出:"把山东半岛蓝色经济区打造成为我国海洋经济改革发展示范区、东部沿海地区新的经济增长极";在"十三五"规划中提出:"优化提升东部地区城市群,提升山东半岛城市群开放竞争水平"。差异化的城镇化发展思路,给半岛城市群带来了更多发展机会,也正是这些倾斜政策,使半岛城市群地区得到了快速发展。

第四，行政区划调整与城市空间的发展。市管县体制的实施对于我国城市化起到了很大带动作用。在山东，改革开放以来行政区划调整比较频繁，城市群变动幅度也比较大。在市管县体制的带动下，从1983年开始，山东省掀起了撤县设市的热潮，新设县级市31个，其中青岛、烟台、威海就占15个。2006年年底，山东半岛城市群有8个地级市、22个县级市，已成为山东区域内城镇最为密集的地区。行政区划调整配置了大批新城镇，城市体系规模更完善，奠定了半岛城市群发展的客观基础。20世纪90年代以来，随着经济的快速发展，半岛城市群的城建投资大大增加，通过改善市政基础设施带动新区发展，从而引起了城市范围扩展，城市建成区面积不断增加。

当前，山东半岛城市群已经初步形成以青岛、济南为区域发展的"双核心"、以胶济铁路与济青—青烟—烟威高速等交通干线为基本构架的城市群网络体系，在中国经济格局中占据重要席位。

(三) 山东半岛城市群的城市职能分工与定位

城市群是一个由各个城市相互作用、相互关联、相互依赖的等级系统组成，城市群的城市具有不同层级的作用。在半岛城市群规划出台之前，尽管各个城市的人口规模、经济规模存在很大差别，但它们都是本地区的经济和政治中心，各个城市之间相对独立，在城市职能方面具有非常大的相似性，产业布局上也具有较强的一致性。从城市规模来看，山东半岛城市群内城市按照规模大致可分为三个等级（见表5—6），其中第一类大城市2个，人口规模在300万—500万人；第二类大城市5个，人口规模在100万—300万人；中等城市12个，人口规模在10万—100万人。

表5—6　　　　　　2013年山东半岛城市群等级体系

类别	规模	个数	城市名称
Ⅰ型大城市	300万—500万	2	青岛、济南
Ⅱ型大城市	100万—300万	5	临沂、烟台、淄博、济宁、潍坊
中等城市	50万—100万	12	枣庄、威海、滨州、德州、聊城、菏泽、东营、日照、泰安、莱芜（已合并到济南）、即墨（已合并到青岛）、新泰（县级市）

资料来源：山东省人民政府：《山东半岛城市群发展规划（2016—2030年）》，第3—4页，原表有删减。

城市群的发展就是要对区域内的城市进行"优势互补"的功能定位。根据山东半岛城市群的发展规划，通过优化、整合山东半岛城市群人口、产业、生态环境和城镇空间布局，提高半岛城市群综合竞争力，协调区域内各项资源开发与保护，构筑发达的区域基础设施支撑体系和社会公共服务与保障系统，为城市群发展提供具有高度适应性和开放性的空间载体。因此，城市群中各都市圈与各城市都有着明确的定位，如表5—7所示。

表5—7　　　　　　　半岛城市群"两圈四区"定位分工

都市圈名称	区域定位
济南都市圈	由济南、淄博、泰安、莱芜、德州、聊城6市及滨州市邹平县构成，向中西部腹地延伸的枢纽区域，环渤海南翼具有国际竞争力的科教研发、高新产业基地和国家创新发展高地，黄河中下游地区高度一体化的城镇密集区。
青岛都市圈	由青岛、潍坊2市和烟台市莱阳市、海阳市构成，东北亚地区国际合作枢纽之一，中国海洋产业创新基地，全省发展核心引擎。
烟威都市区	由烟台市区、威海市区、蓬莱、荣成构成，"一带一路"建设的重要节点、中日韩地方经济合作先行区、环渤海地区重要的高端装备制造基地，具有国际影响的滨海旅游度假胜地和高品质生态宜居区。
东滨都市区	由东营市区、滨州市区与利津、无棣等县构成，建设为国家级高效生态经济示范区、全国重要的特色产业基地，培育环境友好型海洋产业，发展现代渔业、油气勘探开发、海洋先进装备制造、环保节能、临港物流、滨海生态旅游等产业，推进黄三角国家农业高新区建设。
济枣荷都市区	由济宁、菏泽市区和枣庄薛城区、市中区、峄城区以及曲阜、邹城、嘉祥、滕州、微山、巨野构成，建设为国家级能源原材料基地、淮海经济区发展高地、国际旅游目的地、西部崛起战略的核心发展区域。
临日都市区	由临沂市区、日照市区以及莒南构成，国际商贸物流中心、国家丝绸之路经济带桥头堡、鲁南临港产业和先进制造业基地、全国知名的红色旅游和滨海旅游目的地。

资料来源：山东省人民政府：《山东半岛城市群发展规划（2016—2030年）》，第17—31页。

作为山东半岛城市群发展战略中具有核心带动作用的"龙头城市"，青岛近年来发展迅速，不论是城市规模还是经济总量都取得了很大的发展,积极朝向建设国家东部沿海重要的创新中心、东北亚国际航运物流中心、海洋产业先行区及国际海洋科研教育中心、国际滨海旅游度假胜地的目标迈进。在自身发展的前提下,积极迎接包括日照、潍坊、威海在内的周边城市的接轨,助推半岛其他城市的发展。

济南积极发挥省会城市的优势,带动济南都市圈的发展。济南作为山东省的政治、文化、教育中心,作为山东中西部及省际区域交通枢纽和经济中心,具有自身的优势产业和大量的高科技人才。近年来,尤其是济南都市圈规划发布以来,济南积极发挥省会城市的带动作用,大力带动周边城市的发展。相关城市也积极配合、回应济南,加快融入"济南都市圈",淄博、泰安、莱芜、德州、聊城、滨州6个城市主管部门和企业都一致采取"早划圈、早进圈"的积极态度,加快融入"济南都市圈"。

日照主动接轨青岛,甘当配角,实现共赢。为了在山东半岛城市群发展战略的大框架下实现日照的跨越式发展,日照市提出了"依托青岛、发展日照"的发展战略,先后下发了《关于接轨青岛融入半岛城市群的意见》《关于接轨青岛融入半岛城市群的实施方案》《关于进一步发展两市交流合作关系的框架协议》等相关政策,以加快推进两市交通联网、旅游联手、信息联通、生态联保、经济和社会联动发展的格局。

潍坊作为环渤海地区重要的骨干城市,与青岛紧密联系,实施了青岛潍坊两市经济一体化战略。为了更好地接轨青岛,增强青、潍两市之间的战略合作,潍坊主动促成了以"合作""创新""发展""共赢"为主题的"(青岛)潍坊周"系列活动,并在活动期间与青岛市签署了《潍坊—青岛战略合作协议》。借助"(青岛)潍坊周"这个平台,两市增进了彼此了解,为进一步合作增添了助力。

威海是宜居城市和生态旅游城市,胶东半岛制造业基地的核心之一。为了积极融入山东半岛城市群并在半岛区域发展中发挥更积极的作用,威海市委、市政府把接轨青岛、融入城市群作为全市的重点工作来抓,成立了由市委书记为组长,市委副书记、市长为副组长,市委、市政府有关部门主要负责人为成员的主动接轨青岛工作领导小组,制定了接轨青岛的工作规划、目标和政策措施,建立了协调推进机制,明确了各部门的工作任务,出台了接轨青岛的考核督察制度。

综合来看,各都市区紧密配合、相互联结形成了有机的城市群。这也是一个经济联系、社会联系及生态联系不断深化的过程。城市群内各城市之间彼此紧密配合，相互渗透，一体化的趋势日趋明显。半岛城市群规划通过明确各中心城市的服务职能以及城市间的分工协作，实现城市资源的整合，进而为打破城市行政空间分割、共同提供区域性公共事务和公共物品奠定基础。在山东半岛城市群规划的推动下，各个城市的区域定位日益明确。

二 山东半岛城市群在国家和区域治理体系中的地位和功能

山东半岛城市群是我国东部沿海重要的城市群之一，凭借其独特的区位交通优势，积极融入"一带一路"建设，立足东盟、日韩，加快提升与欧美合作水平，大力拓展新兴市场，构建对外开放新格局。推进环渤海地区深度合作，全方位提升山东半岛城市群与京津冀和长三角世界级城市群协同发展水平，强化与中西部地区联系，在国家发展中发挥了积极的带动作用。[1]

（一）我国北方重要开放门户

山东半岛城市群具有非常明显的区位优势。它地处东部沿海地区，与朝鲜、韩国隔海相望，既是环渤海地区合作的重要组成部分，也是黄河流域的主要出海门户，是我国北方重要区域之一。在积极申建山东自由贸易试验区的同时，继续强化青岛、烟台、威海等海上合作战略支点作用。山东半岛城市群与朝鲜半岛两国的贸易战略合作已成为半岛城市群对外交流的示范区域。早在2012年，山东省人民政府就提出了《关于在山东半岛蓝色经济区建设中日韩地方经济合作示范区的框架方案》，旨在中日韩多双边经贸合作机制下，依托山东半岛蓝色经济区，发挥毗邻日韩的区位优势，建设中日韩地方经济合作平台、中日韩产业合作高地、东北亚国际航运物流枢纽、中日韩经贸交流会展中心，建设全国面向日韩的地方经济合作示范区，进一步优化对外开放格局。时至今日，山东半岛城市群与台湾、香港、欧美国家的经贸合作不断深化，威海中韩自贸区地方经济合作示范区纳入中韩自贸协定，东亚海洋合作平台永久性会址落户青岛。对外投资合作主要指标连续多年保持全国前列，2018年货物进出口总额达到

---

[1] 山东省人民政府：《山东半岛城市群发展规划（2016—2030年）》，第9—11页。

19302.5亿元。[1] 山东半岛城市群是国家"一带一路"建设的重要枢纽。2016年,《山东省参与建设丝绸之路经济带和21世纪海上丝绸之路实施方案》公布。为加速融入"一带一路"建设,省级确立了首批"一带一路"建设优先推进项目,共210个项目,其中境外项目190个,总投资4500亿元。[2]

为推进与"一带一路"沿线地区互联互通,加快构建"一线串联、六廊展开、双核带动、多点支撑"的空间格局,促进沿海城市和港口紧密互联,协同建设新亚欧大陆桥经济走廊,引领黄河流域参与国际分工合作,并积极推进与东盟、东北亚地区以及欧盟国家的战略合作。加强环渤海地区协作,共同建设省际交界区域协调发展试验区,联合建立环渤海地区合作发展基金,专项用于跨区域基础设施建设、区域利益补偿、生态环境整治等方面,支持区域内国家级经济技术开发区共建合作园区或合作联盟。总体来看,山东半岛城市群开创了陆海内外联动、东西双向开放的全面开放新局面,未来将建设成为中日韩深度合作战略高地、新亚欧大陆桥东方桥头堡、黄河流域龙头城市群,也将作为我国北方重要开放门户。

(二)京津冀与长三角的重点联动区

从地理位置上看,山东半岛的南北紧邻京津冀与长三角两大世界级城市群。因此,山东半岛城市群在谋求自身发展的同时,也在我国城市群与区域治理体系中承担着重要的承接与联动角色。山东半岛与京津冀具有多通道的紧密联系。目前,京津冀城市群中的中心城市北京面临着严重的"大城市病",人口规模过大,外来人口增长过快,给城市基础设施、公共服务体系和城市环境等带来了巨大的压力,造成了城市发展的一系列困境。为积极承接北京非首都城市功能,将聊城、德州、滨州、东营作为承接北京非首都功能疏解和京津产业转移的对接城市,并打造京津冀协同发展示范区。半岛城市群应广泛开展与京津资本、技术合作,努力做好优势产业与京津冀产业之间的分工协作,同时加强与京津冀产业结构调整的密切互动,逐步形成布局合理、错位发展、协作关系紧密的区域性生产

---

[1] 山东省统计局:《2018年山东省国民经济和社会发展统计公报》(http://www.stats-sd.gov.cn/art/2019/3/1/art_6196_4699827.html)。

[2] 山东省文化和旅游厅:《山东参与建设"一带一路"总体构想》(http://www.sdwht.gov.cn/html/2016/szf_0722/35487.html)。

体系。

山东半岛与长三角地区的协调发展正稳步提升。当前，随着东部地区经过多年的高速增长，它的先发及政策优势效应减弱，特别是长三角、珠三角地区的经济发展受土地、资源、劳动成本约束。发展瓶颈已经逐渐显现，产业尤其是制造业的转移已经迫在眉睫。山东半岛城市群因其地理与资源优势，已作为承接长三角地区产业转移的优先选择对象。按照优势互补、协同发展原则，构建与长三角地区合理分工的产业体系，建设面向长三角的优质农产品基地、能源原材料基地、旅游休闲基地和高素质劳动力供应基地。推进与长三角在交通、能源等基础设施建设以及科技、金融、信息平台、生态保护等重点领域的合作，加快构筑一体化的区域综合交通运输体系，着重建设京沪、滨临、沿海等交通通道。推进与长三角在科技要素、人力资源、信用体系、市场准入、质量互认和政府服务等方面的对接，构建统一开放的市场体系。综合来看，山东半岛城市群在主动参与世界级城市群建设，不断拓展合作领域，创新合作机制，提升合作水平，努力在优化提升我国东部沿海地区城镇化格局过程中发挥更大作用。

（三）国家高效生态经济区和蓝色经济示范区

按照山东省区域发展规划，黄河三角洲是"一体两翼"北翼的主体，具有极大的拓展发展空间。2009年12月，国务院通过了《黄河三角洲高效生态经济区发展规划》，黄河三角洲的开发建设正式上升为国家战略。黄三角经济区主要包括山东省的东营市、滨州市全部地区及潍坊市、德州市、淄博市、烟台市部分地区，共19个县（市、区），陆地面积2.65万平方公里，约占山东全省面积的1/6。在产业布局方面，按照产业集聚、城市辐射、园区带动、突出重点、率先突破的发展理念，力主建构"四点、四区、一带"布局。半岛蓝色经济区如今已经成为山东区域发展的重要主题，2011年1月4日，国务院以国函〔2011〕1号文件批复《山东半岛蓝色经济区发展规划》，这是"十二五"开局之年第一个获批的国家发展战略，也是我国第一个以海洋经济为主题的区域发展战略。从空间范围来看，该规划主体区范围包括山东省全部海域和青岛、东营、烟台、潍坊、威海、日照6市及滨州市的无棣、沾化2个沿海县所属陆域，海域面积15.95万平方公里，陆域面积6.4万平方公里。从布局范围而言，该规划按照以陆促海、以海带陆、海陆统筹的原则，优化海洋产业布局与沿海城镇布局，形成"一核、两极、三带、三组团"的总体开发框架。

在"蓝黄"战略的带动之下，实现山东半岛蓝色经济区和黄河三角洲高效生态经济区的融合发展成为新的发展态势。二者对于实现"强强联合、优势互补、互促互带"的区域发展模式起到了积极作用。从这个角度来看山东半岛城市群的未来发展，在宏观上表现为蓝色经济区与高效生态经济区的融合发展，在微观上则表现为城市之间在跨域问题上的协调与合作。半岛城市群以"蓝黄"两区和青岛西海岸新区为依托，以青岛蓝谷等海洋经济发展示范区建设为先导，充分发挥海洋科技、教育和人才优势，整合海洋资源，加强海洋科学研究、技术开发和成果应用，培育壮大海洋优势产业集群，完善海洋经济体系，促进陆海统筹发展，努力开创高效生态经济发展新模式，建设具有较强国际竞争力的国家蓝色经济示范区和高效生态经济区。

(四) 环渤海地区重要的增长极

2015年，《环渤海地区合作发展纲要》发布，山东半岛地区不仅作为环渤海地区合作发展的核心区域和对外开放战略前沿，更是辐射带动整个区域合作发展的重要引擎。充分发挥山东半岛城市群在地理区位与资源禀赋方面的优势，优化经济发展格局，加快产业结构转型升级，促进山东半岛地区优化开发，建设全国科技创新与技术研发基地、现代服务业基地和先进制造业基地，打造具有国际竞争力的经济增长极。

一方面，山东半岛地区凭借区域内部各城市的区位优势，积极参与京津冀协同发展，并加强与中原经济区、江苏沿海地区联系，推动对日、韩等国开放合作。将山东半岛地区建设成为我国北方重要开放门户，全国重要先进制造业、高新技术产业基地和海洋经济示范区，不断提升对环渤海东南部地区的辐射带动能力；另一方面，利用山东半岛沿海港口群的优势，以青岛港、烟台港和日照港为主要港口，威海港、潍坊港、东营港和滨州港为地区性重要港口，为山东省以及中西部地区提供服务。如，青岛港重点发展集装箱干线运输和能源、原材料等大宗物资运输，相应发展液化天然气、商品运输和邮轮运输；日照、烟台等港口重点发展能源、原材料等大宗物资运输和集装箱支线运输，拓展临港工业、现代物流等综合服务功能。综合来看，山东半岛不仅具有连接环渤海与长三角地区的战略节点作用，同时也支持鲁南与苏北打造东陇海重点开发区域。发挥多重国家战略叠加优势，深入实施创新驱动战略，加快建设山东半岛国家自主创新示范区。主动转型、率先转型，着力构建绿色低碳的生产生活方式和空间组织模式，促进人口转移、城镇布局、产业发展与资源环境承载力相适应，将山东半岛城市群建成全国重要的先进制造业基地、高新技术产业基地，在国家创新驱动和转型发展中继续"走在前列"。

三　山东半岛城市群现有的治理机制和治理绩效

在公共管理视野中，城市群发展就是不同城市主体联合供给区域公共物品、解决跨域问题、推进跨域治理实现的过程。山东半岛城市群形成既是城市空间结构、经济要素集聚的结果，也与政府推动、行政区划的调整有着密切联系。在客观形态上，它是城市的集群；在治理上，它是政府基于区域发展需求而建立的跨域推进机制。

（一）半岛城市群的跨域问题

随着经济全球化、区域一体化、社会信息化、市场无界化的发展，公共问题与公共管理模式所面对的社会现实发生了很大的转变，公共问题变得更加依赖于"外部化"和"无界化"，其中跨国或跨行政区划的"跨界问题"大量滋生，并有复杂化、多元化和规模化的发展趋势，因而变革公共管理模式的要求日益凸显。在我国，随着社会转型与体制转轨，那些曾经禁锢于行政区划内的公共问题正逐渐突破管辖区的刚性束缚而向更广阔的区域渗透和释放，从而衍生为错综复杂的区域性公共问题。目前，我国城市群已成为城市与区域呈现的主体形态参与到国内外的城市化竞争中，但与之相伴的是跨区域的公共问题愈发严重与凸显。山东半岛城市群内部各城市虽然在同一省份，但群内各城市之间的合作仍然面临着诸多困境。如地方政府确立的行政壁垒，导致资源配置、产业结构调整的困难；各地在环境治理、区域性大型基础设施建设等方面，都还存在因各自为政而导致的重复建设与资源浪费。在政府之间相互促进的竞争机制下，似乎更多地存在着政府之间的不合作与恶性竞争的现象。半岛城市群的区域治理问题主要体现在以下两个方面：

1. 半岛城市群面临着区域公共物品供给的困境。区域公共问题的解决有赖于适当而有效的区域公共物品提供，"区域公共产品的供给状况及其发展其实从某种意义上讲，反映了对区域公共问题的治理程度及其管理水平"[①]。山东半岛城市群面临的区域公共物品供给困境表现在：第一，区域公共物品的供给不足与供给过剩并存。山东半岛城市群区域公共物品不足主要体现在制度类区域公共物品与基础设施类区域公共物品上。一方面，对于半岛城市群来说，我国宪法涉及有关区域内部合作的规定和条例几乎是空白，法律只是仅仅规范了各级政府管理其辖区范围内的事物，根本没有谈及对于地方政府在横向合作中合作机制的权力与责任分担等问题；另一方面，半岛城市群基础设施类的区域公共产品供给不足现象则更为突出。其中，涉及跨市公交、市际道路、跨区县边界的防洪抗旱、水利灌溉、通信、水务、电力等领域，均存在不同程度的跨区域实施困境。而半岛城市群区域公共物品供给过剩则体现在城市行政区各自为政，基础设施重复建设现象突出，生产资源严重浪费等方面；第二，区域公共物品呈现出"运动式"联合供给态势。半岛城市群在体制不完善、资源配置能力薄弱、联合程度低的情况下，对区域公共产品的供给呈现出明显的"运动式"供给特点。这种短期的、临时性的协同供给机制，无助于区域公共问题的彻底解决，其折射出的是地方政府间的协同行动中长效、常态化、制度化和规范化机制的缺失；第三，区域公共物品供给合作机制的缺失。半岛城市群在加强城市间合作联动方面进行了多方积极探索，并取得了一定成效。但在实践中，半岛城市群内政府间合作推进缓慢，区域内各城市间的互动合作缺乏相应的协调，并未形成迅速良好的城市群互动机制和资源共享及优势互补的一体化发展态势，存在诸如合作层次不高，制度化程度较低；合作内容仅涉及基础设施建设方面，在实质性利益问题上难以达成共识；地方政府间合作意愿不强，合作的领域范围与深度不够等问题；第四，区域公共物品供给财政制度不完善。在区域公共管理过程中，区域内政府依然无法正确处理区域公共产品的财政支出问题，甚至普遍出现"搭便车"心理，把区域公共产品的建设资金作为一项额外负担加以对待，不愿意参与协商和解决。

2. 半岛城市群区域合作障碍。尽管山东半岛城市群区位优势明显，综合交通走廊及对内对外联系的空间格局极佳，人口、经济、城市的总量

---

① 陈瑞莲等：《区域公共管理理论与实践研究》，中国社会科学出版社2008年版，第40页。

规模极大，但是自2004年提出山东半岛城市群发展规划以来，半岛城市群地区并没有出现预想中的城市群迅速联合制定经济发展战略、技术经验快速空间转移、产业结构相互协调、实现要素互补、资源共享的迅速一体化整合发展的态势，迄今为止区域发展一体化的程度仍然较低，实质性融合进展不大。原因在于：第一，半岛城市群面临着诸如核心城市的辐射带动能力不强、城市群之间产业趋同和优化升级的双重压力、资源整合不到位、区域空间协调发展思路不稳定等制约因素。第二，半岛城市群在区域治理中面临着政府推进困难。一方面，省级政府部门存在缺位现象，致使整体发展思路不一致；另一方面，城市群内各政府主体合作意愿不一，总体上处于消极状态。此外，城市群内部市场行政性分割严重，无序竞争和市场壁垒严重阻碍合作。

随着半岛蓝色经济区发展战略上升为国家战略，半岛城市群一体化发展的趋势更加明显，群内城市之间的合作互动愈发重要。与此同时，在全球化的带动下，城市发展的外部环境快速变迁，地方政府不再像过去那样，面临单一的行政问题，而是不断需要解决跨区域、跨行政层级的复杂的行政区域事务。传统的行政管理与公共政策是以针对单一性问题而展开的权责关系为前提的，在面对与回应这些城市化时代多元化的公共议题时往往力不从心。问题的复杂性、政府能力的有限性、政策诉求的回应性，都迫切要求重新审视城市群、大都市区的发展趋势下所产生的跨域问题。在这种情况下，跨域治理成为城市群解决日益复杂的跨区域的公共问题的又一有效途径。在跨域治理中，政府和政府之间，政府和社会组织之间主要的合作性包括寻求信息、寻求调整方案、政策制定、资源互补和基于具体项目的合作等[1]，并以此为基础达成了跨域治理的合作框架（见图5—1）。

(二) 半岛城市群的跨域治理方式

城市群在区域发展中起着关键性的作用，但城市群的形成和发展在国家空间范围内，不仅仅是地理集聚、经济集聚的产物，更是政府的重大决策和发展战略，涉及不同层级政府的制度设计。从政府作用发挥的角度看，政府的制度设计关系到城市间资源的分配、产业的布局和投资、区域

---

[1] ［美］阿格拉诺夫、麦圭尔：《协作性公共管理：地方政府新战略》，李玲玲、鄞益奋译，北京大学出版社2007年版，第62—92页。

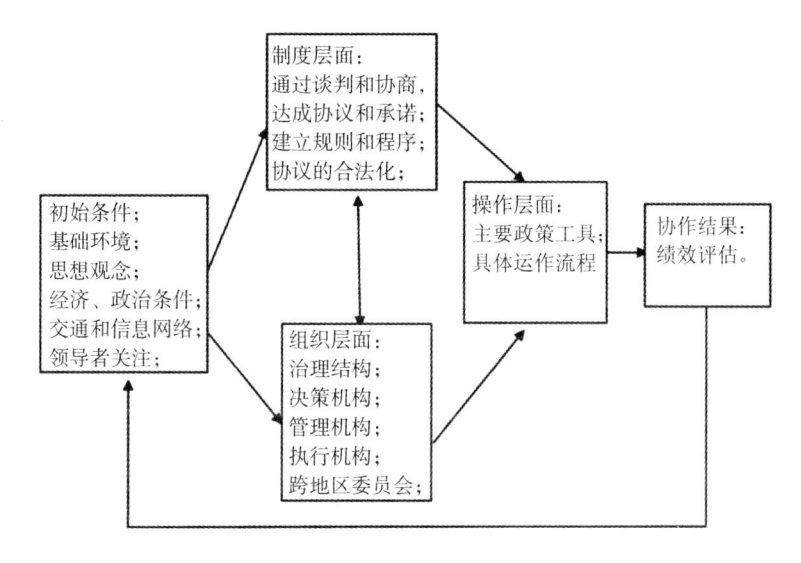

图 5—1　跨域治理的合作框架

资料来源：王佃利：《跨域治理：城市群协同发展研究》，山东大学出版社2018年版，第71页。

性基础设施统一规划的建设等等，在区域性物品的供给过程中，政府力量是城市群协调发展的重要力量。山东半岛城市群的跨域治理方式主要有两种，包括省政府规划引领的诱导性合作以及基于利益共享基础上的城市间自发合作。

1. 省政府规划引领的诱导性合作。跨域治理的目的就在于形成跨行政区划城市群的合作，以实现区域公共事务和公共物品的有效供给。城市群之间的合作考量是各城市之间凭借彼此认可的准则、共有的信念等产生共同的行动。但由于对区域共同利益认知的不同，各主体的共有的信念也是一个逐步发展形成的过程。在合作初期共有利益并不明显时，彼此之间的合作就需要有外力的推动。在单一制国家内部，上级的政治动员和规划引导就是重要的合作实现手段。与国内的京津冀、长三角、珠三角等城市群相比，山东半岛城市群最大的特色就是各个城市都在一省行政区划之内，便于山东省统一安排和推动。在山东半岛城市群形成之初，城市群的合作必要性主要是山东省政府的倡导，各城市并没有很大的动力去寻求合作，合作的形成主要靠自上而下的力量来进行推动，山东省政府就成为最大的推动力量。在"山东半岛城市群"发展战略确定之后，山东省陆续出台各种规划来推动和拓展这一战略,表明了山东省的发展意图,这在山东省发展战略的演变中有明确的体现。山东半岛城市群陆续经历了"一体两翼"发展规划,胶东半岛城市群与省会城市群一体化发展规划,济南省会城市群经济圈规划,山东省的"蓝黄"发展战略,山东半岛城市群"两圈四区"战略构想等一系列发展规划,逐步确立了半岛城市群内部各城市的功能定位与合作方式。总体上看,在这些战略规划的引领下,注重促进城市之间分工与协作,构建多中心、网络化的空间体系,推动山东半岛城市群空间组织模式由轴带集聚向网络化发展转变。山东在区域经济规划方面也不断改变演进,2003年单一的"半岛"宏观概念,已经进化为"两圈四区"复合区域发展态势,标志着山东省在区域发展规划等方面的凝练和统筹达到了一个全新的高度。可以说,目前与国内其他区域的不同在于,山东半岛区域经济已进入板块区域经济发展时代,而这带有鲜明的省政府主导色彩。

2. 利益共享基础上的城市间自发合作。在城市群规划的引领下,城市群内各城市联系日益紧密,相互依赖性不断增强,区域公共事务和区域公共问题也逐渐增多,这就要求城市之间必须联合提供区域公共物品以满足区域发展需求,城市合作的空间和领域越来越大。山东半岛城市群的发展过程中,在省政府的规划明确之后,各个城市政府积极响应,合作的动机也在探索中不断增强。半岛城市群作为山东省的区域发展战略核心,对城市群内各个城市政府产生了很强的推动作用。各个地方政府积极行动起来,相继出台了相关政策。在半岛城市群中,由于青岛与济南的龙头地位,临近两市的各城市积极谋求与之合作,在近十多年的时间里纷纷出现了相关合作政策,择其要者主要有:

2003年10月,日照市下发了《关于接轨青岛融入半岛城市群的意见》,并进一步制订了实施方案。

2004年4月,青岛与日照两市本着互惠互利合作发展的原则共同签署了《关于进一步发展两市交流合作关系的框架协议》,为两地企业进一步加强拓展与合作构筑了互动的平台。

2007年7月,潍坊市为了加快接轨青岛,立足自身的实际主动提出了《关于加快接轨青岛推进改革开放实现科学发展和谐发展率先发展的意见》。

2007年10月,在由潍坊市主动推动举办的"(青岛)潍坊周"期间,潍坊与青岛签署了《潍坊—青岛战略合作协议》。

2008年5月,为了进一步深化青潍合作、加快区域一体化进程,青岛与潍坊两市联合拟定了《关于加快推进青潍一体化发展的指导意见》《推进青潍一体化发展行动计划》。

2008年4月,烟台和威海两市的市政府主要负责人签署了《烟威区域合作关系框架协议书》。

2008年,举办青岛日照合作高层峰会,签署《关于加快推进青岛日照区域合作一体化发展备忘录》。

2009年9月,国家海洋局、山东省人民政府《关于共同推进山东半岛蓝色经济区建设战略合作框架协议》。

2010年2月,青岛市组织人员赴日照市、潍坊市研究探讨推进双方一体化发展的措施和方法,落实《关于加快推进区域合作一体化发展的备忘录》《关于加快推进青潍一体化发展的指导意见》《推进青潍一体化发展行动计划》等。

2011年6月,青岛与潍坊、日照签署《加强区域合作交流推进青潍日城镇组团发展》合作书;7月,青岛市与济宁市签署《全面合作框架协议》,与临沂市签署《关于加快推进区域合作发展框架协议》。

2012年,青岛与山东半岛其他6城市签署了《战略合作框架协议》,形成山东半岛城市区域合作交流新格局。

2013年7月,青岛市与临沂市签署《进一步深化全面战略合作框架协议》。

2013年11月,"山东半岛城市部门战略合作联盟"在青岛成立,联盟成员由青岛市与烟台市、威海市、潍坊市、日照市、滨州市、东营市的发展改革和经济合作部门组成。

2015年10月,青岛市与滨州市签署全面战略合作框架协议。

2015年4月,烟台市牟平区环保局、乳山市环保局以及威海市环保局高区分局共同签订《烟台、威海行政区域边界地区环境执法联动协议书》;黄岛区、日照五莲县、潍坊诸城市环保部门签订《黄岛区行政区域边界地区环境执法联动协议书》。

2015年、2016年、2017年,青岛市、烟台市、威海市、潍坊市、日照市、滨州市、东营市共同签订推进"山东半岛城市旅游区域合作联盟"。

2017年8月，青岛海关与济南海关签署《深化新形势下全方位合作备忘录》。

（三）半岛城市群的跨域治理结构

建构良好的治理结构是跨域治理实现的组织基础。在山东半岛城市群的发展过程中，不仅涉及政府、企业、社会组织等多元主体，而且在政府中还涉及中央与地方、城市与城市之间的关系。在跨域治理中尤其关注城市群政府组织之间的关系，但由于山东省政府的主导作用，自上而下的治理结构仍是其鲜明的治理特征，扮演着重要角色。

1. 自上而下的行政推动机构。根据城市群发展规律，在城市群发展初期，群内各主体联系程度并不紧密，合作动力也不强烈，因此，需要外部的推动力量。在山东半岛城市群建设初期，需要发挥省政府的积极引导作用。在政治动员之外，山东省还通过设立行政机构作为推动合作实现的组织，发挥领导者、制度供给者、监督者和裁判员的角色，推动和引导城市群内部合作与区域公共事务和公共物品供给。以"蓝黄"两区的不断推进与整合协调发展为例。

2005年，在《山东半岛城市群规划》中明确提出：要在"统一规划、加强联系、优势互补、共同受益"的理念下，建立区域协调平台，推进山东半岛城市群区域的一体化。为保证"蓝黄"国家战略的组织实施，国务院明确要求山东省人民政府要加强对规划的组织领导，明确工作分工，落实工作责任，完善决策、协调和执行机制。在山东省内，成立了由省委、省政府主要领导同志任组长的黄河三角洲高效生态经济区规划建设领导小组和山东半岛蓝色经济区规划建设领导小组，还成立了工作推进协调小组和相应的办事机构，并先后在省发改委设立"黄办""蓝办"作为具体的办事机构。2010年，该机构改为"山东省区域发展战略推进办公室"（见图5—2）。在此机构中，不仅设有"蓝黄"两经济区建设指导处，同时还设置了综合协调处，从而使得"蓝黄"两区的推进工作成为统一的整体，实现了跨区域的合作治理与发展。2011年6月，中共山东省委、省政府召开山东半岛蓝色经济区和黄河三角洲高效生态经济区建设工作领导小组第一次会议，按照"谁分工、谁负责；谁分管、谁协调"

的原则，明确提出建设"蓝黄"两区重点工作协调推进制度，明确了省政府分管领导、40个牵头部门和参加部门，设立了11个"两区"建设重点工作协调推进组。以此为标志，"蓝黄"两个经济区在组织管理机制上率先实现了整合，这为两大经济区实现战略对接、产业对接、政策对接奠定了坚实的制度保障体制基础。2018年，"山东省区域发展战略推进办公室"更名为"山东省新旧动能转换重大工程推进办公室"（见图5—3），同时加挂"山东半岛蓝色经济区建设办公室""山东省黄河三角洲高效生态经济区建设办公室"两块牌子，表明"蓝黄"两区的协调发展态势将持续推进。总体来看，自上而下的行政机构对半岛城市群的跨域发展与治理有着极其重要的作用，也是我国当前情境下推动城市群发展的重要治理结构。

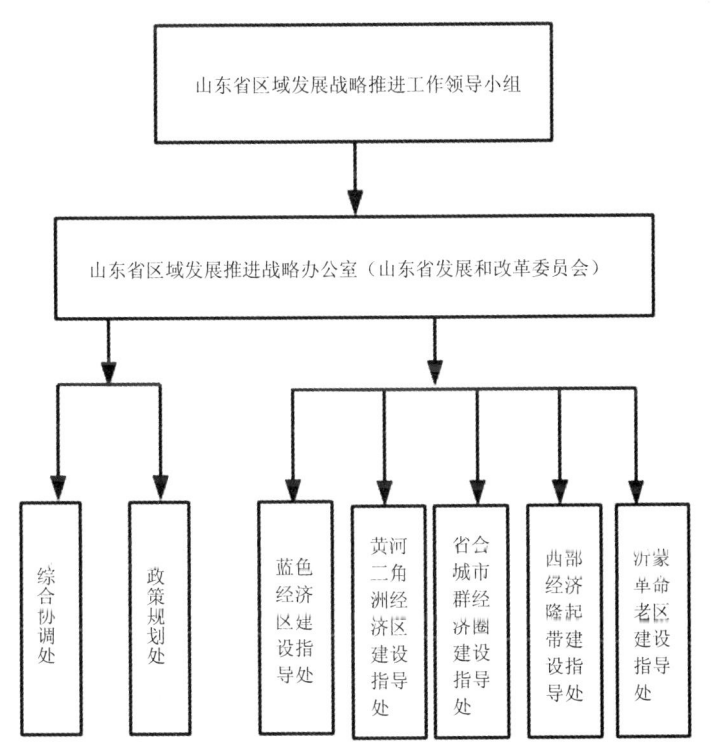

图5—2 山东省区域发展战略推进办公室组织架构

资料来源：刘鹏涛：《山东半岛城市群地方政府合作治理研究》，陕西师范大学学位论文，2017年，第25页。

2. 城市群内初步建立的合作平台。随着山东半岛城市群相关工作的展开，有关部门在城市群内部成立了诸多合作平台，为山东半岛各行为主体的交流合作建构了良好的协商平台。其中，山东半岛城市群人才联盟、制造业基地建设领导小组等组织和机制的建立标志着城市群内合作平台的初步建立。具体来看：第一，成立山东半岛城市群人才联盟。为贯彻省委省政府山东半岛城市群发展战略，促进半岛崛起以及山东省人才的交流与充分利用，济南、青岛两市人才交流服务中心发起了"山东半岛城市群人才中心主任联席会"，山东半岛城市群人才联盟正式成立。该联盟不仅有利于半岛城市群对于人才的留用、引进提供了很好的平台；第二，成立制造业基地建设领导小组。青岛、烟台、威海三市成立由市领导牵头的制造业基地建设领导小组，出台了加快山东半岛制造业基地建设的意见和措施。三市根据各自的地理优势以及产业优势，分别制定了不同的发展规划，促进了半岛城市群制造业的极大发展；第三，城市间自发结成联盟，以避免同质化竞争，谋求合作共赢。以烟威牵手"烟威联盟"为例，2008年4月，烟台、威海两市签署了《烟威区域合作关系框架协议书》，旨在优先建立两市间全方位、多层次、宽领域的交流合作机制，尽可能地减少二者因产业相同、位置相近带来的激烈竞争，从而谋求共赢共荣的合作；第四，成立城市间工作协商机制。半岛城市群内部各城市逐步建立了一系列长效协商交流互访机制，旨在协商重大问题，共谋合作发展大计。例如，青岛与日照建立双方定期交流制度、青烟威三市建立市长联席会议制度、半岛城市高层互访和联席会议制度等城市间工作协商机制，旨在通过上述形式加强沟通协调，提高合作效率，增强城市间的区域合作，走向抱团发展之路。

（四）半岛城市群跨域治理的绩效

城市群公共物品的供给需要多主体的跨域合作才能达成，现实中跨域治理的合作机制难以有既定的、完善的途径，需要经历一个逐步完善的过程。山东半岛城市群的跨域治理，搭建了多维的合作平台，达成了多领域的合作协议，建立了多主体的长效互动机制，推动实施了多种形式的具体合作项目，从而实现了城市群内部各城市之间的合作共赢，也在最大程度上实现了城市群的"良性"协同治理。

1. 多维度合作平台的搭建。目前，承担山东半岛城市群各项事务的

第五章　省内城市群治理报告

```
                    ┌─────────────────────────────────┐
                    │  山东省新旧动能转换重大工程推进办公室  │
                    │  (山东半岛蓝色经济区建设办公室、山东省黄河三角洲 │
                    │  高效生态经济区建设办公室)              │
                    └─────────────────────────────────┘
```

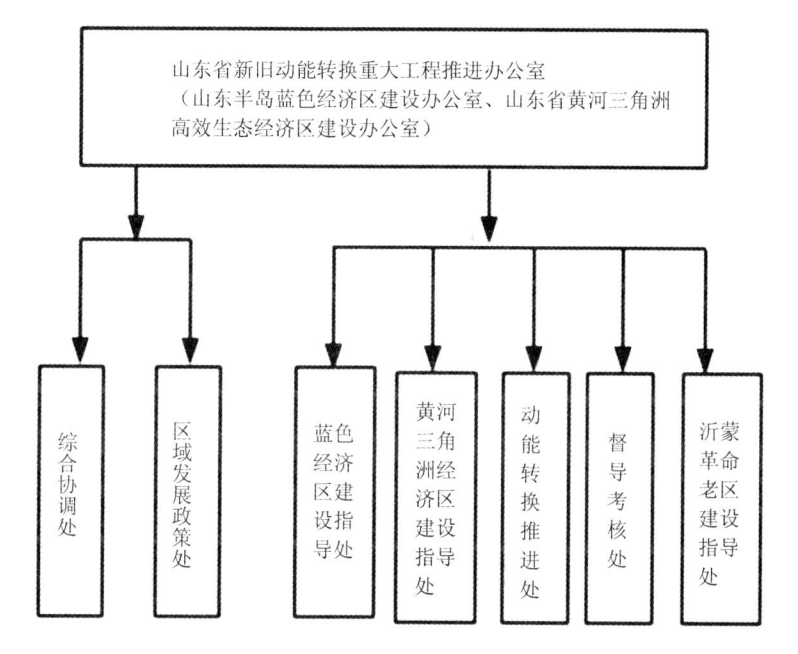

| 综合协调处 | 区域发展政策处 | 蓝色经济区建设指导处 | 黄河三角洲经济区建设指导处 | 动能转换推进处 | 督导考核处 | 沂蒙革命老区建设指导处 |

图5—3　山东省新旧动能转换重大工程推进办公室组织架构

资料来源：作者自制。

组织机构是山东省新旧动能转换重大工程推进办公室，是山东省发改委的内设机构，其前身为山东省区域发展战略推进办公室。在区域规划范围内的各级政府在发改委系统中也分别设立了相应的蓝色经济区建设办公室、黄河三角洲高效生态经济区建设办公室，重叠区的则为"两区"办公室，负责本辖区内类似的工作。这样的行政机制很好地保证了上级政策意图的贯彻执行。各地市政府通过建立市长联席会议制度和协商合作机制，对城市群范围内的重要工作进行统筹规划和整体运作，并通过打造政策、科技两大支撑平台，健全人才、市场、基础设施等支持体系，为山东区域发展提供了发展动力和支撑。中共山东省委、省政府成立了由主要领导同志任组长的山东半岛蓝色经济区规划建设领导小组，设立相应的协调小组和办事机构来具体执行领导小组的指示，各地市积极跟进，加强各项工作的组织领导和机构完善。

2. 多领域合作协议的签订。半岛城市群发展与城市群跨域治理是一个相互强化的过程。近年来，在区域经济一体化的推动下，区域内各地方政府间的合作也取得了一定的进展，并达成了在诸多领域的合作契约。一方面，山东半岛地区内区域经济合作密切。青岛、烟台、潍坊、威海、日照山东半岛五市已正式建立经济金融合作交流机制；青岛和日照围绕"推进一体发展、共赢同城时代"的目标，签订了《关于加快推进青岛日照区域合作一体化发展备忘录》，在基础设施、生态环境保护、文化建设和传媒、社会管理等多方面共同研究制定了一体化的政策措施，开启了两市一体化发展的进程；潍坊市也推出"积极接轨青岛、加快青潍一体化发展"的战略，建立了两市分管领导和有关部门定期协商制度，在共同举办大型经贸活动、承接青岛产业项目等方面开展了许多实质性的合作，签订《青岛—潍坊物流发展合作规划纲要》，初步建立了工业、农业、教育、交通等方面的合作机制；另一方面，山东半岛地区与区域外各省市间的合作交流日益广泛，如与泛珠三角区域的各地市开展交流与合作会议；与长三角的南京、杭州、苏州等城市签署了加强交流合作、促进共同发展的框架协议；在更大范围内还探索与环渤海经济圈的双边互动，并与环渤海多个城市市长共同签署了相关合作发展协议。

3. 多主体互动机制的建立。作为区域发展的主要形式，山东半岛城市群内政府间合作较为密切，在不同层次和领域都有所成效。近年来，在政府部门引导下，企业、社会组织和相关行业协会等非政府部门组织积极与政府间建立起良性互动机制，通过多方面跨地区合作，协同推动区域政府间的合作，打破地区合作发展的藩篱。民间合作交流也日见成效，比如青岛港、日照港和威海港共同出资成立了集装箱合资公司，推动三市跨区域的资源整合；青岛、日照和烟台三大港口签订了区域战略联盟框架协议，通过开展多层面的交流合作，推动区域合作发展新格局；日照印发指导意见，提出发挥社会组织的作用以促进府际合作。成熟广泛的民间组织交流形式，是促进区域政府合作的重要推动力。民间的合作交流是区域政府合作的良好补充和支撑。在半岛蓝色经济区规划通过后成立的蓝色经济区产业投资基金，就是由政府发起，通过企业化运作，捆绑了民间资本和国际资本而成，为区域合作提供资金支持，以整合国内外优质资源、发挥协同效应。

4. 多形式合作项目的实施。自山东半岛城市群发展战略提出之后，与该发展战略相关联的各方主体根据自身的实际情况不同程度地作出了回应，在地、市之间的沟通与合作及区域内的专项合作方面都采取了相应的政策措施和行动规划，并持续推进相关的合作项目。山东半岛城市群内地方政府间借助多种形式展开，主要表现在交通基础设施、跨域旅游、产业合作等多个领域，并取得了较为显著的成效：一是交通基础设施合作。城市群是众多相对独立的城市凭借密集的交通设施网络彼此联结而成的城市集合体，畅通的交通网络设施能够推动城市之间的合作与交流，推动城市群的协调发展。正是由于认识到城市交通网络在城市与城市群发展过程中的重要作用，城市群内各级政府积极加强交通设施的联合建设。如潍坊、日照共建潍日高速，烟台、青岛合建龙青高速，青岛国际机场先后在日照、潍坊和淄博设立了虚拟机场等。二是旅游合作。山东省是我国重要的旅游大省，半岛城市群内旅游资源颇为丰富，其中有国家5A级景区5处、4A级景区33处。[①] 城市群内地方政府凭借丰富的旅游资源与旅游文化优势，通力合作打造城市群精品旅游路线以及统一的城市群旅游营销平台。如，青岛市、烟台市、威海市、潍坊市、日照市、滨州市、东营市，共同成立"山东半岛城市旅游区域合作联盟"。三是产业合作。青岛—日照建立食品、超市联盟，开辟农产品"绿色通道"，丰富城市居民的"菜篮子"；威海同日照就产业对接达成共识，主动做好相关产业的配套服务。此外，城市群内的地方政府在工业项目、高新技术产业、金融服务业及海洋产业领域也开展了合作。四是生态环境治理合作。首先，加强环保交流合作。建成了空气质量自动监测站1个（青岛—日照邻近区域）；其次，联合开展近岸海域监测工作；再次，加强危险废物跨市转移合作和建立健全环境保护合作制度机制；最后，联合制定重大自然灾害应急联动预案，统一规划重大生态工程。五是人文科技合作。山东半岛城市群内的人文科技合作主要表现在各地级市政府同高校科研院所签署合作协议，推动科研成果转化和人才、技术及资源的共享互动。六是社会公共服务合作。政府是社会公共服务的供给主体之一，政府推动城市群发展的最终目的还是在于满足公民的公共服务需求。就现阶段山东半岛城市群的发展而言，地方政府在社会公共服务领域开展的合作主要有济南、青岛等八地市异地就医实现联网结算；济南、青岛协同探索户籍制度改革；普通高校应届全

[①] 姚士谋、周春山、王德等：《中国城市群新论》，科学出版社2016年版，第352页。

日制毕业生（本科生及以上）落户限制全面放开，积极探索积分落户制度等。①

山东半岛城市群的跨域治理在一定程度上解决了地方冲突、无序竞争、重复投资等区域性问题，降低了城市群治理的交易成本，促进了城市群内部城市之间的合作与协调。以跨域治理理论思路反思山东省城市群区域发展战略这一中国式区域治理的典型实践可知，城市群合作发展主要是一种政府干预式的发展模式，突破区域公共物品合作供给困境关键在于如何建立政府干预与市场协调的平衡关系，实现"市场主导、优势互补、互利共赢"。一个统一协调的市场竞争规则，对推动半岛城市群的一体化合作治理机制至关重要。如何通过规则进行治理，是一个需要智慧的问题。由规则造成的问题，还是要从规则自身寻找解决方案。

四 改进山东半岛城市群治理的对策建议

（一）增订有效的法律法规，规范城市群主体的合作行为

由于受各自利益的影响，地方政府之间很难达成一致的意见，在层级鲜明的行政权力体制下，有更高层的政府参与是强有力的协调因素。但是，对上级政府权力及其运行过程的过分依赖，明显增大区域治理的成本。政府通过法令、规章的透明化和执行的程序化去明确和规范人们的行为方向，一旦违犯，行为人将会受到严厉的惩罚。跨域治理理论主张形成区域的多元主体合作机制，参与公共事务治理的主体增多，必然要求相应的法律法规的出台来规范行动者的行为和责任归属问题。首先，要重新修订地方制度法律，增订相关法律条文，将跨域合作制度法律化、规范化和体制化；其次，制定跨域合作的专门性法律，将多元主体之间权力分配问题和资源利用问题以法律的形式确定下来，使地方政府间、政府和其他社会组织之间的合作合法化；最后，制定相应的司法救济文件和冲突解决规范文件，当区域间的合作出现规划内的问题时，可以根据相应的文件进行审查和裁定。为进一步推动山东半岛城市群的合作，应当重视制定配套的区域合作法律法规，规范城市群治理主体的行为，为城市群的合作治理和

---

① 刘鹏涛：《山东半岛城市群地方政府合作治理研究》，硕士学位论文，陕西师范大学，2017年，第27—28页。

发展创造良好的法制环境。

(二) 创建高效的合作模式

以一项城市群合作发展的项目为例，审议、决策和生产的各个环节，都需要城市群成员政府的自觉行动和共同参与。如何突破行政层级障碍，克服因各方资本不等带来的地位差序困境，是实现城市群区域合作治理的首要难题。在组织架构上，建立统一的跨行政区区域协调管理机构，通过建立合作协议及制度，并配备有约束力的政策法规，明确共同的利益目标。在合作规则上，按照非歧视性、市场准入、透明、公平贸易的原则，清理各类法规文件，逐步取消妨碍商品、资本、技术、人力等市场要素自由流动的区域壁垒和歧视性规定，促进市场的发育与完善，优化区域之间的资源竞争，为合作创立良好基础。在非正式合作上，要充分发挥社会组织的桥梁作用，尤其是培育和扶持专业性的社会组织，并提供相应的鼓励和支持政策。

(三) 制定具有约束效力的强制性合作契约

强制性合作契约是层级制在跨域合作中具有正向推动作用的体现。跨域治理成本过大，是地方政府不主动参与的主要障碍，也是互惠策略难以实行的主要原因。如在淮河治污中的安徽省，淮河流域涉及该省 26 个县，其中，有 8 个国家级和 5 个省级贫困县，安徽省"十五"计划建设的 29 个城市污水处理项目，仅落实资金 6.61 亿元，占总投资的 21.2%，其中，23 个县的污水处理厂仅落实资金 2.1 亿元，占总投资的 14.2%。[1] 资金不足使得该省地方政府合作治污"心有余而力不足"。此外，在层级分明的行政权力体制下，地方政府自身合作契约的签订，仍然需要得到中央政府的足够重视。如在"十一五"期间的淮河治理规划中，地方政府与中央政府签订了"责任状"后，各地方政府合作治理行为得到了有效的约束，不合作即"惩罚"。

(四) 完善合作中的吸纳与退出机制

可持续发展的区域合作需要建立制度性的合作规制来保障。这种区域合作规制基本要求有二：激励和惩罚，为合作行为提供足够的激励；对违

---

[1] 人民网：《曾培炎安徽淮河探清浊 十年治淮再论喜忧》，(http://www.people.com.cn/GB/huanbao/1073/2940985.html)。

反合作规制的行为给予充分的惩罚。然而，即使签订了军令状式的"责任书"区域合作并不是强制行为，我们需要选择有利于公共物品提供的合作资源。具体地说，区域合作之间出现分分合合也是其发展规律，合作成员、合作领域并非一成不变。在合作中完善吸纳和退出机制，有利于及时剔除影响合作达成的不良因素，并吸纳新成员。例如，目前长三角的区域规划限定为26个城市，而实际在这些城市的周边还有不少地理位置接近、经济发展程度相似、产业结构相近的城市，这些城市在条件成熟之后，完全可能成为长三角一体化的接纳对象。半岛蓝色经济区规定了6个地级市和2个县为主体区域，其他地方是联动区域，从这个意义上讲，联动区域在条件具备的时候一样可以参与到具体的合作中。

（五）推动地方政府由竞争转向合作

推动政府间的纵向和横向合作，实现协作管理，是跨域治理模式之一。所以，调整政府间关系是关键。首先，中央和地方关系的调整。提供优质的公共服务，是中央和地方政府的共同目标。山东半岛城市群的每一次规划，都得到了中央政府的规范性认可，中央政府也顺势提出了很多指导性的意见，半岛城市群在具体的发展实践中，应该遵循中央政府的宏观指导，结合本地区的具体问题和区域特殊性，推动区域的合理发展。其次，地方政府间关系调整。伴随着全球化政府治理的进行，无论是我国的分权化改革还是西方国家的"竞争型政府"改革和"企业家精神政府"改革，都试图把地方政府塑造成极具竞争力的行政单位，导致地方政府间关系脆弱，严重影响了跨域公共事务的管理。在跨域治理视角下，有必要调整地方政府间的竞争性关系，推动地方政府间的合作。地方政府之间可以通过非正式的政策型伙伴关系、行政契约、共同行动协议等政策工具由竞争隔绝走向相互合作。如山东半岛"两圈四区"战略，涵盖山东省16个地级市以及部分县级市的地方政府，通过建立城市机构联盟和相关协调机构等，可以有效地推动城市群政府间合作机制的形成。

第三节 呼包鄂城市群

呼包鄂城市群是伴随我国改革开放不断推进和社会主义现代化建设深入进行，在当代中国城市化过程中形成的西部民族地区重要的城市群，是内蒙古最具活力与发展潜力的地区，带动着自治区经济、文化和社会各项事业的发展。加强呼包鄂城市群治理能力建设，提升城市地方政府治理能力和水平，对于实现内蒙古和西部民族地区协调发展意义重大。

一　呼包鄂城市群概况

呼包鄂城市群是内蒙古自治区的政治、经济、文化及工业中心，由呼和浩特、包头和鄂尔多斯3个地级市组成，下辖11个市区、1个矿区、15个旗县，总面积13.17万平方公里。2017年，呼包鄂三市地区生产总值10640亿元，一般公共预算收入695.95亿元，常住人口800.3万人，[①]是内蒙古自治区经济社会发展最具活力的核心地区。

（一）呼包鄂城市群的地理位置与社会经济发展状况

呼包鄂城市群位于内蒙古高原中西部的核心区，总体面积较大，西部高原，地势较高，中部山地，崎岖绵延，还有一部分黄河冲积平原区，地势较低。黄河流经呼包鄂城市群南部，地理位置优越，适宜生产生存。交通方面，陆路运输、铁路运输相对发达，这为城市群的发展提供良好的条件。

呼包鄂城市群与西部其他地区相比，拥有优越的区位优势及自然资源条件，城市群通过铁路、公路以及航运与东北、华北，西北地区紧密沟通。优势在于矿产资源丰富，旅游资源丰富，城镇化水平较高，区域内水资源充足。呼包鄂城市群拥有储量1499亿吨的煤炭、7504亿立方米的天然气、1.35亿吨的稀土保有储量，分别占全国总量的17%、31.8%和80%，拥有197300万立方米的黄河配给水量[②]，拥有全自治区60%以上的科研开发机构和75%的科技人员。呼和浩特作为自治区首府，城市群核心城市，以发达的教育、文化、科技、云计算、大数据、电力等方面为主；包头作为工业城市，以冶金、稀土、机械工业为主；鄂尔多斯作为资源型城市，经济发达，主要以采矿业及其衍生行业、农牧业、旅游业为主。

[①] 内蒙古自治区统计局编：《内蒙古统计年鉴2018》，中国统计出版社2018年版。
[②] 参见内蒙古自治区建设厅、北京清华城市规划设计研究院、内蒙古城市规划市政设计研究院编《内蒙古自治区呼包鄂城镇群规划（2007—2020）》，第5、32页。

(二) 呼包鄂城市群的形成与发展

呼包鄂城市群位于内蒙古中部。进入21世纪以来，我国沿海发达地区各省市几乎在相同的时间里分别提出建设各自的城市群或城镇群设想或战略。内蒙古中部地区的呼和浩特、包头、鄂尔多斯三市，国土面积占自治区的11.14%，但GDP却占了全区的一半以上，已经成为区域经济最具活力和竞争力的核心区、增长极、发展极和辐射源。与其他城市群相比，呼包鄂城市群对于内蒙古经济社会发展的意义更为显著，其率先发展是内蒙古经济社会又好又快发展的基础。同时，国家发展战略的定位，这是呼包鄂城市群形成和发展的战略基础。《全国城镇体系规划纲要（2005—2020）》将呼包鄂城市群确定为"潜在城镇群地区"，其中心城市为呼和浩特；《中国西部开发重点区域规划前期研究报告》首次提出要着力构建呼包鄂"金三角"地区，发展成为西部开发的战略支点。正是在这样的国家发展战略背景下，呼包鄂城市群得以孕育、形成和发展。最后，国家能源战略中的地位显著提升，这是呼包鄂城市群形成和发展的现实基础。

纵观呼包鄂城市群的发展历程，可以我们可以将其划分为以下三个阶段。

第一阶段：城市群初步提出阶段（1990—2004年）。20世纪90年代，自治区政府就提出了打造"呼包鄂经济圈"的构想。步入新世纪之初，自治区政府开始以呼和浩特、包头、鄂尔多斯三市为核心，建立特色经济圈。在此期间，恰逢我国第十个五年计划，呼包鄂三市在此期间大力培育重点项目，着力招商引资，三市经济平均增速达到23%。同时，从2004年开始，自治区政府定期召开经济工作会议，对三市的经济协调发展起到了政策导向性作用。

第二阶段：城市群的形成阶段（2005—2012年）。自2005年起，呼包鄂三市的经济水平逐年提高，城镇居民、农牧区居民可支配收入达到或接近发达地区平均水平；城镇化率得到极大提升。据统计，2006年底，呼包鄂三市平均城镇化率达到62%；能源、冶金、农牧等特色产业集群已经初具规模。《2007年中国城市竞争力蓝皮书》显示，呼包鄂三市的竞争增长力并列全国第一名。2008年，工信部复函自治区政府，同意建立呼包鄂地区为国家级信息化和工业化融合创新实验区，呼包鄂三市的发展与国家战略相结合，为呼包鄂一体化发展奠定了基础。2008年年底，自治区政府正式出台《内蒙古自治区呼包鄂区域经济"十一五"发展规划》，提出呼包鄂区域要建立全国重要的以煤、电、天然气、煤化工产业为主导的产业基地，以钢铁、机械、机电装备为主导的冶金及装备制造业基地，以乳业、羊绒制造、畜牧业为主导的特色农畜产品生产加工基地，以制药、电子信息产业为主导的高新技术产业基地，并要在全区起到示范带动作用。

第三阶段：城市群大发展阶段（2013年至今）。党的十八大以来，随着我国现代化、工业化、城市化和信息化的不断加速，呼包鄂城市群进入了大发展阶段。就发展特征而言，呼包鄂城市群呈现出九大趋势：一是经济高速发展，区域整合要求日益强烈；二是城市群尚处于雏形期，规模体系不完善；三是区域发展差异明显，呈圈层分异特点，人口、经济高度集中于核心地区；四是能源需求仍保持高速增长，产量制约因素较多；五是交通滞后成为经济发展瓶颈，基础设施总量不足；六是区域生态环境脆弱，亟须恢复保育；七是核心地区内具有都市区雏形，亟须扩大都市区辐射带动能力；八是区域中心城市辐射强度差异较大，综合性中心与专业化中心并存；九是中心城区面临开发压力，需要建立区域新城进行有效疏解。①

（三）呼包鄂城市群的城市职能分工和定位

呼包鄂城市群涵盖呼和浩特、包头、鄂尔多斯3个地级市，各自分工与职能优势互补，相互协调。

1. 呼和浩特市职能定位

呼和浩特市作为首府城市，其定位是呼包鄂城市群核心城市，聚集了城市群范围内最多的人口，城市发展相对完善，教育、科技、文化、社会管理等方面相对发达，作为核心城市，要对周边城市起到辐射带动作用。呼和浩特乳业的发展位居全国前列；辖区范围内的电厂装机容量位居全国前列；高等教育发展完善，是自治区内拥有高等学府数量最多的地区；高科技、新技术发展迅速，建成完备的云计算、大数据产业基地，致力于打造内蒙古自治区乃至整个西部地区信息化产业龙头。在未来，呼和浩特将

---

① 参见内蒙古自治区建设厅、北京清华城市规划设计研究院、内蒙古城市规划市政设计研究院编《内蒙古自治区呼包鄂城镇群规划（2007—2020）》，第11—27页。

以各大高校、科研院所、高新技术企业为基础，使之成为自治区科技、高新技术产业龙头；作为全区文化中心，有丰厚的文化资源，充分发挥政府的主导作用，建立起覆盖全市、惠及全民的公共文化服务体系，并且要充分利用文化资源，强化文化产业；作为全区政治中心，要加速建立多元供给的公共服务体系，强化制度创新能力，使发展成果惠及全区，更好地为呼包鄂城市群发展提供支撑。

2. 包头市职能定位

包头市要坚持绿色发展理念，做好"中国制造2025"的示范带动作用，大力推进产业的军民融合，建设现代化工业城市；更加科学地利用区域内所蕴含的稀土资源，着力发展新材料、新装备、新冶金等行业；利用新兴企业孵化基地吸引更多的相关人才聚集"草原钢城"，提升自身在国内、国际影响力，进一步提升呼包鄂城市群的竞争力和影响力。

3. 鄂尔多斯市职能定位

鄂尔多斯市作为资源型城市，其特点十分明显，各类资源丰富，羊绒产业发达，旅游资源丰富。鄂尔多斯市未来的发展要摆脱传统资源型城市的桎梏，积极探索绿色、低碳、可持续的发展路径，加快发展新型高新技术产业园区，加快建立装备制造业基地，积极打造资源深加工中心和能源化工产业全国示范基地，从而建设新型资源型城市，实现创新性发展，更好地为呼包鄂城市群的发展贡献力量。

二 呼包鄂城市群在国家和区域治理体系中的地位和功能

国家工业和信息化部已将呼包鄂城市群列为全国首个"两化融合"创新试验区，呼包鄂城市群三市地方政府紧紧抓住这一契机，在推进工业化和信息化融合的同时，进一步推进呼包鄂城市群基础设施的对接和融合，积极参与区域经济合作。

(一) 呼包鄂城市群具有战略支点作用

从地理区位看，呼包鄂城市群处于我国西部经济落后地区与东部沿海经济发达地区的交接地带，通过我国北方地区的北部大通道，直接与经济发达的环渤海经济圈相连。因此，呼包鄂城市群应当而且能够在我国西部大开发、尤其是西北地区开发中发挥重要作用。从我国未来经济发展格局和西部大开发的战略实施看，对大部分西部地区来说（除少数国际化程度较高的中心城市以外），未来对国内沿海经济发达地区的对内开放的重要性，可能远远超过对外开放和国家政策倾斜的作用。因此，要依托和借助国家实施西部大开发的战略，利用地缘优势，努力将呼包鄂城市群培育成为我国西北地区对内开放的战略支撑点，以及作为联系西部地区和沿海经济发达地区的商品物流、人流、信息流聚散的中转枢纽。

（二）面向华北地区的西部中心城市群

呼包鄂城市群从区域层面分析，是未来西北地区与京津冀地区区域合作的门户地区；从国家战略层面看，呼包鄂城市群完全具备发展成为国家级城市群的基本条件。呼包鄂城市群有条件打造为立足内蒙古西部地区、面向华北地区西部以及西北的生产与服务复合中心，从而成为带动中国西部地区发展的中心之一，成为较高层次的服务中心。

（三）内蒙古社会经济文化发展的核心地带和组织中枢

呼包鄂城市群将充分发挥自身的经济和资源优势，成为自治区的经济、社会、文化、科技、教育和行政中心，成为自治区经济发展的核心增长极、重工业中心、新兴产业集聚区和生态良好的城市群，成为自治区对外开放的窗口、吸引国外直接投资和招商引资的首选之地，成为自治区社会经济发展的组织中枢。

（四）自治区产业转型与跨越式发展的示范基地

呼包鄂城市群在自治区内相对优越的自然条件和经济基础，以及其所具有的核心和中枢地位，要求其必须成为全区贯彻落实科学发展观、建设和谐社会，实现自治区产业转型与跨越式发展的示范基地。率先实现现代化，成为对自治区发挥积极影响和示范作用的区域，关键是坚持以增强自主创新能力为中心环节，调整经济结构，转变增长方式，实现可持续发展。

（五）实现西部民族地区全面建成小康社会的排头兵

呼包鄂城市群地方政府深入贯彻科学发展观，按照集聚发展、集约发展、统筹发展、和谐发展和可持续发展的要求，加快推进新型工业化和城镇化，以国土空间一体化布局、城镇体系一体化、基础设施一体化规划、公共服务共建共享为突破口，促进人口生产力布局调整，实现城市群一体化进程，推动产业结构优化升级，增强区域竞争力、辐射力和发展活力，率先在我区我国实现城乡一体化发展，率先在我区我国建成资源节约型和环境友好型社会,率先在我国西部民族地区实现全面建设小康社会目标。

三 呼包鄂城市群现有的治理机制和治理绩效

从2004年至今,经过发展,呼包鄂城市群治理机制基本形成,治理能力也得到一定程度的提升,取得了显著成效。

(一) 呼包鄂城市群现有的治理机制

1. 行政主导

政府的行政力量主导了"十五""十一五"期间呼包鄂三市的重大项目的投资与建设,为呼包鄂城市群的工业化与城市化发展奠定了坚实基础。呼包鄂城市群行政主导的主要特点表现为以下几个方面:一是"1+3"的府际结构,即自治区政府与呼包鄂三个地级市政府的纵向关系,称之为"1",呼包鄂3个地级市政府之间的横向关系,称之为"3"。纵向关系上,容易导致自治区政府的过度干预,影响呼包鄂三市的积极性;横向关系上,虽看似平行,但在某些方面也有不平等,比如城市规模、经济差距等方面,这就会对城市群区域内的相互协调和合作产生不利影响。实际看来,自治区政府推动呼包鄂城市群发展的积极性要强于呼包鄂三市政府。[1] 这主要表现为自治区政府主导的每年定期召开的"呼包鄂经济工作座谈会"。"呼包鄂经济工作座谈会"已经发展成为常规的例会制度,这是呼包鄂城市群在行政主导方面的积极探索。《呼包鄂区域经济"十一五"发展规划》提出了建立联席会议制度和三方会商机制、成立专家委员会、积极开展舆论宣传工作、开展监督、检查、协调工作等方面的建议。此外,呼包鄂城市群还成立有呼包鄂协同发展市长联席会议,每年召开一次,2018年的市长联席会上,呼包鄂三市签署了《推动高质量发展协同合作事项》,通过了《呼包鄂协同发展章程》和《呼包鄂协同发展联席会议制度》等重要文件。这些都充分体现了行政主导在呼包鄂城市群建设中的作用。

2. 市场驱动

从某种意义上讲,政府与市场是城市群发展的两个轮子,各自发挥其功能作用,并随着社会、经济、政治条件的变化而演绎出自己的发展轨

---

[1] 田雨、张彬:《呼包鄂城市群府际合作问题研究》,《内蒙古社会科学》2016年第1期。

迹。市场与政府的作用同等重要，市场机制在充分实现社会资源在各个部门、各个区域间的优化配置、创造出最大化的经济效益方面，具有传统资源配置方式无法比拟的优越性。通过互联网、实体市场、行业协会、产业联盟、论坛会议等多种方式，呼包鄂城市群正在探索建立统一的人才、资金、技术、设备、土地和各种资源等生产要素市场体系，推动生产要素在三市间同城化流动。这对于三市形成优势互补、协作发展的局面发挥了重要作用。

(二) 呼包鄂城市群治理绩效

1. 城市群经济实力显著提升

近年来，呼包鄂城市群区域内的地区生产总值显著提升，人民生活水平明显提高。呼包鄂城市群依托矿产、能源优势而高速发展，积极引进战略性新兴产业，产业布局的优化和结构层次的升级，初步形成了产业分工协作、优势产业集群、现代服务业发展、金融业和总部经济、科技创新能力为主要特征的区域协调发展格局，极大地提升了呼包鄂城市群的整体竞争力，被誉为内蒙古的"金三角"地区，已经成为中国西部地区重要的经济增长极。

2. 城市群基础设施建设全面推进

2018年，呼包鄂城市群的固定资产投资值为4191.74亿元，占内蒙古总固定资产投资值的比重高达41%。在交通基础设施建设上，京藏、京新、荣乌、青银等高速公路和京兰、太中银等铁路横贯东西，包茂高速公路和包西铁路纵穿南北，建有呼和浩特、鄂尔多斯2个国际机场和包头1个支线机场，现代交通枢纽正在形成。与此同时，呼包鄂城市群的信息一体化建设也在快速发展。

3. 城市群民生问题明显改善

自呼包鄂城市群一体化建设以来，对三市的民生影响显著增强，城市群内居民工资水平得到明显提升。2018年，呼包鄂城市群内城镇及农村居民（农牧区居民）人均收入水平分别达到41410元和17638元，分别比2008年增长105.12%、150%，居民生活水平得到显著提高。大批安置小区、保障性住房及房屋改造项目顺利开工，各项社会保障体系逐步完善，为呼包鄂城市群一体化协同发展提供了内在动力和有力保障。

由于呼包鄂城市群覆盖范围面积广阔，而只有呼和浩特、包头、鄂尔多斯三座主要城市,从而带来的劣势明显,主要表现在城市空间连接不完善、城乡发展差距巨大、社会资源和生产要素以及劳动力在城市群区域内流动不畅等诸多方面。此外,呼包鄂三市在各市政府间,甚至各自所管辖区域内的下级政府间在基础设施建设、生产力布局、产业定位等方面各自为政现象仍然存在,在自治区政府层面也缺乏一个权威的协调机构。

四 改进呼包鄂城市群治理的对策建议

(一) 创新城市群治理理念

思想观念影响并制约人们的行为方式以及行动目标,落后的观念会成为城市群一体化进程过程中的阻碍。呼包鄂三市政府所持的管理观念直接关系到城市群治理行为的选择,影响到城市群的治理绩效。

首先,呼包鄂城市群治理应突破观念方面的障碍,树立三市合作"共赢"的发展理念。只有这样,才能充分发挥三市在资源、人才、技术、企业等方面的优势,分工协作,推动资源向优势产业和企业配置,促进强强联合,增强集聚效应,实现优势融合互补,形成各具特色,协调发展的一体化格局。

其次,引入"治理""善治"理念,发挥政府、市场以及社会等多元主体的能动作用。呼包鄂三市政府要从构建公共服务型政府入手,从以管理为主转变为以服务为主,建立一个"小政府、大社会",做区域发展的指导者、协调者和服务者。在公共权力的运行方面,呼包鄂三市政府要通过合作、协调、谈判等方式实施对城市群公共事务的管理。

最后,修正地方政府官员的发展观,建立规范合理的政绩评估体系,引导地方政府及其官员确立科学的发展观、政绩观。

(二) 创新城市群治理组织

在自治区政府层面,目前只有"呼包鄂经济工作座谈会"一个软的协调组织,对地方政府没有权威性和约束力,协调作用有限,限制了城市群的发展。首先,在自治区层面建立权威的城市群协调管理机构。要建立呼包鄂一体化新格局,提升城市群政府间合作的紧密度,首要的就是在自治区层面建立一体化的决策及组织协调管理机构,并且形成制度性、规范化的运行机制。具体的思路是,根据区域利益和各城市利益相统一的原则,建立"中共内蒙古自治区呼包鄂城市群工作委员会""呼包鄂城市群管理委员会"以及"内蒙古人大常委会呼包鄂工作委员会",通过协调和组织,促使各方达成共识,有计划地逐步推进呼包鄂区域一体化进程。

其次,在城市群层面,建立城市群治理机构。在城市群层面创建新型府际合作组织是呼包鄂城市群治理的使然和必然。一是建立呼包鄂城市群合作与协商委员会。建立府际合作组织,可以使三市的各项资源和服务得到合理的配置与流动。在委员会设立常设机构——秘书处,作为呼包鄂城市群合作与协商委员会的日常工作机构;二是设立呼包鄂城市群三市政府间的协作机构。该协作机构向合作与协商委员会负责,受三市行政首长的指导,执行城市群合作与协商委员会的决议,直接提供区域内的公共产品和服务;三是设立呼包鄂城市群区域发展基金会。主要负责对区域共同发展基金进行管理;同时建立利益补偿机制,对利益受损地区给予一定补偿;四是成立"呼包鄂城市群专家顾问委员会",由自治区、呼包鄂三市政府领导,相关专家学者和企业家等组成,将其作为城市群发展的智囊机构。

最后,在社会层面,促进非政府组织成长并利用其完善治理结构。在呼包鄂城市群治理中,呼包鄂三市政府要加大非政府组织的扶持,将微观层面的公共管理职能转交给非政府组织,充分发挥其作用,促进非政府组织成长并利用其协调府际关系。

(三)创新城市群治理体制

城市群的发展必然冲击着原有的传统城市管理体制,因此,推进呼包鄂城市群治理,体制创新势在必行。

首先,中央政府要及时提供有效的城市群治理政策和制度保障。政府应在中央政府的宏观调控下,通过自身努力,遵循制度和市场经济规律,建立一种新型的政府间合作关系。

其次,调整地方政府间纵向关系,促进城市群治理。呼包鄂城市群一体化建设中,在自治区政府、呼包鄂城市群三市政府及其县(旗)政府等各级政府以地方政府间合作为工作重心的前提下,政府间纵向关系的改革自然要以是否符合城市群府际合作的要求为转移。与此相配套,要改革原有的纵向政府间职责配置、纵向政府间财政体制、垂直管理部门与地方政府间的关系。

最后,构建以政府为主导的、多元主体参与的公共治理体系。如何实现有效治理以提升区域发展竞争力，是呼包鄂城市群府际合作治理实践中面临的一大重要课题。

(四) 建立合理的利益协调机制

在城市群中，各级政府都有为自己的城市获取最大利益的动机，正是这种观念造成了城市群区域内的发展混乱。由于地方官员的政绩与经济发展挂钩，所以利益冲突会愈演愈烈；由于城市群区域内的公共服务和产品一般都是跨地区流动的，所以势必造成利益产生"溢出效应"，有些地区获益，有些地区利益受损。因此，发展利益协调机制是必然的途径。合理的利益协调机制包括利益的整合、共享和补偿机制。

首先，建立共赢的利益分享、保障和补偿机制。对于呼包鄂城市群而言，促进城市群内地方政府的合作，必须建立共赢的利益分享机制、利益保障机制和利益补偿机制。

其次，建立有效的城市群府际合作激励机制。呼包鄂城市群作为多方合作机制，需要有效的激励机制来实现具有约束力的合作关系，从而实现各自的目标与利益，为此，呼包鄂城市群府际合作需要根据城市群具体情况探索其有效的合作激励机制。

最后，营造健全的监督机制和问责机制。构建呼包鄂区域发展的城市群府际合作关系，推动呼包鄂城市群经济发展，要形成健全的监督机制和问责机制，奖惩并约束相关各方的府际合作行为。

(五) 完善相关法律制度保障

目前，呼包鄂三市的地方性相关法律法规一般只考虑到各自地区的需要，并没有涉及城市群区域内、城市间政府合作等方面，导致呼包鄂城市群缺乏相关法律保障。从国家层面来看，几乎没有与区域合作相关的法律法规，这就使各地在制定相关法律法规时只考虑自身的利益，忽视整体发展。从城市群自身层面看，目前只有例行的"经济工作座谈会"和"呼包鄂协同发展市长联席会议"，共识的达成往往只有地方领导的口头承诺，并没有法律上的保障，而当具体执行遇到利益方面的问题时，又往往因为分歧太大而无法落实。为了更好地促进呼包鄂城市群府际合作，中央政府、自治区政府和呼包鄂三市政府应该加紧制定并实施有关呼包鄂城市群区域合作的法律法规，为城市群府际合作保驾护航，为城市群的和谐发展提供完善的法律制度，营造良好的法治环境。

第六章 城市群内部的互动机制

随着经济社会的发展,城市公共事务的跨区域性不断增强,单一行政边界下的地方政府已经不能完全有效应对,城市与城市之间的协调合作显得越发重要。我国的区域地方政府协作呈现出"多主体参与、多层次支撑、多领域合作以及多合作区重叠"的特点。作为城镇化的重要载体,城市群发展与府际协作之间密不可分,相互促进。城市群的发展主要体现为一体化、共享式、集约型的发展,能够在空间相连的背景下,实现经济社会资源的高效整合。无论是长三角城市群、珠三角城市群,还是长株潭城市群,在发展过程中都有其共同的发展路径和内部互动机制,对于促进城市群发展具有重要意义。

第一节 府际协议[①]

近年来,学者们越来越关注政府间协议,即府际协议(Interlocal Agreements, ILAs)对公共物品供给的重要意义。地方政府通常会以协议推动合作,如各种合作框架、合作宣言、合作意见等。ICA 的文献通过使用规范的府际协议指标来描述集体行动,实现了对地方政府间合作衡量复杂性的突破,提升了 ICA 框架应用的精确性。府际协议作为城市群地方政府之前达成合作的一种方式,也是城市群内部的互动机制。因此本节主要对府际协议展开研究,介绍府际协议的形成机理、特征、形式以及与社会网络之间的关系。

---

① 锁利铭:《地方政府间正式与非正式协作机制的形成与演变》,《地方治理研究》2018 年第 1 期。

一 府际协议内涵及形成机理

府际协议被看作地方政府的自愿行为,是一种具有创新性的治理安排,也是当代地方政府进行管理的重要特征,刻画了区域协作关系,同时也形式化了地方政府的网络连接[1]。府际协议既可以是行政隶属关系中上下级政府之间的纵向协议,也可以是同级别政府之间或部门之间的横向协议,还可以是级别不同、互不统辖的地方政府或部门之间的斜向协议[2]。

府际协议是两个或更多的地方政府为提供区域公共服务而构建的,对于各成员而言是否参与协议的决策十分重要。如在环境治理领域,环境污染控制、监测与保护无法依靠单个地方政府行动来实现,参与合作协议是理性的行为结果:首先,府际协议允许参与者超越行政边界供给服务[3];其次,府际协议提供了合作者的预期行为信息;最后,府际协议将参与者的决策选择结构化,从而能够带来有效平等的收益分配[4]。正因如此,区域层面涌现了大量的环境合作协议,如"长江三角洲地区环境保护工作合作协议"(2009年),"泛珠三角区域环境保护合作协议"(2011年)"粤桂签署九洲江流域跨界水环境保护合作协议"(2014年)等等[5]。

从府际协议性质来说,制度主义学者将地方政府间的自愿协议看成是实现区域合作或一体化的一种方式,并且府际协议的广泛建立能够使得纵向与横向间政府在没有集权的条件下实现一体化。府际协议的范围相当广泛,从政府部门间的"握手"到精致的合同本签署等都属于府际协议。可以看出协议(Agreements)一词不同于通常理解的合同(Contract),具有更大的范围和灵活性,既有通过法律约束途径的契约,也有通过加深了解的社会关系途径。因此,并不是所有的地方政府间合作都是正式的,非

---

[1] Simon A. Andrew, "Recent Developments in the Study of Interjurisdictional Agreements: An Overview and Assessment". *State and Local Government Review*, 2009, 41 (2): 133—142.

[2] 杨爱平:《区域合作中的府际契约:概念与分类》,《中国行政管理》2011年第6期。

[3] Atkins, P. S. Local Intergovernmental Agreements: Strategies for Cooperation. International City/County Management Association Management Information System Report, 1997, 29 (7).

[4] Heckathorn, D. &Maser, S. "Bargaining and Constitutional Contracts". *American Journal of Political Science*, 1987, 31: 42—168.

[5] 锁利铭、马捷、陈斌:《区域环境治理中的双边合作与多边协调》,《复旦公共行政评论》2017年第1期。

正式的政府间合作可被称为城市之间的非书面协议，这种协议通常是地方政府官员之间的"握手"协议。由于府际协议对需求的善意安排，促进了区域一体化的责任心并不断培育区域共同体组织，促进区域一体化的实现。

二 府际协议特征——以成都平原经济区为例[①]

在 ICA 框架及 Interlocal Agreements 文献中普遍认同的是，将涉及的主体间的共同行动包括正式契约文本、也包括各方之间接触的非正式的方式（如会议、论坛等）等都定义为府际协议。因此，本报告对 2005—2015 年成都平原经济区涉及的八个城市科技局的官方网站上从 2005—2015 年符合上述条件的新闻进行筛选并进行编码，最后得到 93 项府际协议活动。下文对由府际协议体现出来的地方政府行动者在区域合作上表现出来的整体特征从积极性、灵活性、复杂性、拓展性与自主性作出分析[②]。

第一，积极性——协议总体规模与变动趋势。虽然 2006 年开始规划了成都经济区，但是第一个协议的出现是在 2007 年，遂宁市政府与成都理工大学签署的协议，直到 2010 年签订了正式科技合作契约之后，各地间的科技交流合作行动才不断增多。尤其是 2014 年四川省科技厅组织召开了"成都平原经济区建设创新驱动发展先导区工作座谈会"，创新驱动政策推动极大促进了各方之间的交流合作，合作活动达到了 32 次之多（图6—1）。总体来说，合作次数逐渐增多，尤其是省政府对于成都平原经济区创新驱动的规划与政策引导，将更有利于促进各方在科技创新中，加强政府推动力，实现规模收益、资源互补等合作收益。

第二，灵活性——正式与非正式协议结构。正式协议与非正式协议之间的区别是看其是否签署了具有约束力的文本契约，非正式协议包括会议、论坛、访问等活动，这种非正式协议可以通过增强信息交流、相互信任来降低合作的信息成本、监督成本等合作交易成本，相对于正式协议来

[①] 锁利铭、张朱峰：《科技创新、府际协议与合作区地方政府间合作》，《上海交通大学学报》2016 年第 4 期。

[②] 同上。

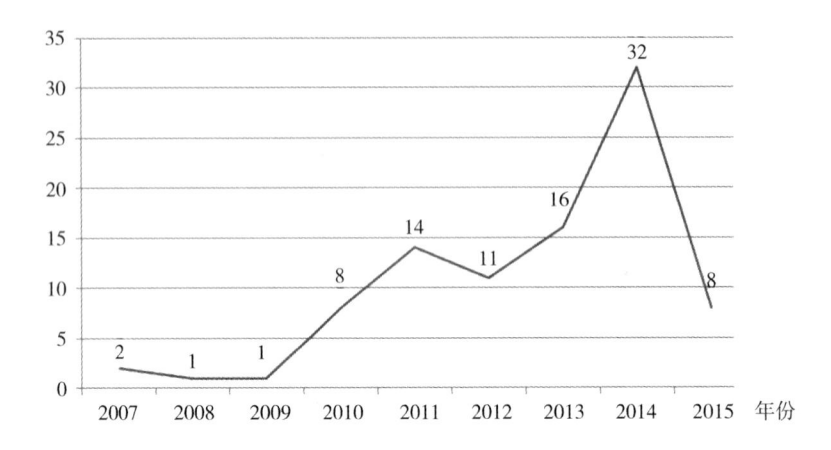

图6—1 成都平原经济区地方政府科技合作协议规模变动趋势

（注：2015年是不完全统计）

说是更为灵活的选择。从目前成都平原经济区的协议来看，93份协议中，非正式协议占据了70%，正式协议占有30%。呈现这种合作高灵活性的原因，一方面是因为科技合作在整个成都平原经济区合作中尚处于较为初步的阶段，各方之间都在探索当中；另一方面，由于科技创新活动往往面临着产出的不确定性，正式合作面临的风险较高，地方政府更愿意采取较为灵活的合作策略[1]。

第三，复杂性——协议行动者规模结构。行动者规模是府际合作的重要特征，因为府际合作受到交易成本的约束，包括谈判成本，也是衡量府际合作行动复杂性的重要指标。同时作为行动者规模的大小决定了其结成的网络内部关系形式与性质[2]。Feiock进一步区分了合作复杂性，即双边、多边与共同行动。双边合作是区域合作中最为常见和简单的形式，这种形式在交易成本耗费中是最低的。共同行动则是包含全体地方行动者的协议，这种行动诉求往往在于其建立共同规则，其行动因为有前期共同规则的确定性和广泛监督，其合作的交易成本也较低。而处于中间状态的多边合作，则需要通过合作伙伴选择、规则建立、网络维系等更多的交易成

---

[1] 马捷、锁利铭、陈斌：《从合作区到区域合作网络：结构、路径与演进——来自"9+2"合作区191项府际协议的网络分析》，《中国软科学》2014年第12期。

[2] Shrestha, M, Feiock, R. C, *The Network Structure of Interlocal Cooperation for Water Midwest Political Science Association Meeting*, Chicago, Illinois, 2006.

本。因此，三种规模中，多边合作是最复杂的形式。从成都平原经济区的府际协议来看，出现了两个较为极端的情况，即双边协议52份，占整体的56%，代表共同行动的八边协议，即共同规则框架占35%，处于中间多边协议仅占9%（三边7%；四边1%；五边1%；六边、七边均为0）。也就是说在此领域中，由成都经济区各城市选择而形成了低复杂性的科技合作协议结构①。

第四，拓展性——行动者地理相邻程度。地方行动的区域合作不仅受到合作共同收益驱动，还受到选择性收益驱动，也就是说从不同地理边界属性的合作伙伴选择中获得更多资源互补的机会与社会资本的累计。集体行动的文献指出地理相邻的区域之间更容易合作。但是除了地理距离，制度距离和组织距离同样影响着合作。而与非相邻区域的合作，对于拓展地方行动者的影响力，发现更合适的合作伙伴，获取在合作中的社会资本收益有着潜在的贡献。从案例来看，双边协议基本上发生在相邻区域之间，在全部的52项双边协议中，地理相邻区域之间的协议有46项，占88%，也说明了成都平原经济区的地方政府在科技创新领域也依然选择了地理相邻的逻辑，并未更多的区域拓展功能。

第五，自主性——上级政府参与程度与层次。ICA框架指出，地方政府在进行合作时，在获得合作收益的同时，地方政府会损失的是地方自主权，地方政府必须在自主权损失和合作收益之间作出两难抉择。对于地方来说，科技创新往往具有较强的正外部性与可移动性，比如技术溢出与创新扩散、仿制等扩散的成本较低，进行原始创新对于区域来说往往形成了囚徒困境，等待他人创新，然后进行模仿。上级政府参与地方行动者之间合作时，或者出于主动或被动地降低合作交易成本与合作风险的政策、规则与平台搭建。从成都平原经济区地方政府科技合作中上级政府参与程度与层次来看，无上级政府参与的协议有59项占全部协议的59.5%，这说明地方政府之间在科技领域的合作还是以自主性活动为主。这与上级政府的政策定位有关，目前科技创新区域一体化走向停留在2010年8个城市自组织定下的框架，上级政府部门对科技创新区域一体化还未形成较为明

---

① 锁利铭、张朱峰：《科技创新、府际协议与合作区地方政府间合作》，《上海交通大学学报》2016年第4期。

确的政策性导向,还是以自愿协议为主。这一点集中体现在创新先导区的定位上,虽然,四川省委书记曾提出过部分区域如天府新区与绵阳科技城作为科技创新先导区试点,但是在具体的一体化战略中,科技创新的一体化并未列在省级层面政策引导的内容之中①。

三 府际协议分类

(一)"正式"协议与"非正式"协议②

1. 正式协议与非正式协议

正式协议与非正式协议之间的区别是看其是否签署具有约束力和权威性的官方文本文件,而府际协议作为地方政府自主协作的工具反映了地方政府协作的自主性的高低,自主性低的府际协作倾向于建立正式协议;自主性高的府际协作倾向于建立非正式协作协议。

2. 正式协作机制与非正式协作机制

根据正式协议与非正式协议的区别可将府际协作对应地分为正式协作与非正式协作(表6—1)。

表6—1　　　　　　　正式协作与非正式协作比较

协作机制	表现形式	约束	自主性	信任要求	主体
非正式协作	领导人访问 区域对话 区域论坛 集体协商	低	高	高	个人
正式协作	府际契约 会议制度 组织章程 制度规则	强	低	低	组织

资料来源:作者自制。

---

① 锁利铭、张朱峰:《科技创新、府际协议与合作区地方政府间合作》,《上海交通大学学报》2016年第4期。

② 锁利铭:《地方政府间正式与非正式协作机制的形成与演变》,《地方治理研究》2018年第1期。

如表 6—1 所示，非正式协作一般为对话式的协作方式，主要表现在地方政府之间的一种轻松灵活的交谈、磋商和互访，包括区域会议、区域论坛、领导人访问、区域对话、集体协商等活动。相对于正式协作机制而言，非正式协作机制对协作成员的约束力较低，主要依赖政府之间的信任和互惠规范维持[①]，这种信任和规范具有凝聚和激励区域成员行为的强大功能，是地方政府互相尊重、共同理解以及信守承诺的协作过程的关键；同时，地方政府拥有更高的自主性，能够在协作过程中考虑到单个地方政府的需求和偏好，为地方政府选择合作伙伴提供了最大的自由，也为地方政府决策提供广阔的协商空间。

正式协作一般为制度性的协作方式，表现为制定会议制度、组织章程和制度规则等[②]，地方政府之间形成严密的组织形式以及一套制度化的议事和决策机制，建立府际间的长期互动机制，对区域协作的机构设置、职责划分、主体类型、主体权利义务、经费来源、人力资源管理、资源优化配置等重大问题进行详细的规定，以此增进互信，减少道德风险与逆向选择，进而建立相互间就合作事宜的互动模式与心理上的互相期望[③]，以期在经过长时间的沉淀之后，可以演变为区域协作主体的价值观、思维方式和工作方式。正式协作机制对协作成员的约束力较强，但组织自主性较低，这在一定程度上保证了协作的确定性，加快了集体决策，但无法反映单个地方政府的需求和偏好。

当地方政府选择与其他地方政府共同采取行动或承诺时，正式协作与非正式协作随之出现。非正式协作是最直接的协作方式，通常情况下，地方政府之间可能因为某项政策建议或某个共同的发展问题，而临时性地集合在一起，如地方政府之间交流学习，共同开展旅游类活动等，待该问题解决完毕或实现了某项目标，协作可能会自然消失。但同时，地方政府也可能会因为某一项非正式协作关系的建立，而与其他地方政府达成长效协

---

① Ostrom, E. *Governing the Commons: The Evolution of Institutions for Collective Action*. New York: Cambridge University Press, 1990, p. 22.
② 王东强、钟志奇、文华:《城市统筹视角下的区域协作体制机制创新研究》,《城市发展研究》2013 年第 12 期。
③ 汪伟全、许源:《地方政府合作的现存问题及对策研究》,《社会科学战线》2005 第 5 期。

议以及长效机制。正式协作关系的建立需要经过长期的信任积累以打破因徒困境,正式协作参与者就具体的合作过程设计、执行以及产出较为详细的描绘限制,并基于互惠和最小成本原则,不断加强这种关系,形成紧密的捆绑结构。

以川渝城市群为例。成都市与重庆早年就基于经济建设和旅游发展互通有无,领导人之间达成了相对稳定的交流和对话,2004年2月4日川渝两省市政府召开合作意向性会议,签署《关于加强川渝经济社会领域合作共谋长江上游经济区发展的框架协议》和6个分领域协议,标志着川渝政府合作真正达成,随后成渝城市群以2011年获批的"成渝经济区区域规划"为依托,逐步开展区域性的合作,发布《关于贯彻成渝经济区区域规划的实施意见》,签署合作会谈纪要以及《关于加强两省市合作共筑成渝城市群工作备忘录》,共同促进丝绸之路经济带和长江经济带建设。可以看出,无论是正式协作机制还是非正式协作机制都对城市之间达成合作起到了良好的引导作用。

3. 正式协作与非正式协作机制演变趋势

根据地方政府协作的信任因素、交易成本、契约风险这三个影响因素的分析,我们将府际协作分为事前协作和事后协作,把正式协作与非正式协作的协作机制作为地方政府协作的政策工具,将非正式协作称为府际协作的前约束、正式协作称为府际协作的后约束,其中非正式协作又可以称为对话性协作,正式协作称为制度性协作,并假设府际协作机制是由非正式协作到正式协作演化的,一个阶段的事后协作又是下一阶段的事前协作,以此循环往复(如图6—2所示)[1]。

协作前期,因地方政府对协作方不甚了解,因此倾向于搜集大量有关协作方协作意愿、协作偏好以及现有的协作状况的信息,并对这些搜集到的信息进行分类、处理和加工,加强对协作方的了解,通过对其过去的经济发展情况以及守诺情况的考量,判断其未来是否会发生背叛行为。同时,协作的各个参与方针对协作的内容、各自的分工、约束机制的建立以及未来的协作形式进行反复的磋商,达成各自满意的协作方式,防止其事

---

[1] 锁利铭:《地方政府间正式与非正式协作机制的形成与演变》,《地方治理研究》2018年第1期。

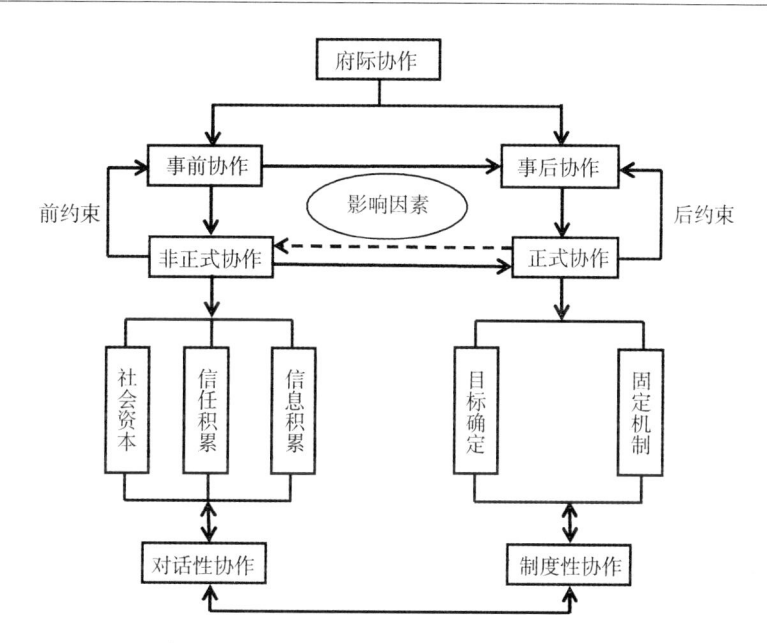

第六章 城市群内部的互动机制　　195

图6—2　正式协作与非正式协作机制演变趋势

前背叛。这一过程中产生的协作的信息成本和协商成本是对未来合作开展的一个保证。研究表明，协作一开始地方政府之间相互搜集的信息情况、参与协作动机及对结果预期的协调和参与方之间协作或冲突的历史，既可以促进也可以阻碍协作[①]。这种信息和预期，直接影响协作双方的信任情况，同时信任作为一个中间变量，进而影响地方政府协作的交易成本和契约风险，从而影响协作机制的选择。因此，在协作前期，地方政府主要通过社会资本的积累、社会信任的积累以及信息的积累来强化府际协作行为，相较于正式协作具有更高的灵活性。

协作后期，地方政府之间有了一定程度上的了解和认知，并且经过协作前期的积累，府际协作具备了信任基础，形成了固定的协作对象和协作机制，达成了统一的协作共识。通过这种信任基础、固定的协作机制以及统一共识，地方政府之间可以克服地方利益的排他性，在相互往来中减少零和博弈，增加双赢的结果，并在后续的协作中不断以协作的

[①] C. Ansell, et al. "Collaborative Governance in Theory and Practice". *Journal of Public Administration Reseach and Theory*, 2008, 18 (4): 544—571.

态度对待协作①。但地方政府仍然防范其选择的代理人或协作机构不按照原本的协作意愿执行协作协议，或者在执行过程中出现机会主义、偏离预计的最低执行成本。因此地方政府倾向于通过正式的府际协议的签订或政府间协调机制的构建防止协作方出现背叛行为。协作框架协议也逐步由浅层次、非均衡的协作转化为深层次的均衡协作，由停留在字面上的规章制度转化为逐渐具备"落地"实施的保障机制②。

据此，为适应现实的协作需要，实现协作收益大于协作成本，作为事前协作的非正式协作随着时间的推进和信任因素的变化逐步转化为作为事后协作的正式协作。就目前来看，地方之间的协作领域不断扩大，从单一的经济领域协作扩展到政治领域协作、环境领域协作、公共卫生领域协作、科教文化领域协作等，每加入一个新的领域，地方政府在该领域就是一个从非正式协作到正式协作路径的演变过程，同时协作范围内，每加入一个协作对象，对该新的协作对象而言也是一个从非正式协作到正式协作的路径演变，因此相对于固定的协作领域，固定的协作对象而言，地方政府的协作机制在微观上是一个从非正式协作到正式协作再到非正式协作的循环过程，每一次事后协作都是下一阶段的事前协作。从宏观上来看，协作领域和协作对象逐步固定，地方政府之间逐渐形成一个大的协作网络，相互之间对参与者未来背叛的可能性有了一个相对准确的考量，彼此的信任度有了一定的保障，交易成本和契约风险也有所降低，这促使地方政府采取更为灵活的合作策略，即非正式的协作机制，以更快更有效地达成协作，实现共赢。同时，在这种宏观情况下，即使新加入一个协作对象或在一个新的领域开展协作，对于地方政府之间的大的协作机制的演变都不构成影响，地方政府协作机制依然以非正式协作到正式协作再到非正式协作机制的路径演变，其演变模型如图6—3所示③。

---

① 杨龙、戴扬：《地方政府合作在区域合作中的作用》，《西北师大学报》2009年第9期。
② 袁刚、张小康：《政治制度创新对区域协同发展的作用：以京津冀为例》，《生态经济》2014年第12期。
③ 锁利铭：《地方政府间正式与非正式协作机制的形成与演变》，《地方治理研究》2018年第1期。

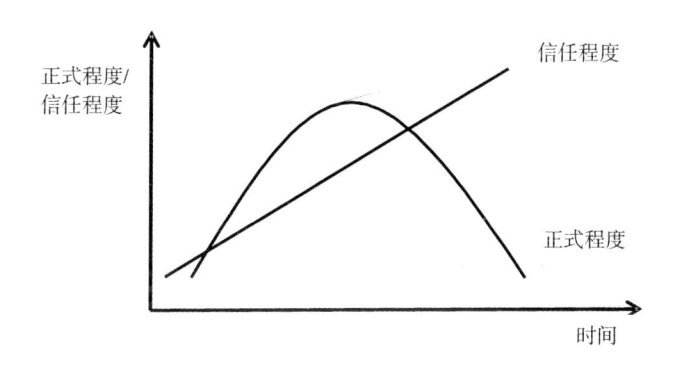

图 6—3 正式程度演变模型

4. 正式协作与非正式协作机制实证分析

四川地处中国西部，是中国重要的经济、文化、工业、农业、军事、旅游大省，是中国第三批自由贸易试验区、中国西部综合交通枢纽、中国西部经济发展高地，长江经济带组成部分。但由于受地理环境和其他因素的制约，四川的经济与其他省市相比还有很大的差距。近年来，四川省不断融入与其他省市的合作圈，包括成渝经济圈、泛珠三角经济合作区等等，这在一定程度上带动了四川省府际协作的发展。

2013年四川省政府工作报告明确提出在"多点多极支撑战略"实施中要"建立健全区域自主合作机制"，同时"建立完善区域经济联席会议制度，进一步推动区域之间的双边、多边合作"，"建立省级层面协调机制，统筹生产力布局，协调解决经济区和城市群发展中的重大问题"。并在《四川省金沙江下游沿江经济带发展规划实施方案》中提出探索研究区域内资源开发的补偿机制、利益分享机制和利益协商机制等，促进区域协调发展。2014年，《四川省人民政府贯彻国务院关于依托黄金水道推动长江经济带发展指导意见的实施意见》提出，在推动长江经济带发展中要"健全相应的工作机构，完善不同层次的协调机制，加强市（州）、省直部门和项目业主的综合协调联动，建立由省发展改革委牵头的长江经济带发展推进工作联席会议制度"。此后，在政府重大决策中，均对加强区域自主合作作出部署。目前，由地方政府层面推动的合作方式主要表现为，各方签署的协议及其落实的活动以及相关的联席会、合作论坛等。

因此，本节以四川省为实证分析案例，在分析过程中，选取"合作"

"协作""区域协作""区域合作""协议"为关键词,在四川省22个地市州人民政府官方网站上检索2007—2016年四川省22个地市州省内的协作新闻以及与省外城市的协作新闻,并对符合条件的协作新闻进行筛选、编码,最后得到324项府际协议,并按照是否签署具有约束力的文本文件为划分依据,将324项府际协议分为正式协议和非正式协议,以此作为正式协作和非正式协作的划分标准。

通过整理分析,可以发现,2007—2016年四川省各城市府际协议的数量随着时间的推移稳步上升,从2007年的7项达到2016年的72项(如图6—4所示),表明四川省各城市的府际协作互动正在逐步加强,这将有利于实现规模收益、资源互补、协调监督等合作收益。

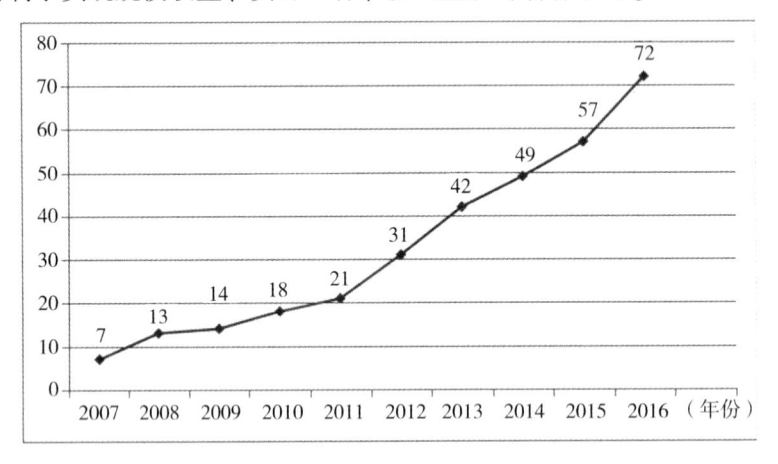

图6—4 四川省各城市府际协议总量变动趋势

从对四川省各城市府际协作的数据整理来看,府际协作的协作机制不是一成不变的,而是伴随着时间推移不断演变的。从图6—5可以看出,四川省各城市的非正式协作机制处于一种稳步上升趋势状态,正式协作机制同样呈上升趋势,但相对曲折。就两种协作机制占整体协议的百分比而言,2011年以前,非正式协议占比呈下降趋势,正式协议占比呈上升趋势,至2011年,正式协议与非正式协议占比出现交点,达到第一个均衡状态;之后正式协议与非正式协议继续不断增多,至2013年达到顶峰(占比最低与占比最高)并出现转折,正式协议占比开始逐步缩减,非正式协议占比开始上升,并于2014年出现第二个均衡(图6—6),之后非正式协议占比跃居正式协议占比之上。

第一阶段为 2007—2010 年，称为协作关系建立阶段。这一时期，区域协作刚刚起步，府际协议逐渐为各个城市所接受，并逐年稳步增长，城市间因初步尝试府际协作，相互之间的信任值较低，并且熟识度不足，对协作对象的信息了解以及协作意愿尚不明确，担心未来协作对象可能会背叛、毁约，同时由于四川省深居西南内陆地区，开放性较低，因此地方政府为规避较高的交易成本和契约风险，无论是在四川省各城市内部展开协作还是与省外城市展开协作都相对保守，抱着试试看的心态达成非正式的府际协议。

第二阶段为 2011—2014 年，称为协作关系巩固阶段。这一时期为府际协作的剧增时期，同时也是正式协议强劲发展的时期。四川省进入"十二五"阶段，国家和省级层面都大力倡导区域合作，给予区域合作相应的制度支持和政策支持，在这种背景下，府际协作的交易成本有所降低，同时，经过第一阶段的尝试，地方政府逐渐认识到府际协作的优势，但仍然存在信息、代理、执行的交易成本，以及协调、分工和背叛的契约风险，因此地方政府倾向于构建主体间的正式契约及激励机制，改变协作意愿，形成集体行动，达成最优协作结构，降低协作交易成本，实现区域协作的帕累托改进。

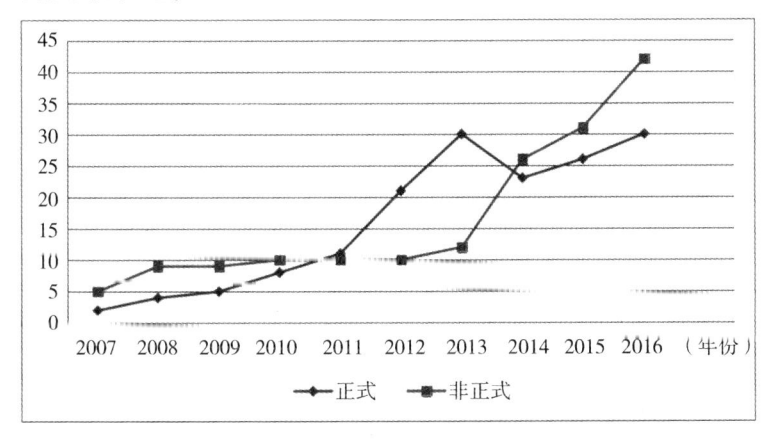

图 6—5 四川省各城市分协作机制的数量演变趋势

第三阶段为 2015—2016 年，称为协作关系升级阶段。这一时期四川省从"十二五"阶段跨入"十三五"阶段，区域层面形成并融入了相对固定的几个合作区，包括成渝经济区、泛珠三角洲合作区等，府际协议总

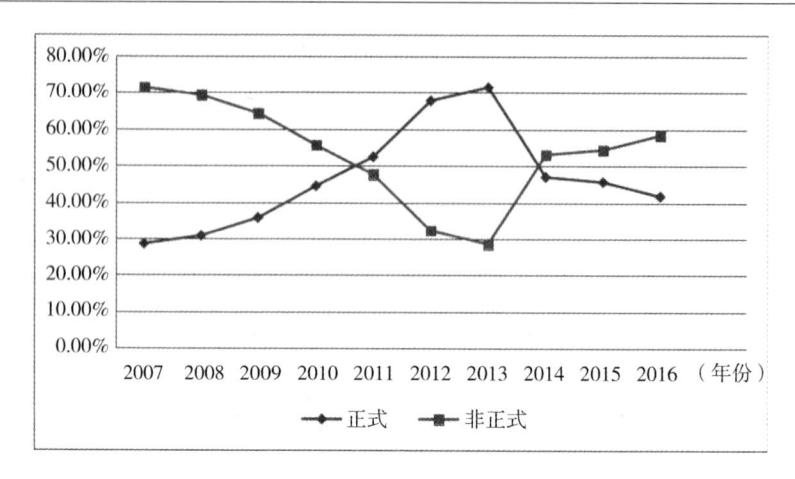

图6—6 四川省各城市府际协作占比演变趋势

量继续增长，非正式协作开始超越正式协作，并扮演主要角色。这一阶段协作方之间对参与者的偏好、信息以及执行效率等有了一个明确的概念，相互之间的协调和分工也形成了共识，也对参与者未来背叛的可能性有了一个相对准确的考量，交易成本和契约风险的降低，促使地方政府采取更为灵活的合作策略，即非正式的协作方式。

综合三个阶段发展情况，可以看出，四川省各城市区域协作机制的发展趋势是由非正式协作到正式协作再到非正式协作的过程。同时，处于协作关系升级阶段的四川省表明，制度性安排以及自上而下的政策建议，对于降低协作风险具有显著作用，这种风险降低主要通过外部监督和政策强制来实现，即在府际合作行为中促进惩罚违约行为的制度安排和政策发布。同时，我们仍然发现，虽然四川省各城市的正式协作数量逐渐降低，非正式合作数量逐渐上升，使四川省进入一种良性循环的府际协作时期，但是四川省各城市的正式协作较为稳定，暂未出现大幅度缩减。

（二）"双边"协议与"多边"协议①

根据区域合作过程中地方政府之间签订协议的数量，可以将府际协议分为双边协议与多边协议。多边协议（multilateral agreement）与双边协议（bilateral agreement）的区别体现为在多边协议中地方政府之间只要通过

---

① 锁利铭、马捷、陈斌：《区域环境治理中的双边合作与多边协调》，《复旦公共行政评论》2017年第1期。

一项协议就能协调政策偏好，而不是通过一系列的协议；同时多边协作的议题复杂性程度更高，而区域性组织承担的协调功能程度更高。

这两种府际协议的本质区别在于合作风险和不确定性的差异（见表6—2）。双边协议是最直接的合作方式，双边关系的建立需要通过长期的信誉累积以打破囚徒困境，对于环境治理，则需要面临高投入、高风险的决策。通常双边协议参与者会就具体的合作过程设计、执行权威以及产出要求进行较为详细的描绘限制，而一旦双边协作关系构建起来，基于互惠和成本最小原则，合作双方会不断加强这种关系，在网络中就是形成紧密的捆绑结构。由于双边关系需要一定的既有信誉基础，建立后又会不断加强彼此的连接，因此双边关系既不容易建立，也很难打破，可以称之为捆绑互惠的强网络关系。

表6—2　　　　　　　　　　府际合作的协议类型

	双边协议	多边协议
研究者	Coleman（1988） Putnam（1995）	Granovetter（1973） Burt（1992；2005）
核心观点	信任、互惠与声誉构建	有效的信息交换
风险	高风险	低风险
核心网络关系	捆绑互惠	协调共赢
协议类型	限制型	适应型
网络结构	紧密网络（强连接）	松散网络（弱连接）
网络概念	社会资本	结构洞

资料来源：作者自制。

多边协议涉及更多的参与者，双边协议是个体的最优选择，相比多边协议这种合作交易成本最小，而多边协议则是整体最优。如环境议题的最终目标是多边合作，只有多边合作才能实现最大空间的污染控制和环境保护，所以迫切需要寻求区域整体的环境合作格局。但是难点在于多边关系的协调成本较高，搭便车风险更大。环境问题如雪堆博弈，只有当参与人和博弈次数达到一定规模才能实现合作优于背叛。以地理空间划分的区域格局促成不断扩大的合作网络正是长期解决环境问题的重要途径，如合作区从珠三角到泛珠三角，从长三角到长江经济带，从京津冀到周边地区，都是由于环境问题的空间扩散和外部性本质决定了多边合作的必要性。多边合作网络中"明星"网络是最有效的供给资源和信息的结构，处于核心地位的明星成员能够管理关键信息和重要的资源，能够有效地解决环境治理中的资源分配、信息传递、冲突解决等问题①，也就是说明星成员能够实现整个环境合作中的利益分配和冲突协调。

四 府际协议与合作网络

府际协议成为制度性集体行动理论及其应用的重要分析单元，被看作地方政府基于交易风险判断下的最小化不确定性决策②。任何一项府际协议都是二元或多元关系的体现，是协议各方自愿互惠的行为结果，所以，府际协议刻画了区域合作关系，同时也形式化了地方政府的网络连接③。

地方政府网络基于合作的风险程度和合作机制减轻风险的能力建立了非正式合作关系或正式契约伙伴④，府际协议（Interlocal Agreements，ILAs）成为刻画这种合作机制的有形关系载体⑤，地方政府通常会以各种合作框架、合作宣言、合作意见等等⑥推动合作，这些形式多样的协议统称为"府际协议"⑦。任何一项府际协议都是二元或多元关系的体现，是协议各方自愿互惠的行为结果。另外，由于府际协议涉及大量的活动和特定

---

① Heclo, Hugh. Issue Networks and the Executive Establishment. In The New American Political System, Anthony King, Washington. DC: American Enterprise Institute, 1978, 87—124.

② Feiock, R. C. &J. T. Scholz, eds. Self - organizing Governance: Collaborative Mechanisms to Mitigate Institutional Collective Action Dilemmas, NY: Cambridge University Press, 2010.

③ 锁利铭、阚艳秋、涂易梅：《从"府际合作"走向"制度性集体行动"：协作性区域治理的研究述评》，《公共管理与政策评论》2018 年第 3 期。

④ Feiock, R. C. The Institutional Collective Action Framework. Policy Studies Journal, 2013, 41 (3): 397—425.

⑤ Simon A. Andrew. Recent Developments in the Study of Interjurisdictional Agreements: An Overview and Assessment. State and Local Government Review, 2009, 41 (2): 133—142.

⑥ Thurmaier, Kurt, Curtis H. Wood Interlocal Agreements as Overlapping Social Networks: Picket - Fence Refionalism in Metropolitan Kansas City. Public Admininstration Review, 2004, 62 (5): 585—596.

⑦ Feiock, R. C. &J. T. Scholz, eds. *Self-organizing Governance: Collaborative Mechanisms to Mitigate Institutional Collective Action Dilemmas*, NY: Cambridge University Press, 2010.

的参与组织,因而反映地方政府之间的"互惠形式"[1],这一点是十分重要的。在一个社会资本富裕的环境中,协议关系的构建能够促进信息和机会的互惠,各方就共同问题进行协商讨论,那么机会主义风险就会降低,有利于形成一系列彼此包容的偏好[2]。制度性集体行动框架指出了地方政府自主协作治理网络的多样性,进一步区分了府际协作的复杂性,包括从规模、议题、类型等角度对府际关系进行细分,并推断这些关系的形成机制[3]。

地方政府网络行为是理性决策的结果,地方政府在不同领域的合作决策都是在自身利益的驱使下形成的自组织网络关系,府际协议实现了自组织网络关系的形式化和结构化。一串府际协议代表了特定的协议关系配置,为彼此合作的地方政府提供了无形的社会收益,同时这一系列的府际协议连接而成了地方政府间的合作网络,将网络嵌入地方政府的集体行动中,刻画了网络结构。国外学者指出互惠协议激励关键决策者共享信息和知识,推进了嵌入在组织间的社会资本积累,也发展了彼此的合作路径及网络关系。府际协议可以对区域一体化产生无形的推动,可以培养出区域共同体[4]。我国长三角、珠三角、京津冀、环渤海以及其他地区陆续签订了大量的政府间合作契约,加速推进各地的区域合作进程[5]。这些研究都说明,在合作过程中地方政府的府际协议刻画了自组织治理的合作网络。

府际协议的研究不仅丰富了区域合作治理的理论,同时拓展了对地方政府网络进行量化分析的数据源,将制度研究与网络理论联系在一起,可以有效地回答地方政府网络的节点、联系和结构问题,因而也拓宽了网络

---

[1] Thurmaier K, Wood C. Interlocal agreements as overlapping social networks: picket fence regionalism in metropolitan Kansas city. *Public Administration Review*, 2002, 62 (5): 585—598.

[2] Jones, Candace, William S. Hesterly, and Stephen P. Borgatti. a general theory of network governance: exchange conditions and social mechanisms. *Academy of Management Review*. 1997, 22 (4): 911—945.

[3] Andrew. S. A. &Carr J. B. . Mitigating Uncertainty and Risk inPlanning for Regional Preparedness: The Role of Bonding and Bridging Relationships. Urban Studies, 2012, 50 (4): 709—724.

[4] Miller. G. J. *Managerial Dilemmas: The Political Economy of Hierarchy*, Cambridge: Cambridge University Press, 1992.

[5] 杨爱平:《区域合作中的府际契约:概念与分类》,《中国行政管理》2011年第6期。

理论的研究范围。例如 Feiock 在研究佛罗里达奥兰多都市圈的区域合作中，应用了协议档案整理提取数据。① Andrew 通过整理分析 Orlando - Kissimmee 区域的府际服务报告（Interlocal Service Delivery Reports）中的协议，研究了地方政府合作的行为演进。② 马捷等利用泛珠三角的府际协议数据研究地方政府如何组建相互间的契约关系，将单一行动者的分析拓展为多行动者分析来解释区域一体化，指出区域合作网络的决策问题是地方政府以何种路径维持它们的契约连接，并利用府际协议数据论证了环境治理中的 ICA 困境，提出高度聚集区域网络结构的重要性。③

第二节 府际联席会

一 府际联席会的衍生逻辑与发展过程④

（一）衍生逻辑

随着中国社会经济的发展，对政府职能必然会提出更多的更高的新要求，传统的政府"碎片化"机制明显已难以适应现代社会的发展需求。基于这种情况，政府要如何才能为社会大众提供更加优质高效的服务，如何才能改善政府的公共服务能力、提高服务水平，成为了现代政府急需解决的问题。而要解决这些问题的关键就在于各级地方政府之间关系的优化，在于政府内部各部门、各层级的协调配合，从而实现由"碎片化"到"信息资源共享、交易成本降低、责任共担、优势互补"的政府跨界协作机制。那么，如何才能真正地有效提升政府能力，提高执政水平呢？

可选择的方法包括三种：一是在政府部门内部实行增加或者删减，或者合并；二是重新对现有的政府部门进行划分；三是构建便于各级政府之间进行沟通交流的有效机制。选择的方式不同会产生不一样的效果，具体

---

① Feiock, R. C. &J. T. Scholz, eds. *Self Organizing Governance*: *Collaborative Mechanisms to Mitigate Institutional Collective Action Dilemmas*, NY: Cambridge University Press, 2010.

② Simon A. Andrew. *Regional Integration through Contracting Networks*: *An Empirical Analysis of Institutional Collection Action Framework*. 2011 Urban Affairs Review.

③ 马捷、锁利铭、陈斌：《从合作区到区域合作网络：结构、路径与演进》，《中国软科学》2014 年第 12 期。

④ 许露萍：《跨界协作视角下的府际联席会协作机制研究》，硕士学位论文，电子科技大学，2018 年。

如何实施还需要考虑到各级政府的领导风格和问题的紧迫性等因素。在过去很多年的逐渐摸索和发展中，我国各政府主体尝试探索包括政策规划、行政激励、沟通互动、府际协议、互访、共同声明等方式在内的正式与非正式的府际协作机制。在不断的探索与发展之中，在我国政府中逐渐出现了一种较为普遍和典型的协作行为，即"府际联席会"。而诸如区域政府之类的制度安排还是很难实现。因此，府际联席会的建立能够有效加强各级政府之间的沟通，从而有效促进政府能力的提升，成为我国政府的一种有效选择。

结合我国政府的实际运作情况来看，府际联席会的建立还充分考虑到以下两个方面的因素，同时这两方面也是构建府际联席会的关键。一方面，府际联席会促进政府决策的科学化、民主化。府际联席会能够有效加强各政府主体之间的沟通，避免因为沟通不到位导致政府之间出现冲突，对府际协调产生实际作用，是促进政府决策实现民主化与科学化的关键；另一方面，府际联席会的建立能够有效提升政府的回应效率，包括对重大问题的回应以及复杂问题和新兴问题等。比如，跨域公共事务问题、重大或特大事件问题、新的社会矛盾问题等。在社会运行过程中会出现很多问题是某一个政府单位或政府职能部门难以回答的，这就需要多个政府之间形成跨界协作，比如西部崛起工作方面的社会问题、社会信用体系建设方面的问题等。这些问题不是简单的"大部门制"可以解决的，也不是因为政府不合理的权责设置产生的，而是需要多个政府之间相互协作、共同解决的。事实上，在实际运行中，政府职能分工也不能仅靠正式化的分工形成，正式分工不可能将社会所有的事务都包含其中，也无法使政府部门与社会公共事务做到一一对应。这也就是说，府际联席会的建立是对政府职能在"碎片化"机制下面临的重大问题、复杂问题或者突发问题解决过程中出现的运作不良或功能不足的一种补充。因此，基于种种情况，我国政府选择建立"府际联席会"是必然的。

从我国实践发展情况来看，我国各政府主体不同程度地就社会公共议题召开了常规与非常规、长效性与临时性的各类府际联席会，长期执行的府际联席会有"京津冀发改委区域工作联席会""长三角城市经济协调会市长联席会"等。2012年，国家发改委、财政部以及环境保护部三部委联合制定的《重点区域大气污染防治"十二五"规划》，其中提出建立区域联防联控工作机制，便于统一开展协调工作，在全国范围内定期召开大气污染联防联控联席会议，对区域内部的大气污染治理工作进行统筹协调，并且区域内各地区还要轮流召开年度联席会议，针对上年度的区域大气污染治理工作进行情况汇报与工作总结，区域内各地区要积极借鉴经验，发现不足，并对下一年的工作目标、工作重点作出工作计划。2016年，国家发改委发布《长江三角洲城市群发展规划》，指出长三角要加快建立"三级运作"机制，提高三省一市的议事与决策功能，使长三角区域的发展联席会充分发挥其组织与协调功能。

府际联席会的存在，使各政府主体之间通过跨界协作的方式，推动区域内社会问题的解决，促进各级政府官员之间加强沟通，提高社会大众对区域内长期规划发展与短期合作的必要认识，同时也有利于地方官员之间减少偏见或对立情绪的产生。可以说，府际联席会已经成为在中国情境下有效地解决"碎片化"困境，是对政府职能分工的一种补充，是实现政府间跨界协作的一种常用机制，是目前可操作的府际跨界协作的有效工具，也是政府合作走向"理性化"的一种表现，在协调我国各政府主体间关系的实践中发挥着十分重要的作用。

（二）发展历程

联席会最早出现于高等学校的党政联席会议制度中，联席会的发展也经历了四个发展阶段：第一阶段是雏形探索期；第二阶段是混乱停滞期；第三阶段是徘徊调整期；第四阶段是完善定型期。经过长时间的发展联席会议制度开始运用到行政执法领域。比如，2007年9月21日，有百位城管局长发起联席会议。随后，联席会开始在司法领域出现，用于检察机关进行法律监督。目前，国内对"联席会"的定义是指"一种由某个团体或组织自愿发起、自由参与的会议形式"。

"府际联席会"是从联席会中分离出来的一个概念，是联席会的一个种类。"府际联席会"中的"府"是指政府，因此，府际联席会是对联席会的参与主体进行了限定，特指由各政府主体之间进行参与的联席会议。由于本报告探讨的是各政府主体之间的跨界协作问题，因此，本报告中的"政府"是一个广义上的"大政府"的概念，包括中央和地方的全部立法机关、行政机关、司法机关以及党政、军事机关等各类公共机关的总和。通过对参会的主体性质的分析可知，府际联席会大致包括行政联席会议、司法联席会、党政联席会议、立法联席会以及军事联席会议等；但是站在参与人员的身份的角度上看，其又可被分成职能部门联席会议以及首长联席会议等[①]；站在地域性的角度看，其可分成同一行政区域内各部门联席会议、跨行政区域联席会议，等等。

对于府际联席会的概念，目前尚未进行统一规范的界定。本文通过对大量联席会文本进行分析，将其总结为：府际联席会是指各政府单位主体之间为了解决社会公共治理中的问题，或为了共谋发展，自愿发起、自由参与，通过会谈、协商而产生发展起来的一项自组织协调合作机制。各政府主体通过联席会，互通信息，交流观点，协商问题解决方案，总结合作经验，研究合作思路和方法，制定合作发展规划，最终达成思想与实践上的共识，并进一步推动实践的开展和会议精神的落实。

在现实情境下，府际联席会并没有被直接统称为"府际联席会"，府际联席会这一概念的现实称呼有很多，例如，泛珠三角区域合作行政首长联席会议、2014年我国修订的环境保护法中提及的跨行政区域联合防治协调机制、长三角城市经济协调会等。如果按分类标准进行划分，其叫法也会存在差异，例如，有些被直接叫作"联席会议"；或者"行政首长联席会议"；有些被叫作"领导小组会议""主要领导定期会晤机制""协调委员会""城市论坛""合作论坛"等。虽然叫法存在差异，但是在府际协作的实现方式基本相同，均是基于合作框架协议内容，各政府机关主要负责人定期进行会晤，探讨发展过程中遇到的重大问题以及协作方面的问题，并就获取到的经验进行交流与沟通等。

城市联席会是城市群内部各城市之间进行沟通协作的一种合作形式，对于促进区域公共事务治理起到非常重要的作用，同时也是目前可操作的城市群协同治理的工具，形成了一种新的横向府际关系的协调合作机制，能有效解决区域合作治理的困境。城市联席会是横向地方政府之间为了解决行政辖区间公共治理中的问题，或为了进一步推动政府间区域合作的发展，通过自愿会谈、协商而产生发展起来的一项自组织协调合作机制。各地方政府通过联席会，互通信息，交流观点，协商问题解决方案，总结合

---

① 刘东辉：《行政联席会议制度刍议》，《人民论坛》2012年第34期。

作经验，研究合作思路和方法，制定合作发展规划，最终达成思想与实践上的共识①。过去十年中，中国城市群内部的府际协作治理正在不断加强，各个城市群均在积极性、实质性、自主性与制度性上不断提升，尤其是长三角在这个特征上表现较为领先，也说明该城市群府际协作治理的成熟度比较高。但是需要看到，我国府际协作治理的实质性仍然较低，部分区域的自主性仍然较弱，对于一体化制度环境的营造重视程度还远远不够。

目前地方政府对城市群的协作模式进行了大量的实践探索，形成了多种协作治理模式，例如，区域性规划、城市联席会、府际协议、互访、共同声明等方式，这些方式通过地方政府的治理实践推动着城市群的协作治理。其中，联席会为我们提供了观察城市群地方政府协作关系的一个非常典型、便利的工具，这是因为从实践来看，联席会的参与者范围非常全面，涉及面非常广泛。

通过对目前我国几个重要的城市群，如长三角、珠三角、京津冀和成都平原中的全部 55 个成员城市的追踪，我们发现，所有城市均在过去十年内不同数量地就某些区域性公共议题进行了常规与非常规、长效性与临时性的各个层级的联席会。比如，执行多年的长三角经济协调市长联席会、京津冀发改委区域工作联席会、珠江三角洲地区防震减灾工作联席会以及成都平原经济区合作联席会等。其中最著名的长三角城市经济协调会市长联席会已经连续召开 16 届，规模从开始的 15 个成员城市到最新一届的 30 个成员城市，级别从成员城市经济协调部门负责人到成员城市市长，实现了长三角三省一市在多个领域的协调与合作。现有研究也指出，地方政府联席会议的存在，推动了地区范围问题的界定和理解，促进了地方官员之间对此经常性的讨论，从而提高了对大都市区范围长期综合性规划及短期合作性的价值和必要性的认识，同时有助于减少地方成员之间的偏见和对立情绪。

二 府际联席会的权利与义务

"权义"主要指的是权利和义务之间的关系。二者相辅相成，一直都是各个法律制度研究的重点。站在法律主体层面来看，主体的性质将直接

---

① 锁利铭：《跨省域城市群环境协作治理的行为与结构》，《学海》2017 年第 4 期。

影响权义结构，也即随主体变化，权义结构也在发生变化。本节提及的府际联席会权义结构是从广义层面来阐述的，主要指的是各参与主体可以享受的利益以及需要承担的义务。①

府际联席会的权义结构，是针对参与协作的各政府的权利与义务进行明确规定，亦即对他们享有的职权和应履行的职责进行的规范。从某种意义上来说，对各协作政府的职权与职责进行规范，就是对各政府主体的权力进行协调。对各政府主体的权力的协调对克服"碎片化"、形成跨界协作形势至关重要。换个角度来讲，如若不能有效协调各政府主体各自的权力，那么跨界协作可能将无法实现。

（一）府际联席会的权利

这里权利的明确目的在于可最大限度保证政府各主体之间协调共处，双方共同商议在开展某些活动时彼此之间具有相等机会，或全部拥有享受发展成果的权利。我国当下的府际协作机制将联席会制约在合作协议之下，如此一来，涉及的全部权利问题也将包含在协议中。如，《泛珠三角区域环境保护合作协议》明确指出，参与各方处于等同地位，享有平等权利和义务，其必须坚持公平、公正、非法性、非歧视性等原则。由此可见，协议参与各方是平等关系，享有相同权利。

（二）府际联席会的义务

府际联席会义务的明确，目的在于尽可能避免各政府主体之间出现权力冲突，双方共同约定限制某些权力，或规定相同的责任和义务②。例如，《泛珠三角九省区劳务合作协议》就专门规定，共同消除行政壁垒，这一规定可简单阐述为，在深入了解九省异同的基础上，不断建立和完善人员流动就业相关政策和制度，明确就业章程，旨在打破跨区域就业压力，为合作区人员提供良好的就业环境，让人员真正享受到平等、高效的服务③。《"长三角"信息合作联席会议合作章程》也专门明确了各方的

---

① 许露萍：《跨界协作视角下的府际联席会协作机制研究》，硕士学位论文，电子科技大学，2018年。
② 彭彦强：《基于行政权力分析的中国地方政府合作研究》，博士学位论文，南开大学，2010年。
③ 彭彦强：《区域经济一体化——地方政府合作与行政权协调》，《经济体制改革》2009年第6期。

义务，如，搭建"长三角"经济一体化信息服务平台，为合作区域高层领导联席会议提供信息等。此外，为了促进和规范某些行业的发展，政府主体相互之间也会共同协作，且明确提出各方的责任。例如，《福建省与广东省〈省（市）际旅游合作协议书〉》围绕两省旅游业达成协议，内容涉及宣传、产品以及市场等多方面；《琼港体育交流与合作备忘录》围绕体育事业达成协议，明确了体育专项、产业等相关义务。

三 府际联席会的会议机制与总体特征

（一）会议机制[①]

1. 长三角府际联席会会议机制

当前，长三角地区府际联席会存在四个层面的合作机制：一是"沪苏浙主要领导会晤机制"；二是"沪苏浙经济合作与发展座谈会"；三是"长江三角洲城市经济协调会"；四是"长三角各城市政府职能部门间的协调会"（如图6—7所示）。

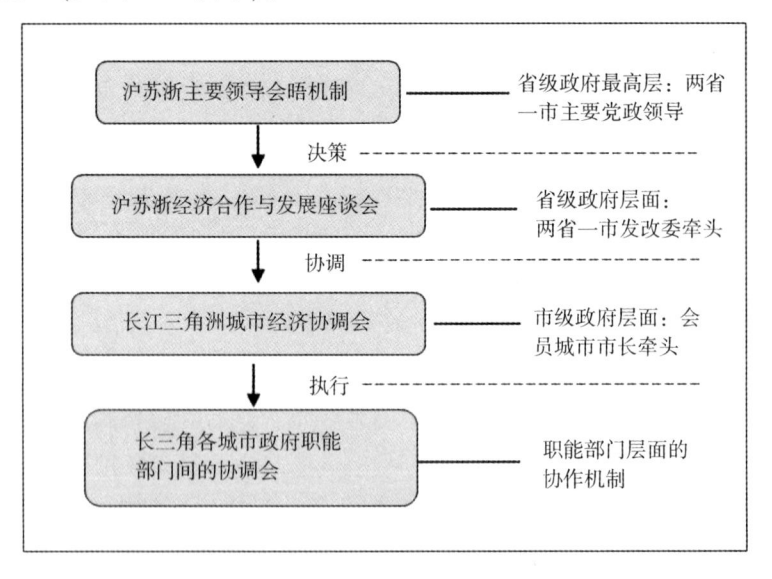

图6—7 长三角府际联席会议机制

---

① 许露萍：《跨界协作视角下的府际联席会协作机制研究》，硕士学位论文，电子科技大学，2018年。

(1) 沪苏浙主要领导会晤机制

上海、江苏、浙江"党政主要领导会晤机制"建立于2005年,两省一市党政主要领导人每年会晤一次,根据长三角地区经济发展情况制定合作方案并明确后续发展方向。如在2005年,两省一市主要领导提出了综合交通、科技创新、环保、能源四个重点合作领域,并由三省市政府分头实施;2007年,两省一市主要领导积极发挥本地区的各项产业优势、促进区域协作水平的不断提升,并且在合作过程中也进一步突出重点、深化内涵、完善机制、有序推进,注重对能源、交通、环保、科技方面的建设,尤其要进一步强化各类基础服务设施的改善,主动打破已形成的市场壁垒,联手加强污染排放的管制,增强不同行业之间的合作关系,促进长三角地区科技与经济发展模式的创新,为全国其他地区提供协作经验,建立辐射作用更强、覆盖范围更广的世界级城市群。

(2) 沪苏浙经济合作与发展座谈会

2001年,沪苏浙两省一市政府为了加强省市间和长三角地区的战略合作与协调发展,建立了由两省一市发改委牵头、常务副省长参加的"浙沪苏经济合作与发展会"制度,要求每年都要召开一次座谈会,并按照浙江、江苏、上海的先后顺序进行轮流承办,确立了"高层领导沟通协商、座谈会明确任务、联络组综合协调、专题组推进落实"的具体工作制度。从2001年开始自今,这一座谈会已在省市层面上举办了多次,涉及信息、交通、旅游、人力管理、信用、自主创新、能源海洋等领域的对话交流和合作项目推进,并在许多领域签署了府际合作协议。

(3) 长江三角洲城市经济协调会

"长江三角洲城市经济协调会"是长三角地区各地方政府进行高效协作的核心组织和机制,其前身是1992年建立的"长江三角洲协作办(委)主任联席会议",并于2004年建立起协调会办公室作为政府合作的实体运作机构。

①组织机构

第一,协调会的成员单位是25个成员城市的市政府。

各城市的市长或分管市长代表各城市参加协调会议,并设置执行主席与常任主席,常任主席方由上海市担任,执行主席方由各成员城市轮流担任,轮值期是一年。

第二，协调会办公室是协调会的常设办事机构。

协调会办公室负责日常工作，办公地点设在上海。其成员单位是协调会成员城市的协作部门。各城市协作部门的领导或分管领导作为办公室成员、各城市协作部门分管处室的负责人担任协调会办公室联络员，代表各城市参与协调会办公室工作。协调会办公室主任由上海方担任，副主任由南京、杭州、宁波方担任；协调会办公室设总干事1名，干事若干名，为协调会日常工作人员；协调会办公室内设联络、专题、财务等若干工作部门，负责相关工作。协调会成员城市的协作部门为协调会在各城市的联络、办事机构。

第三，专题组是协调会立项的合作专题实施机构。

专题组成员单位根据协调会市长会议批准的立项要求，由各成员城市的相关职能部门和单位组成，这些部门和单位的负责人代表各城市参与专题组工作。各专题组组长由专题牵头单位领导担任。

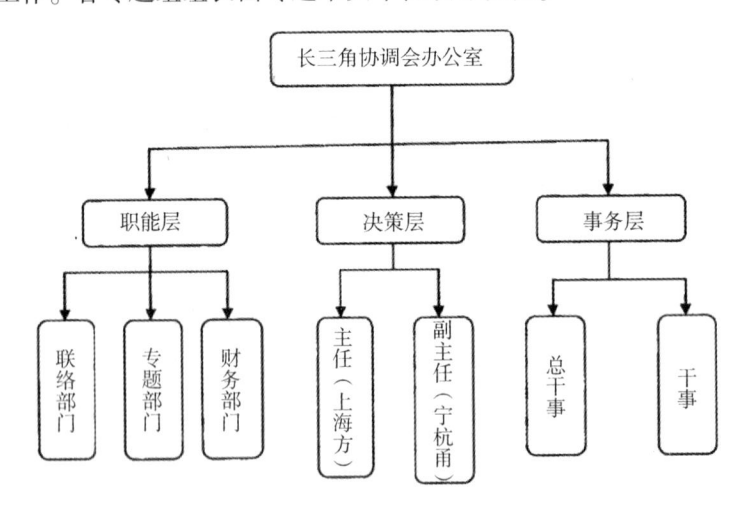

图6—8 长江三角洲城市经济协调会的组织架构

②功能与职责

该协调会具有以下作用：在中央精神的指导下，并以"沪苏浙主要领导座谈会"提出的战略发展规划为要求，根据每个城市的具体发展需求，批准协调会上制订的各项工作计划；批准设置相关专题工作；批准相关经费的预算、决算；批准相关职务任免；协同处理各项实际问题，促进不同政府主体间的合作项目得到实施，并对各项工作绩效进行合理评估。

③制度安排

第一，实行四个层次的议事协商制度。

"长江三角洲城市经济协调会"形成了一年举办一次的市长高层决策会议制度；一季度举办一次的办公室常务工作协商制度；一年举办四次的办公室主任重大事项会商制度；以及不定期的专项工作专题会议研究机制。

第二，实行轮值和常任相结合的运作制度。

协调会实行年度执行主席轮值制度，实现各个城市都能平等参与政府区域协作，也可以在最大程度上发挥每个成员城市参与合作项目的积极性和创造性，从而有助于保持协调会组织的活力，共同把持组织的话语权，反映地方利益。同时，协调会也实行了由上海担任常任主席的制度。

2004年，第五次市长会议把原来协调会的常设联络处改建为办公室，由各成员城市的协作部门代表担任办公室成员，负责协调会的日常工作，协调会从"务虚"为主向"务实"转变。办公室的建立，使协调会具备了成为从事长三角城市间合作工作的职能性组织的条件，能开展常规的信息交流、事务磋商、计划落实、协同执行，保障了市长会议决策的贯彻。

第三，实行专题合作制度。

从1997年第一次市长会议开始，到2003年第四次市长会议期间，协调会重点在旅游、商贸、科技、产权、信息等领域开展政府间的协作，逐渐建立了合作专题工作制度，目前基本形成了立项、资助、协调、评估四个环节的项目推进举措。

（4）政府职能部门联席会

从2000年开始，三省市和25个城市政府各职能部门之间的合作协调机制也广泛建立起来。据统计，专业领域内的合作机制达30多个，如长三角港口管理部门合作联席会议、长三角农林渔业局长联席会议、长三角旅游高层联席会议、长三角妇联主席联席会议、长三角物流发展联席会议、长三角对外宣传联席会议，等等。通过在各个不同专业领域中形成高效的合作机制，使不同省市的各政府主体间形成良好的专题合作基础，例如，长三角港口管理部门合作联席会议，其主要任务就在于形成完善的沟通协调机制，促进长三角地区港口的联动发展。

（5）次级经济圈地方政府联席会

长三角地区除了在整个区域层面建立了府际联席会的协作机制外，同时在次级经济圈层面还形成了较为稳定、成熟的府际联席会协作机制，例如南京区域经济协调会市长联席会、杭州都市经济圈市长联席会议、浙东经济合作区市长联席会议等。

①南京区域经济协调会市长联席会

南京区域经济协调会是在国家经济体制改革时期自发形成的、跨省际的区域性组织。协调会成立以来，分别在南京、南昌、合肥、镇江、芜湖、淮南、马鞍山、铜陵、九江、扬州、安庆、滁州12个城市举行了十五届市长联席会。基于市长联席会，政府间广泛开展了多领域的协作，在培育和完善区域大市场、发挥区域综合优势等方面发挥了重要的作用。南京区域经济协调会市长联席会通过科学的规划来指导联合协作，以对口部门、行业为依托的网络来保障联合协作，通过确定工作专题来进一步深化联合协作，并取得了诸多可喜的成绩。

②浙东经济合作区市长联席会

浙东经济合作区是由地域相连的宁波、绍兴、舟山、台州4市遵循平等互利原则，自愿组合而成的跨地区、开放型的区域联合组织。浙东经济合作区市长联席会是该次级经济圈的最高协调机构，它脱胎于1986年创建的浙东四地市协作联谊会，1988年升格为浙东四地市市长、专员联席会，1994年改称为浙东经济合作区市长联席会。浙东经济合作区市长联席会每年在4市轮流举行，由各市市长率团出席，主要研究和商定区域经济合作的方针、政策、原则，总结一年以来合作区的工作，明确下一年度的主要工作目标，从而为合作区内各行业的跨地区合作创造条件，联手统筹整合，优化区域发展环境，进一步推进合作与发展。

③杭州都市经济圈市长联席会

杭州都市经济圈是浙江省内跨地级市的经济区，它以杭州市区为核心，包括市域内的5个县市和海宁、桐乡、德清、安吉、绍兴、诸暨6个县市的经济区。2007年5月，杭州、湖州、嘉兴、绍兴4个城市的市长在杭州召开了杭州都市经济圈市长联席会第一次会议，会议审议通过了《杭州都市经济圈合作发展协调会章程》，建立了跨地区、开放型的地方政府合作组织——杭州都市经济圈合作发展协调会，市长联席会是协调会的最高组织机构，每年举办一次，分别在杭州、湖州、嘉兴、绍兴4个城市轮流举行。市长联席会由常务主席方主持，由执行主席方承办。

2. 京津冀府际联席会会议机制

自 2004 年开始，京津冀府际联席会的数量持续增加。面对京津冀地区府际协作的实况，中央开始对该地区的府际协作加强制约、规范与保障。至此，京津冀地区形成的联席会议机制包含了三个层次，如图 6—9 所示。首先，在顶层设计层面创建了"京津冀协同发展领导小组"，由中央层面探索并订立该地区整体发展的规划与目标；其次，在省市级层面创建"省市长合作联席会议"，为政府之间的府际协作创建平台；最后，以"府际协议"为府际联席会的主要合作制度，从而推进落实联席会议会晤事宜、规划部署等。

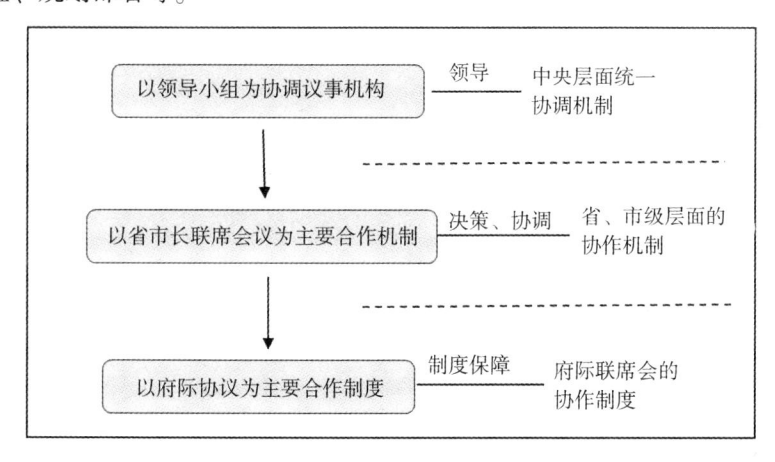

图 6—9　京津冀府际联席会议机制

（1）以领导小组为协调议事机构

在京津冀地区，由于长时间遭受"集权体制""全能政府""部门利益"等一系列因素"根深蒂固"的影响和制约，因此，各政府主体之间的"条块分割""碎片化"现象较为严重。为了有效解决这一困境，国务院于 2014 年创办了"京津冀协同发展领导小组"，在领导小组下面设立了常设办公室，旨在通过中央层级的统一协调，来"自上而下"地推动京津冀地区的府际协作的良性发展。同时，该领导小组的成立，也为未来京津冀地区的府际协作制定了整体的发展规划。

（2）以省市长联席会议为主要合作机制

为确保京津冀地区府际协作的落实和推进，2004 年，国家发改委和商务部共同召开了涉及周边 7 个省市的"环渤海合作机制问题会议"，在会议上通过了《环渤海区域合作框架协议》，成立了"环渤海区域经济省市长合作联席会议"。联席会议由各个市级单位的市长组成，联席会主席则是省或直辖市的省长、市长轮流担任，会议每年召开一次，在各成员城市轮流举办。常设机构设在天津市经济协作办公室，委任一名主任以及两名副主任，其余人员为各个市级行政单位派遣的专门人员。办公室负责市长联席会的筹备、拓展、对外联络等相关事宜，并在每年的联席会召开之后，组织各成员执行"省市长合作联席会"部署的各项任务，并确保各项协作项目得以落实。

"环渤海区域经济省市长合作联席会议"以三层运行机制的方式保障和促进地区合作与发展：一是省级行政单位的领导人联席会，每年必须召开一次，重点探索并订立地区合作计划并处理各种重大问题；二是副秘书长协调机制；三是部门协调机制，为地区内政府部门之间的协作搭建了平台。"环渤海区域经济省市长合作联席会议"是京津冀府际协作的平台，直到目前，京津冀还在沿用这项制度。通过该项协作机制，区域内的许多政府协作项目得以实现。可以说，该项协作机制是现阶段京津冀地区内最正规的府际协作机制。

（3）以府际协议为主要合作制度

京津冀合作发展座谈会、市长联席会以及各类部门联席会等一系列联席会议，都是为了促进府际协作而进行交流、沟通、协商议事和决策的一种机制。并且，各政府主体还通过各类联席会议，作出了一体化的制度性安排，即府际协议制度。数据统计显示，津冀地区府际联席会议的召开基本上都形成了正式的府际协议，包括各类宣言、合作协议、共识等，例如《环渤海区域合作框架协议》《廊坊共识》等，从而形成了以府际协议为主要合作制度的联席会议机制。

（二）总体特征[①]

综合上述分析，我们可以发现，府际联席会具有一些共同的整体特征，这也是府际联席会区别于其他府际协作方式的不同之处。

1. 联合基础。府际联席会建立在各政府主体之间平等协作的基础之

[①] 许露萍：《跨界协作视角下的府际联席会协作机制研究》，硕士学位论文，电子科技大学，2018年。

上，由各成员单位自愿参与而组成，各政府主体可以根据自身职责权限、资源状况，以及议题与本单位业务联系等要素，自主决定是否参与其中，各参与的政府主体之间有无隶属关系。但是，府际联席会在改变府际关系的同时也并不改变现行的政府管理体制。

2. 会议性质。府际联席会服务于公共利益，各参与会议的政府主体共商解决公共治理中出现的问题的方案，互通有无，进行公共服务、基础设施等的共建共享，共同促进公共社会的发展。

3. 合作形式。府际联席会通过召开会议的形式进行面对面的对话交流、沟通协商，为各方的交流和磋商提供了平台，从而可以更为有效地促进各政府主体依照自己的意愿进行协商与合作。

4. 权力效力。各政府主体通过府际联席会这一平台，互通信息，协调各方利益，达成合作共识，规范各方行为。但是，单纯地由府际联席会达成的合作协议从法律上来讲是不具有强制性的效力的，尤其是府际联席会大量采用的非正式的成果形式更不具备强制性，因此，府际联席会达成的各项合作项目主要以参与各方的声誉或信誉进行约束。

通过这些特征的分析，我们可以总结出府际联席会是各政府主体实现从"碎片化"向"跨界协作"转化的一种更为理性的选择。

(三) 府际联席会应具备的特征[①]

1. 参与成员的跨界性。有效的联席会机制应克服传统的"上下同构、左右对等"的地方治理格局，融合具有异质特征的主体参与，实现跨行政区、跨级别、跨部门的协作局面。目前，近一半的联席会达到了跨行政区、跨级别、跨部门的跨界协作目标。但部门意识较强，近一半的联席会在同一部门内召开，上下层级的壁垒在联席会中被弱化，跨层级的联席会次数约占总次数的4/5。

2. 议题领域的丰富性。区域合作议题由早期的以经济或产业为主向多元化方向发展，因为有效的联席会应致力于解决城市群内各领域的协作问题，实现规划层面上的制度协作。目前我国府际联席会可划分为经济、公共服务、综合以及政治四个领域。京津冀、珠三角与成都经济

---

① 锁利铭：《府际联席会：城市群建设的有效协调机制》，《学习时报》2017年9月18日第6版。

区以公共服务为主,主要解决环保、社会保障、教育、公共卫生等问题;而长三角联席会在决策层面的合作比重非常大,如政研室联席会、政法系统联席会等,这样有利于在制度和政策基础层面形成城市群内部的一体化环境。

3. 持续时间的长效性。从产生和制度安排来看,召开联席会的目的是在地方政府间形成长期交流会晤的协作机制。通常联席会制度规定每年召开1—2次,以联合主办、轮流承办的形式,在成员城市轮流召开。在实际操作中,地方政府的自主协作是其理性思考的结果,联席会只有取得实效才能保证成员的持续参与。因此,一方面需要制度约束;另一方面,也需要有资源的保障。例如,长三角城市经济协调会的市长联席会,成员城市从最初的15个发展到30个,得益于其完善的制度规则和设立的区域合作专项资金,具备了制度与经费的保障。

4. 区域差异的多样性。不同城市群的整体性特点会产生对区域治理的不同要求,也使不同城市群联席会呈现出不同的结构特征。从分布来看,长三角和珠三角的联席会次数远远高于京津冀与成都经济区。从自主性来看,长三角和珠三角以多边协作为主,自组织协作能力较强;京津冀以整体协作为主,政策驱动为府际协作的主要动力。从制度性来看,京津冀、珠三角与成都经济区以公共服务领域为主,长三角以政治领域为主,制度安排对长三角区域有较强的带动作用,使其在2012年实现了从"培育协作"时期向"自主协作"时期的转变。

四 府际联席会的类型划分与实践形式[①]

(一) 类型划分

在实践情况中,府际联席会种类丰富,其召开形式和会议内容等可以根据当前交流与合作的需要而灵活确定。根据不同的划分标准,我们可以把府际联席会划分为不同的类型。根据研究需要,我们主要按照召开形式、网络规模、合作机制、议题领域以及行政等级来对府际联席会进行了类型上的划分,如表6—3所示。

---

① 许露萍:《跨界协作视角下的府际联席会协作机制研究》,硕士学位论文,电子科技大学,2018年。

表 6—3　　　　　　　　府际联席会类型划分表

划分标准	类　型	特　征
召开形式	一事一议磋商型、长期交流会晤型	一事一议型：根据具体需要随时召开，临时性 长期交流型：事先约定长期开展，延续性
网络规模	双边、多边、全体	双边：有且仅有两个城市参与 多边：两个以上、区域城市总数以下城市参与 全体：区域所有城市都参与
协议签署	正式、非正式	正式：有签署协议 非正式：未签署协议
议题领域	政治性、经济性、公共服务性、综合性	政治性：政治、党政等 经济性：经济、生产、财政等 公共服务性：公共产品、公共服务等 综合性：包含多种领域
行政等级	行政首脑级、职能部门型	行政首脑级：行政首脑（市长）参与 职能部门型：相关职能部门派代表参与

资料来源：作者自制。

根据对 2006—2015 年间长三角、珠三角、京津冀与成都平原四个城市群联席会情况的分析，数据采集本文使用城市官方网站与官方报纸相结合，共涉及 55 个城市，占全国人口的 27%，占全国 GDP 总量的 50% 以上，以探究"十一五""十二五"规划期间地方政府的区域合作实况。虽然在此之前亦散见零星的联席会信息文本，如，长三角地区两省一市规划工作联席会第二次会议于 2005 年 1 月在南京召开，然而此时的联席会尚未形成规模，不具有典型性，并且通过广泛查询，发现除长三角在 2005 年及之前有召开联席会以外，其余三大城市群均尚未采用联席会的合作形式。因此，本报告选择以 2006 年作为联席会的研究起点。

（二）实践形式

1. 政府跨界协作的交流平台

对于一个主权国家而言，为了维持正常的国家运行状态，需要经济、社会、文化等多个方面共同协作，并不断打破原先形成的各政府部门、行政区之间的隔离界限，随着府际交往形式的发展，新的协作关系开始形成，开始出现跨界协作关系。受到上述关系的影响，各政府主体由于存在共同的利益将会主动地进行结合，一种新的体现不同政府主体共同意志的府际合作协议开始形成，并最终演变成了府际联席会模式。可以说，府际联席会议为各政府主体之间提供了一种相互协作的高效"沟通渠道"，比如，在《泛珠三角区域合作协议》与《环渤海区域合作建议》等文件中对各类不同形式的联席会议进行了规定，而联席会也成为了政府进行高效协作与互相交流的一个重要平台，从而推进政府跨界协作的开展。

2. 政府利益关系的协调会议

利益关系的协调会议，是指在具体的实践情况中，府际联席会往往由多个政府单位共同构成，相互彼此之间紧密联系，但不存在任何隶属关系，他们聚集组合在一起的目的是解决他们共同面临的问题，参与各方都是主动自愿的。例如，长三角、环渤海、东北三省区域间共同组建的行政首长联席会议。同时，在相关的区域规划、政府合作框架协议中，也明确规定了府际联席会的具体作用，如《武陵山片区规划》明确指出，要建立四省市的联席会议制度，旨在解决共同面临的问题，促进规划编制的执行和切实落实进度；《泛珠三角九省区食品药品监管合作框架协议》指出，各参与方自愿组合在一起建立合作协调机制，并共同商议制定出《泛珠三角九省区食品药品监管合作联席会议制度》，该制度是作为上述协议附属存在的。从本质上来讲，府际联席会议也就是政府出于各方利益考虑建立起的协调会议，意图借助会议的形式加强政府彼此之间的沟通和交流，便于及时解决在发展过程中共同面临的问题，并积极展开协商，提出合适的解决方案，为各省市利益提供保障。除此之外，各方在交流沟通过程中也能相互学习，深入了解各自管辖区域内经济和文化的发展状况。

3. 政府合作协议的执行机构

长三角、泛珠三角签署的合作协议中，部分将府际联席会视为高度专业化的决议执行部门，例如，行政首长联席会议，参照政府制定的合作协议，不仅仅将其视为跨界协作的典范，肩负着制定发展规划的重任，也将其视为具体落实部门，肩负项目的落实与管理。例如《沪苏浙共同推进长三角创新体系建设协议书》第9条明确提出，要尽快成立组织部门，构建科学合理的管理制度与体系。即便是政府将该组织视为相关制度具体落实机构，不过其自身并没有准确的定位，实施的法律条文并不明确。本书描述的府际联席会指的是凌驾于协作结构上、协调各政府主体间的合作并推进落实和管理相关政府事务、执行合作协议的独立的行政机构。

第三节 府际对话交流机制

一 府际对话交流机制的总体特征

通过分析，可以从积极性、实质性、自主性与制度性等方面描述府际对话的特征：（1）积极性，即府际之间的互动频率，次数越多说明其协作程度越高；（2）实质性，是通过正式签署协议，还是非正式信息分享，正式协议越多则实质性越高；（3）自主性，是通过一对一的双边协作，还是多个城市的多边协作或者全体城市群成员共同参与的全体机制，其中多边协作是自主性最高的，全体是最低的；（4）制度性，即协作议题的选择是具体到某个领域还是进行协作制度和环境营造的努力，我们将议题分成经济、公共服务、综合以及政治、制度性依次提升。通过对府际协作互动的这些特征挖掘，可以在一定程度上推进对府际协作水平的认识[1]。

我们追踪观察了长三角、珠三角、京津冀和成都平原4个城市群的55个城市，在"十一五"和"十二五"规划期内584次联席会。

第一，从积极性来说，整体趋势在上升，横向来看长三角是最高的，京津冀是最低的。其中长三角平均每个城市联席会次数最多达74次，珠三角71次，成都平原38次，京津冀14次。从趋势来说，整体是上升的，尤其是京津冀在2013年的联席会次数出现加速的趋势。

第二，从实质性来说，584次联席会包含了297次非正式联席会，占了大多数，四个城市群的情况均较为接近。非正式联席会主要功能在于信息分享、沟通协调，这种方式较为灵活，但是产生实质性合作协议与推动政策变化的尚占少数。

第三，从自主性来说，长三角和珠三角很明显的是以多边机制为主，

---

[1] 锁利铭：《面向府际协作的城市群治理：趋势、特征与未来取向》，《经济社会体制比较》2016年第6期。

而京津冀以全体为主，说明长三角和珠三角在府际协作上自组织能力比较强，而京津冀的府际协作仍然以政策驱动为主要动力。

第四，从制度性来看，我们发现京津冀、珠三角与成都平原均是以公共服务领域为主，比如环保、社会保障、教育、公共卫生等；长三角联席会中虽然公共服务议题也很多，但最多的领域是政治领域，比如政研室联席会、政法系统的联席会等，这个跟其他区域有很大的不同，这些对于促进一体化环境形成来说是重要的方式，因此，长三角府际协作治理的制度性是最强的。

二 双边对话交流机制

双边协作是区域合作中最为简单和最直接的合作方式。双边关系的建立需要通过长期的信任累积以打破"囚徒困境"，对于公共事务的协作治理，需要面临高投入、高风险的决策。通常双边协作参与者会就具体的合作过程设计、执行以及产出要求进行较为详细的描绘限制，而一旦双边合作关系构建起来，基于互惠和成本最小原则，合作双方会不断加强这种关系，形成紧密的捆绑结构[1]，因此双边关系建立的成本低，但关系执行的风险高。

地方政府之间形成有效的双边或多边协议是一个制度性集体行动问题。图6—10展示了地方政府协作性治理过程中双边关系构成的网络结构，在三个行动者中存在三个协作关系，分别连接了a、b、c，其中每一对协作关系都是独立的，a与c之间的协作关系仅限于它们之间，而没有b的参与，其他的两个关系均是如此。

双边协议在内容上更强调实施和行为约束，需要参与成员承担成本和风险[2]。已有的研究指出这一类协议通常是限制性协议，协议能够使参与者事前对合作收益有一定的预测[3]，限制性协议类似于捆绑合同，会涉及

---

[1] 锁利铭：《城市群地方政府协作治理网络：动机、约束与变迁》，《地方治理研究》2017年第2期。

[2] 锁利铭、马捷、陈斌：《区域环境治理中的双边合作与多边协调》，《复旦公共行政评论》2017年第1期。

[3] Wiggins, S. The Comparative Advantage of Long Term Contracts and Firms. *Journal of Law Economics and Organization*, 1990, 6 (1): 155—170.

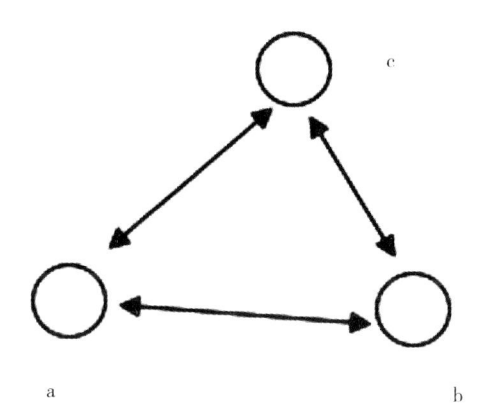

图6—10 双边网络结构

合作过程细节从而降低不确定性[1]。在公共领域，相关内容设计需界定成本、收益，以及风险的交易，因而交易成本相对较高，所以限制性协议多为双边合作协议。制度性集体行动的基础是契约的交易成本理论[2]以及集体行动理论[3]。交易成本被认为是实现集体行动的首要障碍。在环境治理议题中，网络互动提供对彼此最可能的信任判断，最大限度降低背叛风险，在此基础上比较收益成本，选择合作伙伴，因此双边协议对伙伴的要求极为严格。

图6—11展示了泛珠三角环境区域双边合作网络，双边网络中西南三省份（云南、贵州和四川）以及海南成了孤立点，没有与任何其他省份有合作关系。对于这一有趣现象，ICA理论给出了合理的解释，环境治理困境的突破开始于地方政府对彼此依赖性的认识，直接的相互影响关系或直接互惠是合作行为的第一表现。按照"同质性更

---

[1] Gillette, C. P. *Regionalization and Interlocal Bargains*. New York University Law Review, 2001, 76: 190—271.

[2] Brown, T. L. &Potoski, M. Measuring Service Delivery Transaction cOStS. *Public Performance and Management Review*. 2005, 28（3）: 326—351.

[3] Feiock, R. C. &J. T. Scholz, eds. *Self - organizing Governance: Collaborative Mechanisms to Mitigate Institutional Collective Action Dilemmas*, NY. Cambridge University Press, 2010.

有利于合作"①的观点，与四川相邻的是贵州、云南，但是四川在经济上遥遥领先于这两个省份，不同的经济发展水平对环境领域的政策需求是不同的，这决定了其政策议程上的异质性。经济上"强—弱"关系的异质性表现出政策需求的异质性，使得它们彼此之间不会发生捆绑合作。与此对应，能够与四川在经济上对话的是广东和港澳，但是四川与这三个地区在地理位置上相离较远，社会文化等特征也不属于一类，因而交易成本极大，不易形成两两捆绑。一方面，云南和贵州是积极融入泛珠合作的不发达地区，但是它们在环境治理中的成本和风险分担能力较弱；另一方面，地理上两者与核心成员广东不直接相邻，经济和政治地位差距较大，因而既无法因为资源依赖形成捆绑关系，也无法因为同质性建立合作，于是形成了网络中两省对于双边合作"可望而不可即"的结果。

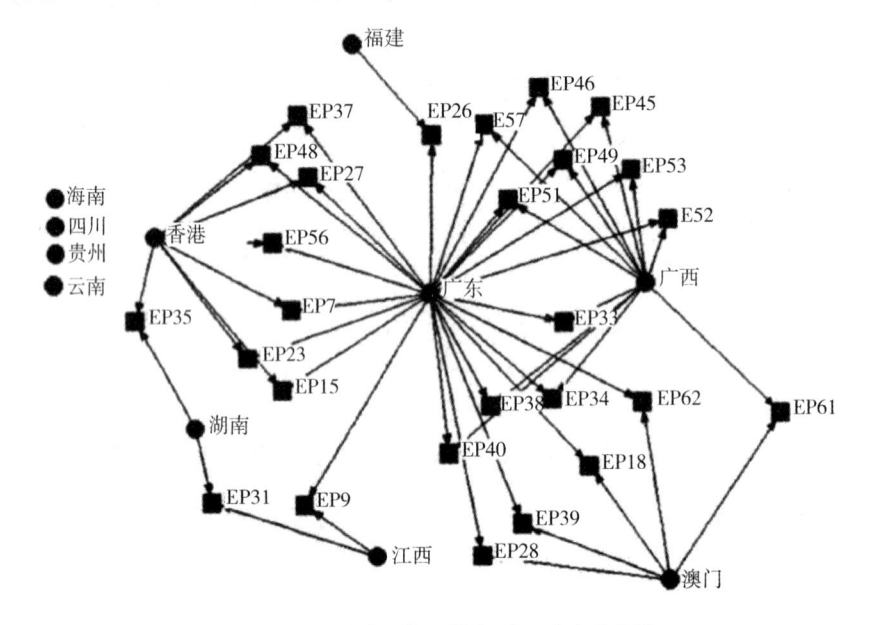

图 6—11　泛珠三角环境领域双边合作网络

注：●代表各个省份；■代表协议；EP 代表协议类型为环境保护协议，后面的编号代表协议编号。

---

① Yannick C. Atoubal & Michelle Shumate. International Nonprofit Collaboration: Examining the Role of Homophily. *Nonprofit and Voluntary Sector Quarterly*, 2015, 44 (3): 587—608、172.

三 多边对话交流机制

在多边关系中,各主体是通过协调机制实现桥连的结构,从而这种关系相对复杂,多边合作则需要付出合作伙伴选择、规则建立、网络维系等更多的交易成本。因此建立的成本高,但一经建立,各主体之间形成较为密切和稳定的网络关系,区域性组织承担的协调功能程度更高,从而执行的风险低[1]。图6—12是多边关系构成的网络,在三个行动者中只存在一个协作关系,包含了 a′、b′、c′三个行动者。

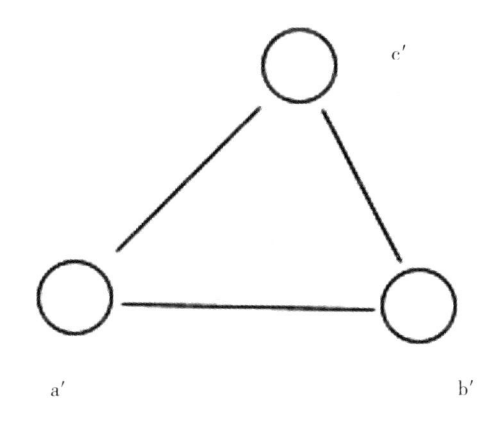

图6—12 多边网络结构

多边协议给我们展示了另一种合作状态(见图6—13),与地方政府的双边环境合作中简单的伙伴关系不同,在多边环境合作中,地方政府的决策往往受到网络结构的影响。与双边协议不同,多边协议通常被认为属于适应性协议,参与者可以通过相对灵活的共识为未来提供调节性的协议框架[2]。适应性协议为复杂的坏境构建了合作基础,具体的细节需要在执行中不断落实和调整[3]。多边合作既可以减小单个参与者的风险和成本,也可以扩大受益范围,实现治理的可持续性。环境治理不能仅仅依

---

[1] Andrew, S. A. & Carr, J. B., "Mitigating Uncertainty and Risk in Planning for Regional Preparedness: The Role of Bonding and Bridging Relationships". *Urban Studies*, 2012, pp. 1—16.

[2] Harris, A., Giunipero, L. C. &Hult, G. T. M. "Impact of Organizational and Contract Flexibility on Outsourcing Contracts". *Industrial Marketing Management*, 1998, 27 (5): 373—384.

[3] Sclar, E. D. *You Don't Always Get What You Pay Dr: The Economics of Privatization*, Ithaca, NY: Cornell University Press, 2000.

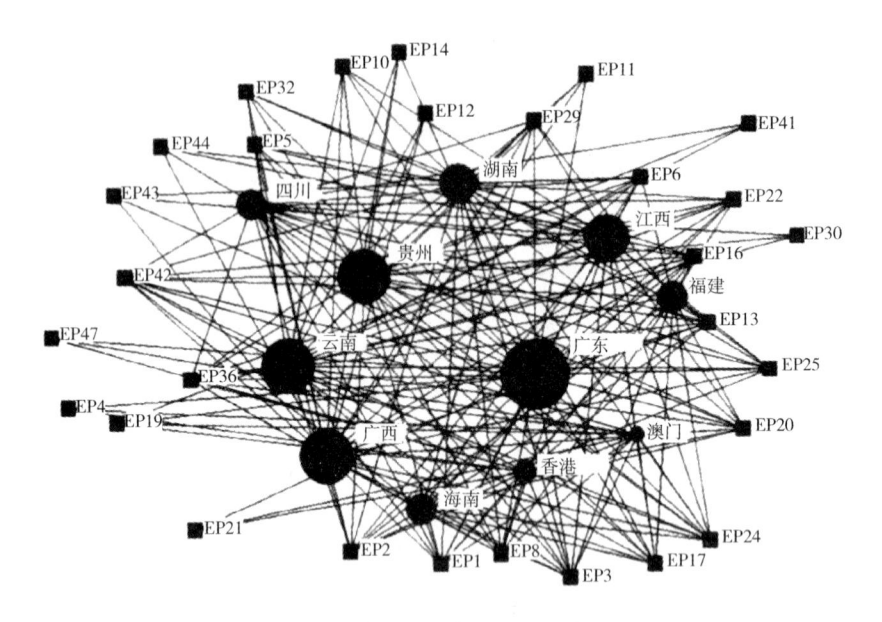

图 6—13　泛珠三角环境领域多边合作网络

注：●代表各个省份；■代表协议；EP代表协议类型为环境保护协议，后面的编号代表协议编号。

靠双边合作来实现，网络的规模和合作的力量对治理有着至关重要的作用，强强合作只是短期战术，长期的多边共赢才是最终目标。空气、水、土壤等空间环境本身就是将不同的地区连接在一起的网络，环境治理需要更多参与者在资金、技术、资源、政策上的协调。双边合作是个体对个体的协商，在环境治理中，这种行为协议相较于更大范围的参与者而言更不具有灵活性，更难达成，因而会出现孤立点。多边关系通过重复的公共物品博弈能够实现合作大于背叛的均衡，建立信任关系，为将来提供更多的合作机会。交织在一起的多边共赢关系为所有的参与者提供了信誉保障，相比双边而言可以构建更为稳固的网络基础。协议之间和成员之间是彼此交织的，因此是多重的互惠关系的加总[1]。多边网络关系提供了一种基本的区域合作结构，而双边关系只是这种结构中最微观的组成单元。

---

[1] Thurmaier K, Wood C. "Interlocal Agreements as Overlapping Social Networks: Picket—fence Regionalism in Metropolitan Kansas City". *Public*, 2002.

第四节 合作伙伴选择机制

一 合作伙伴选择行为

地方政府的区域行动本质上是一种"网络决策"[1]，其合作动机和决策在塑造和实施边界拓展中同样扮演了关键作用。不同的合作动机对于合作主体的选择产生不同的影响，Feiock 认为，地方政府在合作伙伴的选择过程中，会使用网络分析技术来形成合作伙伴关系，并维持较长的时间。地方政府对合作动机和交易成本综合考虑产生了两种选择行为：纽带选择行为和桥梁选择行为[2]。

（1）"纽带选择行为"

当合作网络涉及的主体不确定或较复杂时，地方政府为减轻成本，会更倾向于选择与具有大量合作关系的关键行动者合作，因此会形成高度密集的网络结构。如图6—14，当地方政府 A 与 B、B 与 D、D 与 C 之间已经达成了合作关系，那么在后续的合作过程中，地方政府 C 会出于对合作紧密程度及合作资源获取的目的而选择与地方政府 B 合作。由此带来的合作状态是，BCD 形成了一个小的聚集性的合作网络结构，A 成为边缘的成员，行动者 B 的被连接数最高，与其他成员互动频率最高，其该网络中的地位获得了提升，并形成资源共享的闭合状态。

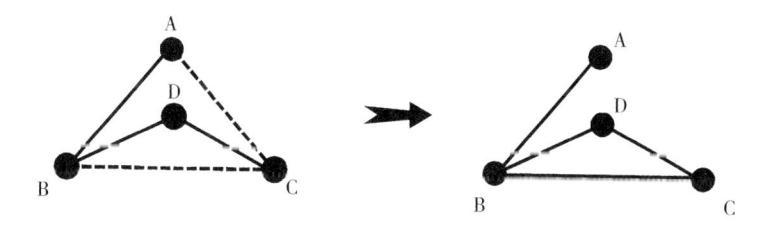

图6—14 纽带选择行为

---

[1] 锁利铭、阚艳秋、涂易梅：《从府际合作走向制度性集体行动：协作性区域治理的研究述评》，《公共管理与政策评论》2018 年第 3 期。

[2] 马捷、位韦、阚艳秋：《地方政府区域合作边界拓展的行动与逻辑》，《甘肃行政学院学报》2019 年第 1 期。

(2) "桥梁选择行为"

当合作网络涉及需要提供的公共服务和公共产品具有高度专业性时，地方政府倾向于依赖"桥梁"节点寻求高效的信息转移，形成稀疏网络关系，这些信息在高度同质化的网络参与者中通常是很难获取的。网络中的行动者不是一直需要与获取有用信息的直接合作者建立联系，可以从中间者和非直接合作者的关系中获取潜在的收益。如图6—15，同样是面临选择与地方政府 B 还是与地方政府 A 合作的选择，地方政府 C 会出于对潜在利益的获得动机而选择与地方政府 A 合作，以此建立一个中介性的合作结构。基于个体微观动机的选择，最后形成的行动者的合作范围被拓展了，形成了一个 ABCD 组成的封闭性合作网络。可以说，地方政府的桥梁选择行为为合作提供了更大的空间，是一种重要的合作伙伴选择行为。

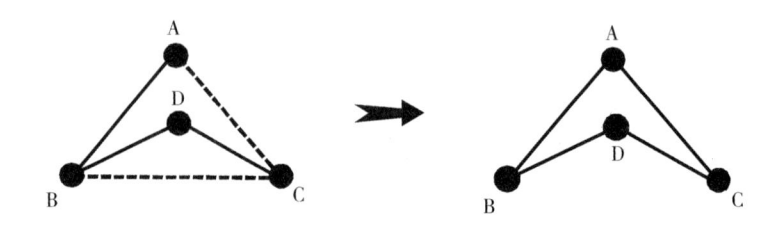

图6—15　桥梁选择行为

二　同质性合作与异质性合作

在国内现有的文献中，对于地方政府进行府际协作决策时合作伙伴的选择机理往往也是忽略的，或者使用"强强联合"或者对口援助等来说明，这就将地方政府在合作决策中的对象性特征因素忽略了。地方政府往往要面临着是同一个与自己经济社会水平相当的，还是与自己差异较大的对象合作的问题，二者之间的差距也是他们决策的因素，这就是同质性（Homophily）或异质性（heterogeneity）的合作假说。二者都具有促进合作的机理，同质性理论认为主体特征相似性会导致相似的政策偏好，减少信息成本与诱发行动者合作（Lubell，2007）。反过来，异质性假说提出基于资源依赖（resource dependence）理论，不同的初始条件会导致合作，因为会产生潜在互惠的机会。行动者会寻求和自己不同的区域进行合作以获取合作收益，此时资源与信息具有互补性。在经济发展中，大小区域可以有互补性的经济基础,并且并非具有竞争关系。这种理论假设,在中国的具体实践中可以具有较大的印证的空间,在区域规划中,是考虑将更多类似的行政区规划在一起,还是不同的行政区规划在一起就需要使用这二者假设发现中国地方政府的合作伙伴偏好[①]。

三 合作意愿—风险模型

(一) 地方政府的合作倾向

ICA 框架提供了解释地方政府区域合作动机与合作行为之间机理的模型[②]。ICA 理论认为地方政府作为理性的机会参与者,在区域合作中必将评估共同提供公共产品或公共服务时的成本利益。地方政府的合作收益主要涉及集体性收益和选择性收益。集体性收益(Collective Benefit)是协作收益,包括规模经济、内化外部性、溢出效应等;选择性收益(Selective Benefit)具体包括声誉、信任、地位、社会资本等[③]。但是合作动机是对单个行动者的分析,我们在此基础上提出的合作倾向,是对"一对关系"而言的,合作倾向是指一对关系可能产生真实合作行为或对合作行为有所推进的可能性。地方政府合作倾向有三个主要特点:一是合作倾向具有"成对性",研究的是成对关系,不是指单个地方政府的倾向,而是二者相互关系;二是合作倾向具有"有向性",即 A、B 之间存在的 A 对 B 和 B 对 A 的有向关系的性质;三是合作倾向具有"非对称性",即 A、B 之间的有向关系强度是非对称的,对称是属于特例。合作倾向通过双方共同的意愿和风险反映了合作的可能性[④]。

(二) 合作意愿与合作风险

1 合作意愿

由于地方政府是由理性人个体组成的机构,其行为方式势必受决策者

---

① 锁利铭、阚艳秋、涂易梅:《从府际合作走向制度性集体行动:协作性区域治理的研究述评》,《公共管理与政策评论》2018 年第 3 期。

② 锁利铭、阚艳秋、涂易梅:《从府际合作走向制度性集体行动:协作性区域治理的研究述评》,《公共管理与政策评论》2018 年第 3 期。

③ Feiock, R. C. Rational Choice and Regional Governance. *Journal of Urban Affairs*, 29, 1 (Winter), 2007, pp. 49—65.

④ 锁利铭、李雪、阚艳秋、马捷:《意愿—风险模型下地方政府间合作倾向研究》,《公共行政评论》2018 年第 5 期。

主观因素影响。对于自主发展还是区域合作有着个体偏好因素存在，一些地方政府官员倾向于个体独立，依靠竞争获得政治收益；另一些地方政府官员可能倾向于区域合作，依靠资源互补来谋求新的发展机遇。在自主发展还是区域合作的决策中，在可能受益大致相等的情况下，主观因素便起决定作用，当然在单个区域合作决策中，合作意愿则是一种初始状态形成对合作决策的影响。

ICA 的相关文献指出，合作意愿指合作者为追求合作净收益所产生的行为动机与决策倾向[1]，其中包括对合作与否、合作对象、合作领域的选择，以实现集体性收益与选择性收益，如提升公共品的供给效率，实现社会资本的积累和影响力的提升，促使外部性内部化。其中，高意愿代表地方政府本身偏好于合作式发展，具有担当合作发起者的强烈动机，会积极寻求区域合作伙伴；反之，低意愿代表地方政府本身偏好于自主发展，而不是与其他行政区合作，因而没有强烈的动力去寻找潜在合作伙伴[2]。因此，合作意愿是合作者之间相互倾向合作的意愿强度，也就是说，合作意愿是由合作双方的合作动机共同决定其产生合作的可能。在合作倾向中，合作意愿是对合作可能的正向激励的维度，这样能够回应合作中的相对关系。

本报告将地方政府合作意愿分解为两个维度——偏好强度与偏好结构，他们共同构成了地方政府之间区域的合作意愿空间及无差异曲线。（如图 6—16 所示）横坐标和纵坐标代表供选择的任意两个合作领域，如道路基础设施建设、市场合作、资源环境治理等，对于地方政府决策者而言他们会根据自己的偏好进行排序，从而构成"地方特色""工作亮点"等。两个合作领域组成的平面就是"合作意愿空间"，其内部坐标代表不同的合作意愿强度。这种合作意愿强度特征在区域经济发展中表现为地方政府寻求合作伙伴的意愿表达和行动频率，包括写入政府文件的级别、次数，地方政府官员重要讲话涉及的次数，对区域合作的资金投入，主动寻求合作方的次数以及谈判次数等。在合作意愿空间内，不同合作领域之间的组合构成特定的合作计划，合作计划的结果要靠合作偏好强度来实现，

---

[1] Feiock, R. C. Metropolitan Governance and Institutional Collective Action. *Urban Affair Review*, 2009, 44（3）：pp.356—377.

[2] 锁利铭：《我国地方政府区域合作模型研究——基于制度分析视角》，《经济体制改革》2014 年第 2 期。

第六章 城市群内部的互动机制

强度越大，可合作的内容就越多。

图 6—16 描绘了 3 条合作意愿的无差异曲线 A、B 和 C，代表着 3 种不同的合作强度，任何一条曲线上每一点代表了不同合作领域的组合，但是同一曲线上的合作强度是无差异的。A、B、C 上每一点代表的组合具有相同的合作意愿，代表具有相同合作偏好强度的地方政府或地方政府行为。但是曲线 B 上任一点代表的合作意愿都高于 A 上的每一点，同理 C 上的任何一点也强于 B 上的所有点。

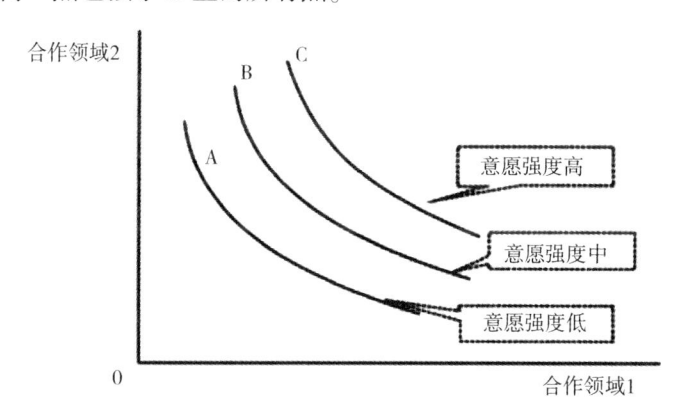

图 6—16　地方政府之间区域的合作意愿空间及无差异曲线

2. 合作风险

合作倾向中可能产生不合作或合作不能继续的因素，就是风险因素。区域合作中协调、分配和背叛等问题造成协作风险与地方政府双边合作的对象选择密切相关[1]（见表 6—4），区域合作中的具体问题或者地方政府的主观倾向在形成对特定 ICA 问题的解决上至关重要。同时，地方政府合作中信息不对称等客观因素均会导致合作风险的增加，合作风险存在于区域合作各阶段。地方政府间合作从意愿产生、采取合作行动到获得合作收益并持续拓展，均可能由于风险而中断或失败。高风险代表两者之间的合作面临着信息、谈判、执行以及代理等交易成本过高带来的合作阻碍，

---

[1] Feiock, R. C. The Institutional Collective Action Framework. *Policy Studies Journal*, 2013, 41(3): 397—425.

以及来自协调不力、背弃合作和分配不均等带来的合作风险[1],从而实现合作的困难比较大。低风险则代表合作者之间存在的阻碍较小,具备建立合作的现实条件。本报告仍然把"一对关系"作为评价合作风险的对象,它也是由合作双方共同决定的无法使合作取得成功的可能。合作一方与另一方在合作中可能具有不同的合作动机,比如对于 A、B 双方,A 方对与 B 建立合作关系热情极大,但是 B 对与 A 建立合作关系极为冷淡,这就给双方可能建立的合作关系带来巨大的不确定性。对于评估合作的可能性而言,这是属于合作倾向的负激励,也就是说一对关系的合作动机差距越大,则风险越大,合作的可能就越小。

表 6—4　　　　　　　　　地方政府协作的契约风险

风险来源	事项
协调	契约主体之间的异质性、合作事项的复杂性
分工	各方承担责任及获取利益的均衡性
背叛	契约履行过程中成员之间的背叛及毁约行为

资料来源:根据 Feiock R. C., The Institutional Collective Action Framework, *Policy Studies Journal*, 2013, 4 (3), p. 300 整理。

合作对象选择指合作者基于合作风险、成本及收益的衡量。合作风险的大小及交易成本的高低,还会影响到合作者对关系类型的选择。Feiock 指出合作中公共产品供给的衡量难度、地理接近程度、合作对象的同质性都将影响合作者对合作机制的选择[2]。无论风险大小,行动者均倾向于选择收益高、交易成本低的合作机制。而合作成员越多,出现动机冲突与政策偏好不一致的几率更高,增加了协调成本与合作风险。可见偏好与利益目标的一致性对于地方政府间合作至关重要。于是,对于合作倾向而言,地方政府可以通过领导讲话、工作报告、党代会文件以及专项文件等政策文本来表达合作动机,在成对的合作动机的表达中形成不同程度的合作意愿和合作风险。

---

[1] Feiock, R. C. Metropolitan Governance and Institutional Collective Action. *Urban Affair Review*, 2009, 44 (3): 356—377.

[2] Feiock, R. C. The Institutional Collective Action Framework. *Policy Studies Journal*, 2013, 41 (3): 397—425.

第七章 国外城市群治理的经验

以城市群为主要抓手促进区域经济协调发展已经成为我国未来经济发展的主导路径。实践表明，城市群在缓解行政区域经济、促进产业合理分工以及推进公共治理的整体性方面越来越显示出其特殊的功能。但是，我国的城市群大多处于起步阶段，在体制机制建设、机构设置、利益协调方面仍然存在诸多问题。伦敦城市群、巴黎城市群、纽约城市群、东京城市群是世界公认的大城市群，它们起步较早，已经发展的比较成熟，形成了各自的治理模式，对于我国推进城市群治理具有重要启示和借鉴作用。

第一节 国外主要城市群的形成及发展

一 伦敦城市群

伦敦城市群是世界上最早形成的城市群。第一次工业革命后，英国经济快速发展，工业化水平得到极大提升，其城市化率在1851年便达到54%，1901年增长至77%，成为世界上第一个城市化国家。随着全国铁路网的建设和人口的聚集，英国城市的数量明显增多，出现很多10万人以上的城市，其首都伦敦的人口和经济规模持续增长，于1939年达到861.52万人。由于人口过度集中，伦敦出现大城市病，大气污染严重，生存环境恶化，一些人口开始向伦敦郊区转移，在周边逐渐形成了很多卫星城镇，这些城镇在产业上与伦敦有较大的差异，在经济上存在很强的互补性，加之伦敦很多从业人员居住在周边的城镇，因此人口联系紧密。为了抑制伦敦城日益严重的膨胀现象，缓解城区扩张，英国议会制定了"绿带法"，并在其外围规划了9座新城，推动了城市人口向周边城区的有序扩散。同时，英国政府比较注重城市间交通等基础设施的规划建设，因此逐渐形成了以伦敦为核心的城市群。

目前，伦敦城市群以伦敦—利物浦为轴线，包括伦敦、伯明翰、谢菲尔德、曼彻斯特、利物浦等多个大城市以及一些中小型城镇，总面积约 4.5 万平方公里，占英国全国总面积的 18.4%，人口 3650 万人，占全国总人口的 64.2%，是英国的产业密集带、经济核心区和人口重心所在区域。从空间结构上看，伦敦城市群可以划分为四个圈层，从内到外首先是内伦敦，作为城市群的核心区域，其覆盖了伦敦城以及内城区的 12 个区，总面积为 310 平方公里；其次是伦敦市或者称之为大伦敦地区，包括内伦敦和外伦敦的 20 个市辖区，面积总共为 1580 平方公里；最后是伦敦大都市区，涉及伦敦市及附近郊区的 11 个郡，总面积为 11427 平方公里；加上最外层之后即构成了伦敦城市群，包括伦敦城、内伦敦和外伦敦，以及邻近大城市在内的大都市圈。

二　巴黎城市群

19 世纪末，在工业加速发展的推动下，巴黎的城市规模日益扩展。1932 年，法国政府首次提出要打破行政区域壁垒，根据区域的开发需要对巴黎地区进行统一的区域规划，随后，法国政府通过了一系列规划性质的法律文件来指导巴黎城市群的发展，并于 1955 年进行了行政区划调整，设立巴黎大区（巴黎大城市群）计划区。由于巴黎人口的过度聚集，1956 年法国政府又出台"巴黎地区国土开发计划"，提出推动城区非工业化，降低巴黎中心区人口和经济密度，将高级服务功能集中到巴黎市中心，同时将基础工业转移出市区，同时在近郊区和城市建成区的边缘地带兴建大型住宅区和卫星城。1965 年的"城市规划和地区整治战略规划"提出在巴黎外围塞纳河两边轴线上建设 8 座新城——里昂、马赛、里尔、南锡、梅兹、南特、图卢兹和波尔多，总规模是当时巴黎建成区的 2 倍，试图促进人口和经济活动的均衡分布。1976 年的"巴黎大区城市发展与管理总体规划"将 8 个新城调整为 5 个。之后，以巴黎为中心的新城概念和卫星城计划坚持多中心的空间组织思路和原则，1994 年的"巴黎大区总体规划"明确提出将巴黎所具有的多种职能分散到大、中、小等不同规模的城市，从而形成一个大中小城市体系健全、城市间实现有机功能分工与协作的城市群。

目前，巴黎城市群主要以巴黎为核心城市，包括鲁昂、勒阿弗尔等城市在内的带状城市群，它包括埃松、上塞纳、塞纳（马恩、塞纳）、圣德尼、瓦尔德马恩、瓦尔德兹、伊夫林7个省区、5个新城和1281个自治公社，面积约3.8万平方公里，人口约1200万人。巴黎城市群的产业分工和布局较为清晰：中心的巴黎市以金融保险业、高端服务业为主导产业，外围城市以制造业为主，最外层则是农林渔业和重化工业。

三 纽约城市群

20世纪20年代，随着产业的扩散和交通技术的发展，大量的资本和技术资源流向郊区，居住、制造业和商业等职能逐步从中心城市剥离，郊区城镇的发展速度加快，涌现出一大批功能完备的新兴城市，促进了美国大都市区和城市群的形成。但由于城市之间的产业分工和联系较为淡薄，城市规划铺张、土地资源利用率低下、城市空洞化问题比较突出。20世纪70年代，美国最大的35个都市区平均有293个各种性质的独立行政区，其中多数政区功能单一，仅为满足公民的某类特殊需要而建立。大量政区的存在导致了区域的碎片化（fragmentation）现象，出现政策间相互冲突以及跨政区公共服务供给不足的问题。1996年，美国制定了"东北部大西洋沿岸城市带的规划"，确立了以纽约为中心的城市群发展新理念。其核心是强化中心城市的实力和地位，促进城市之间的紧密联系，通过中心城市的科技、资本和产业优势增加周围地区的发展契机，扩大以城市群为载体的区域竞争力和实现共同繁荣。纽约城市群（又名美国东北部大西洋沿岸城市群）拥有纽约、波士顿、费城、巴尔的摩和华盛顿5座大城市以及40个10万人以上的中小城市，总面积13.8万平方公里，总人口6500万人，城市化水平达到90%以上。

纽约城市群以纽约曼哈顿岛为核心，该区域金融产业发达，被称为美国经济的"心脏"。借助纽约的技术和资本优势，纽约城市群内的每一座城市都形成了各自的产业亮点。比如波士顿以高科技研发、教育、商业、贸易为主导产业；费城以国防军工、航空、电子产业为主导；巴尔的摩以矿产业、钢铁和航运业为主导；华盛顿则是政治中心，注重文化和旅游产业的发展。城市群内的产业分布呈现出多元和互补的格局。

四 东京城市群

第二次世界大战后，日本人口、经济资源大量集中于东京，区域发展不平衡现象突出。为解决东京体量过大和协调区域发展，日本 1956 年颁布《首都圈整备法》，加强了东京及其周边区域的城市建设规划和国土规划，其核心目标是疏散资源，建设绿带和增加东京周边卫星城的数量。根据《首都圈整备法》，"首都圈"的范围涵盖了东京都以及其周边的神奈川、千叶、埼玉、山梨等 7 个县，面积达 3.7 万平方公里。经过多年的发展，形成了"一都七县"的城市群发展格局。但是在日本经济高速增长的同时，"首都圈"也出现了环境污染、工业废弃物增多、土地滥用、生活成本过高、生活质量下降等问题。随着 20 世纪 90 年代初日本泡沫经济的崩溃，首都圈开始朝着集约化方向发展，逐渐被涵盖范围更小的"东京城市群"或"东京都市圈"所取代。目前，东京城市群主要包括东京、神奈川、千叶、埼玉 4 个县市，总面积 13514 平方公里，总人口 3400 多万人，城市化水平超过 90%，经济总量约占全国的 1/3，主要产业有金融、生物工程、半导体、信息产业、汽车、机械、钢铁以及石化等，是日本经济最为发达的地区。

第二节 国外城市群治理的经验

一 伦敦城市群的治理经验

为统筹核心城市与周边卫星城镇的关系，英国是较早进行跨区域协调机构设立的国家之一。在伦敦扩张的过程中，伦敦城区与郊区以及周边城镇之间分别自治，管理松散，导致市民基本生活条件无法满足、犯罪率上升等社会问题，为此，英国政府成立了伦敦都市工作委员会对全伦敦范围内的事务进行统筹，由于伦敦都市工作委员会主要的职能是建议和协调，缺乏必要的权力，整合能力有限，1900 年，伦敦再次进行管理机构改革，将各自治市的部分权力交给伦敦郡，伦敦郡议会的权力扩大，伦敦地区的双层管理体制初步形成。其后，大伦敦地区作为英国主要城市群予以规划，1964 年，"大伦敦议会"成立，负责大伦敦地区城镇的总体协调和管理，之后英国保守党政府又将"大伦敦议会"改为"伦敦政府办公室"

和"伦敦规划咨询委员会"两个直属机构进行城市群的综合协调。英国早期通过建立协调机构的策略在很大程度上打破了行政区划的限制，促进了伦敦城市群的发展。为更好协调城市群内的利益关系，1997 年，工党政府上台执政后废除了伦敦政府办公室，提出成立"大伦敦市政府"负责对伦敦城市群实施整体统辖。1999 年正式成立"大伦敦市政府"（Greater London Authority）统辖大伦敦地区 32 个自治单元和伦敦开发公司，研究制定伦敦发展战略规划。大伦敦政府作为高于伦敦市的区域政府，由直接选举产生的市长和 15 名议员组成，职责包括区域交通、公安部门（伦敦员警厅）、消防和紧急事件处理（伦敦消防局）、经济发展（伦敦开发署）、规划、文化、区域环境及卫生事务等，其余日常事务仍由各行政单元负责。

从协调机制设计来看，这一模式有三个特点：一是职责划分明确，统筹与自治相结合，并不因设立权力相对集中的协调机构而损害地方的自治权力。大伦敦市政府与各个市镇政府之间并不是上下级关系，而是合作关系。前者主要负责区域性事务，后者主要负责地方性事务；二是充分考虑了各主体间特别是核心城市与周边市镇之间的利益平衡。大伦敦市的市长既受伦敦市政府的监督，还受伦敦地方议会的监督。同时，大伦敦市政府在机构人员配备及决策流程等方面都注重地方利益的平衡，比如，在人员配备上，确保各职能机构均有来自各市镇的代表；在重大事项的决策上强调各主体地位平等，进行充分磋商；三是在法律框架下保障协调机构的权威性。有关大伦敦市政府的机构构成、权力分配、运作方式等在《大伦敦市政府法案》中都有明确的规定。

二 巴黎城市群的治理经验

从历史上看，欧洲国家大多有城市自治的传统。在这种文化传统下，法国城市群的形成具有"自主联合"的特点。在国家规划的引导下，从 20 世纪 60 年代开始，法国巴黎市及其一些毗邻城市开始致力于联合协调机构的建立，力求实现城市之间的资源共享与协调发展。1999 年，法国国会通过《城市市镇联合体法》，把自愿组织起来的市镇联合体用国家法律的形式明确和规范下来，确认了市（镇）联合体的法律地位。1999 年颁布的《强化和简化市镇合作法》鼓励市镇自主联合，只要符合共同目标，具有足够影响力，任何市镇均可以在开展某些重大发展项目时建立城市间协会，且这些地方协会可自行编制当地规划。从协调机制上看，巴黎城市群治理的主体机构是"市（镇）联合体"。市（镇）联合体是一种行政法人自发建立的联合组织，它的机构设置包括两个层次：一是由各个市镇按一定比例推举代表组成的联合委员会，下设联合办公室作为常设机构维持联合体的日常运作。联合体委员会的主要职责是编制区域协调发展纲要，组织签署合作协议，指导各市镇以协议为基础开展各种行动，在协议的具体执行过程中，联合体委员会通过平等磋商保障城市群内所有市镇的利益平衡；二是常设委员会下设置各种专业委员会作为非常设机构，不定期就城市群范围内的公共事务进行协商，专业委员会是临时的，一旦合作事项结束，此类委员会随之取消。

巴黎城市群的治理特点是在政府现有组织架构基础上鼓励各个城市自主建立一个协同管理体制，其组织机构较为灵活，运作受到法律保护，一旦达成共识签署协议，城市群内的相关成员就必须承担相应的法律责任，从而防止了行政短期行为和人为因素对城市群发展的干扰。

三 纽约城市群的治理经验

在纽约城市群的发展过程中，各类跨行政区的协调组织发挥着重要作用。早在1898年，纽约就和它周边的4个县联合成立了大纽约协作组织，1921年纽约和新泽西州联合成立了港务局，1929年成立了纽约大都市区区域规划协会（Regional Plan Association，RPA），20世纪60年代成立了纽约大都市区委员会等。其中，纽约区域规划协会在纽约城市群发展方面扮演着极为重要的角色。该协会是一个非官方的非营利组织，其主要职责是针对大纽约都市区的发展制定跨行政边界的综合规划，并推动规划实施，促进纽约城市群的一体化发展。2013年，纽约区域规划协会宣布启动纽约大都市地区第四次规划编制工作，为未来25年纽约城市群的发展提供指导。

纽约城市群的治理特点是依靠大量松散的非政府组织对城市群进行规划和管理。非政府组织的好处是不受行政辖区利益的干扰，有利于协调城市群内部各个城市间关系，促进区域整体利益的实现。比如，纽约城市群的整体规划主要由"纽约区域规划协会"负责，该组织在制定规划时着眼于中心城市纽约与周边的良好互动，致力于推动区域整体资源的优化配置和合作共赢。同时，纽约城市群发展过程中还注重共享信息平台的建设，依托先进的信息技术建立了城市群政府联合政务网，将城市群内部各个城市的政务进行统一整合，使得城市群内部各种跨域公共事务的处理更加高效便捷。另外，纽约城市群内部还建立了明确的合作成本分摊和对不执行或消极执行决策的惩戒机制，不能够随意变更和撤销合作协议，这些措施保障了城市群合作协议的具体落实。

四　东京城市群的治理经验

因为日本的企业和社会组织的力量比较强大，因此东京城市群的治理主体比较多元，包括城市政府、企业、非政府组织、公民团体等。东京城市群较早成立的管理机构是"首都建设委员会"，其成员包括众议院和参议院议员、建设大臣、东京都知事、东京都议员、相关社会组织和社会人士等。首都建设委员会的主要职能是制定区域发展规划。在制定规划的过程中，多元主体经过充分的讨论协商后作出规划决策，能够最大限度反映大多数相关者的利益诉求。1956年，首都建设委员会升级为首都圈整备委员会，由总理府直接管理。首都圈整备委员会成员范围更广，除了政府官员，还包括商界负责人和大学、研究所等领域的专家学者。首都圈整备委员会设有常规办事机构——规划协调部。该机构的负责人一般都由大学教授或企业管理者担任。另一个民间协调组织"关西经济联合会"由关西地区850家主要公司和团体组成，其主要职能是通过沟通政府与社会之间的信息来促进东京城市群的发展。此外，还有很多区域性组织在东京城市群的发展过程中也很活跃，比如东京都市圈交通规划协会、关东地方行政联席会议、七都县首脑会议、首都圈港湾合作推进协议会等。

东京城市群的快速发展还得益于日本系统完善的法律体系保障。据统计，日本针对城市群治理的法律法规多达13部，包括《地方自治法》《首都整备法》《首都圈建设规划》《地方行政联络会议法》《城市群新产业城市建设促进法》《城市群政府关系协调推进法》《大都市周围跨区域行政圈振兴整备措施纲要》等。

综上，东京城市群具有两大治理特点：一是城市群协调组织形式多样，涉及范围广泛，参与成员多元，具有很强的区域和社会代表性，这有利于城市群的整体性治理；二是系统完善的法律法规为城市群内各个城市的合作提供了规范性的依据，更好地协调了城市群内部的府际关系，提升了城市群内部的合作效率。此外，由于日本地少人多，资源有限，因此在城市群的发展中非常重视城市群内社会、文化、生态的协调发展，近年来，有关东京城市群的规划中多次出现"建立自然—空间—人类相和谐的城市群""建设环境共生型首都大都市圈"的提法。

第三节 国外城市群治理的启示

一 加快城市群协调机制建设

中国各地经济发展水平存在很大差异，加之分权化改革在一定程度上强化了地方利益，增加了城市群发展的成本。正如"经合组织"在分析中国的治理问题时指出的：带有计划经济特征的体制同以市场法则为基础的政策措施执行的体制共存。在如此一个复杂而高度分裂、任务冲突的制度框架下，在政府中促发协调合作是十分困难的。[1] 城市群的发展需要建立有效的协调机制，国内外城市群协调机制多种多样，这些制度设计大多需要区域内地方行政管辖权的让渡。在我国，省内城市群主要集中在同一省级行政区划中，通过省级政府的权力协调，推进相对容易。2011年长株潭城市群进行区域治理组织重构，取消长株潭试验区"协调委员会"和"两型办"，组建长株潭试验区党工委和管委会，党工委书记由省委常委兼任，这极大提升了城市群的发展效率。相比之下，跨省区城市群的协调难度很大。这类区域在中国不隶属于任何行政辖区或地域性政区，因此，相关管理、管制措施都无法运用简单的政治和行政方式加以解决。因此，我们需要建立一种复合型的协调机制。结合我国行政体制的特点，对于跨省的城市群治理，城市群协调机制建设首先需要考虑从纵向上着手，即建立由国务院领导和有关省市主要领导组成的协调领导小组作为最高决策机构，负责城市群各省市之间的协调与联系。对于省内城市群，一方面发挥省级政府的统筹推动；另一方面需要针对重要的协调领域设立各种专业委员会和工作小组。比如在重大交通基础设施、环境、物流信息流、社

---

[1] 经合组织：《中国的治理挑战》（http：//www.oecd.org/dataoecd/13/0/36052449.pdf）。

会保障等领域组建跨部门、跨地区的任务小组或工作小组。借鉴国外城市群的治理经验，任务小组由各城市相关部门的业务代表组成，并邀请政府部门以外的专家参与，针对特定的公共事务问题进行分析与决策。现代信息技术的广泛应用有助于将城市群打造成为一个沟通快捷、协调有序的整体性系统，可以高效应对复杂的区域公共事务。国外城市群治理中都很重视借助先进的信息技术构建有效的信息沟通和共享平台，减少城市群内部府际谈判与协商的费用，同时避免"搭便车"和机会主义行为的发生。我们已经进入大数据时代，信息技术迅猛发展，为政府及部门间信息共享、协作和沟通提供了有效的手段，充分利用网络信息传递的迅捷性和跨域性，可以更便利地治理好城市群的公共事务。政府需要改变传统的工作方式和治理模式，以现代信息技术为依托建立城市群内部信息沟通平台，形成网状合作治理格局，促进城市群的融合发展。

城市群的发展过程中利益协调是核心。经验表明，"当成本和收益在某一个地区的分配非常一致时，大城市地区各种各样的政府单位协调行动是比较易于组织的……当收益和成本不是同样分配时，多中心政治体制就出现了比较困难的问题"。[①] 因此，城市群协调机制建设的另一个重点是成立府际利益协调机构，并赋予其相应的职权，保证城市群协调组织稳定运转。在城市群发展中，协调组织的职能可以由具有一定行政管理职能的政府机构或综合性的政府机构承担，但我国历次政府机构改革中，区域管理机构并未受到重视。现有政府机构中只有国家发改委有协调区域发展的职能，设有几个专门的司负责，如地区经济司、西部开发司、东北老工业基地振兴司等，但他们并不针对特定城市政府间关系的协调。近期中央虽然成立了京津冀协同发展领导小组，但并不是实体机构，而且它们的职能设计也只针对省级地方政府层面，无法统筹城市群的利益关系。中国目前缺乏专门协调政府间合作的机构。我国大量存在的地方合作组织不是政府行政序列中的一级或"半级"政府，即便形成决议，也很难对地方政府形成约束，其职能多数被虚化。与城市群的快速发展相适应，我国需要考虑设置专门针对城市群的政府协调机构，这个机构可以在国务院序列，也

---

① [美]迈克尔·麦金尼斯主编：《多中心体制与地方公共经济》，毛寿龙译，上海三联书店2000年版，第62页。

可以在人大序列。为防止新设的机构被架空或因权力不足出现职能空转的现象，对于跨省的城市群而言，其级别至少应高于省级半级，或者考虑低职高配。对于省内的城市群而言，其级别至少是副省级。

协调利益的一个有效机制是通过明确的法律法规来引导和约束地方政府的行为，使其认真贯彻落实所签署的各种合作性协议。欧美日等国的城市群发展均有一个良好的制度基础，特别是成熟的法制。这是众多城市群能够提高效率和维持高水平合作的重要原因。我国无论是中央层面还是地方法规层面，都缺少规范城市之间协同合作协议的具体规定。虽然一度盛传专门协调地方政府间合作关系的"区域经济合作促进法"已列入全国人大财经委立法规划。合作原则、基本制度、主要合作领域以及合作中的争端解决等都将列入立法内容，但到目前为止没有任何出台的迹象。也有学者提出制定区域经济基本法，建立区域性的立法机构等，目前也未见任何官方回应。目前需要加快制定区域性专项法律法规，把城市群政府间合作纳入法制轨道，通过法律的方式推进城市群的发展。目前，中央已经意识到通过法律手段推进区域协调发展的重要性。2016年2月18日，最高人民法院发布《关于为京津冀协同发展提供司法服务和保障的意见》，提出在京津冀设立跨行政区划法院，集中审理跨行政区域重大行政和民商案件。最高人民法院院长周强提出，要积极发挥司法的统一性、协调性、指导性功能，促进区域经济持续健康发展。要利用巡回审判机制，对协同发展中关系到公共政策落实、民生保护等案件可就地立案、开庭、调处和宣判。[①] 如果这一制度设计能够试点成功，可在很大程度上解决国内城市群发展中的地方保护主义、恶性竞争以及合作中的利益纠纷，对于违背合作协议的行为可以进行惩戒，对维护城市群整体利益所造成的部分城市利益受损给予合理的补偿，从而维护城市群的稳定性。

二 鼓励社会力量的实质性参与

美国学者威廉姆根据NGO的运作层次，将民间组织区分为"基于社区的组织"（Community – based organization），"城市范围组织"（Citywide

---

① 周强：《为京津冀协同发展提供优质司法服务》，http：//www.court.gov.cn/zixun – xiangqing – 21581.html。

organization)、"全国性组织"（National NGOs）和"国际性组织"（International NGOs）；从 NGO 的运作内容，又将他们分为产业组织（Industrial organization）、文化交流组织（Cultural interaction organization）、社会公益及慈善组织（Charitable and welfare organization）等。威廉姆认为，不同层次、类型的民间组织在促进各个社会群体、地区乃至国家的社会经济联系方面分别发挥着纽带功能。[1] 针对城市群的发展，英国学者希克斯提出了"整体性治理"理论。该理论是以协作和整合为特征的治理模式，强调政府在进行公共事务治理时不仅要对政府内部各部门的机构与功能进行整合，而且也要促使政府、私营部门和非营利组织之间进行协作，从而形成一种整体性治理网络。[2] 在政策导向上，国外城市群均倡导地方政府与专业政策社群、公共利益团体、志愿性团体、非正式部门等多元主体之间的分工与合作，通过建立伙伴关系来促进城市群发展，包括城市群规划、区域产业布局、交通建设、固体废弃物处理、土地等自然资源的使用以及住宅、饮用水质量等基础设施的改善等。

从城市群发展的演进来看，在起步阶段，需要通过政府间的合作打破地区贸易壁垒、推动区域间交通基础设施建设、平衡产业布局、消除地方政策冲突等。在这个阶段，协同发展的主体主要是以地方政府为核心的公共机构。当城市和产业的联系增强，形成了经济圈时，城市群发展则开始步入深化阶段。这一阶段的任务不再局限于促进经济增长和政策制度协调的层面，区域协同开始扩展到社会、文化领域，包括提高区域公共服务水平、规范企业行为、促进区域文化发展、实现区域协同的社会效益和生态效益等。显然，这些目标的达成仅依靠政府的力量是不够的，需要动员和借助企业、民间组织等社会力量。城市群发展还具有多领域性。随着城市群协同发展的推进，牵涉的领域会越来越广，除了产业发展和基础设施建设，还包括社会保障和公共服务体系建设、生态环境保护等涉及区域公共利益的诸多方面。随着协同领域和阶段的变化，协同发展的主体也会相应增多，总的趋势是参与主体的多元化。

---

[1] Cousins William, 1991. Non-Governmental Initiatives, ADB, The Urban Poor and Basic Infrastructure Services in Asia and the Pacific, Asian Development Bank, Manila.

[2] 崔晶：《区域地方政府跨界公共事务整体性治理模式研究以京津冀都市圈为例》，《政治学研究》2012 年第 2 期。

由于我们长期习惯于通过政治手段解决区域问题，企业和其他社会力量不能参与进来，最终区域协同成了政府的"独角戏"，包括都市圈空间规划、行政区划调整和兼并、功能性政府机构设置、地方政府领导间互动、建立地方合作联席组织等。但从实践中看，这些手段始终无法完全突破行政辖区的刚性约束。针对这一问题，已经有学者提出在中国的城市群中建立"独立管理委员会"的设想，这种管理委员会不同于地方首长联席会议等地方政府之间的横向协作，也不同于由中央政府建立的有权威的区域管理机构，而是独立于政府机构，具有社会组织的特征。[①]但是，我国区域性社会组织的发展正面临政策、政府支持的双瓶颈。从全国看，跨区域民间组织的数量偏少。这是因为我国的社团管理主要遵循属地原则，跨行政区域的社会团体由所跨行政区域的共同上一级人民政府的登记管理机关负责登记管理。一些民间组织受《社团登记管理条例》登记条例的限制，无法成立和运行。我们对晋陕豫三省边缘黄河金三角合作区的调查发现，山西省运城市、临汾市，河南省三门峡市和陕西省渭南市四市成立旅游、果业等产业合作协会的想法未能实现，一些民间人士试图成立冠名"黄河金三角"的社会组织，但四市民政部门均已不符合属地管理原则为由予以拒绝。目前，京津冀社会组织受限于行政壁垒、属地管理，申报政府购买社会组织服务项目只能在本地辖区范围内开展相关活动。因此除行业内部自身开展的协同发展尝试外，三地社会组织公益活动难以跨区开展，依旧延续各自为政、各自发展的传统模式。同时，社会组织对外开展业务活动没有明确的政策指导和保护，各地政府都希望社会组织为本地服务，对其他区域的服务关注度严重欠缺。限制了三地联动机制的建立和社会组织协同发展进程。[②]推进城市群的发展需要区域性社会组织的实质性参与。所谓区域性社会组织是指由企业或公民组建的团体，其宗旨是促进区域公共利益，动员、协调和组织集体行动，活动范围往往是跨行政区的。目前京津冀被定位为中国"协同发展机制体制改革先行区"，这些地区都要积极推动区域民主改革，建立自下而上的公共参与机制，保障社会

[①] 叶必丰等：《行政协议：区域政府间合作机制研究》，法律出版社 2010 年版，第 218—219 页。

[②] 伍欣：《京津冀社会组织：构筑协同发展的命运共同体》，《中国社会组织》2016 年第 9 期。

力量的实质性参与。在城市群的发展中,政府需要主动放权,将部分适合由民间承担的跨行政区事务通过共同授权、购买协议、合同外包等形式交由企业或区域性社会组织承接。

三 注重宏观规划和城市点的布局

凡事预则立,不预则废。适度超前的发展规划对于城市群的良性发展具有重要意义。它可以科学引导城市的产业定位,明确自身在城市群发展中的地位,可以避免产业相似、结构相近、低效率重复建设等问题。比如2004 年颁布的《伦敦规划》将伦敦城市群划分为 5 个现代服务业功能区,明确将城市区域划分为机遇区域、强化区域以及重建区域,引导产业和人口有序外迁,促进了伦敦城市群的协调发展。国外学者 2014 年对伦敦中心和东南部 8 座城市 148 家生产性服务业企业的调研显示,伦敦中心的生产性服务业企业与东南部地区 8 个中心城市的生产性服务业企业之间存在着技术能力、功能导向和价值层级的不同。它们与伦敦中心的企业并非竞争关系,而是互补关系。[1] 在推进城市群发展的过程中,制定科学合理的宏观规划是一个必要条件,需要各级地方政府通力协作制定并认真执行。

国外经验表明,现代城市群的发展不能单纯从经济的角度出发,在宏观规划制定上需要体现"以人为本"、人与自然和社会和谐相处的人文关怀意识,从而促进城市群的可持续发展。"城市群的规划和发展的着眼点是人而不是物,是生活在这一地区的人群;大都市群也不光是建筑群和公路、产业的集聚,而是将之作为经济社会平衡发展的承载体,体现一种文化,一种生活方式和理念,让它在可持续发展中发挥更大的辐射效应。"[2] 中国快速城镇化进程导致了日益严峻的环境问题。据不完全统计,中国城市群工业废水排放总量、工业废气排放量和工业固体废弃物产生量均分别占全国的比重高达 67% 以上。研究表明,未来中国城镇化水平每提高 1%所消耗的能源将达到 20135 万吨标准煤,生态超载指数将高达 5.68。[3] 我

---

[1] 肖金成等:《京津冀城市群与世界级城市群比较》,《中国经济报告》2017 年第 11 期。
[2] 朱易安:《城市群发展中的环境友好及人文关爱》,双三角论坛:国际大都市群理论与中国当代城市发展研讨会,上海,2006 年。
[3] 方创琳:《特大城市群地区城镇化与生态环境交互耦合效应解析的理论框架及技术路径》,《地理学报》2016 年第 4 期。

们需要把生态文明理念全面融入城市群建设过程，走绿色、低碳的城市群发展道路，生态城市群规划的五项原则包括生态保护战略、生态基础设施建设、居民的生活标准、历史文化的传承以及将自然融入城市建设等。

另外，城市群应有合理的城市等级规模，一般呈现出"金字塔"状，大、中、小规模的城市中间无断层，上下不缺失，呈圈层状排列。中国的城镇在区域空间分布上很不均衡，市和5万人口以上的镇大多分布在东部丘陵地带和平原地带。与东部地区群带状的城市体系相比，西北、西南地区的城市体系仍然是点状的，大中小各级城镇间存在巨大断层，城市间距离遥远，城市群的发育难度很大。除长三角城市群外，城市首位度普遍偏高，各级城镇间断层、缺失现象突出。近年来，我国制定了《城乡规划法》和《全国城镇体系规划》，但其重点在于指导、规范城市内部的空间建设和管理，缺乏从城市群培育和发展视野出发的城市点布局规划，而且长期以来忽视城市空间布局方面的规划，也是造成我国城市体系不合理、城市群发展迟缓的重要原因。国际经验表明，资源过于集中容易产生"城市病"，"尤其是大城市或城市的过分扩张不仅导致经济的无效性，同时也引起社会的不公平。失衡会导致强烈而极端的移民潮以及发生社会动乱的可能性"[1]。从国外看，很多国家通过设立卫星城镇来促进核心城市资源的疏解，同时促进城市群的发育。我国在推进城市群的过程中，需要促进大、中、小城市的合理搭配，避免人口和经济资源盲目向个别大城市集中。特别是"北上广"等处于三大城市群核心地位的超大型城市人口飞速膨胀，发展成本增大，需要通过规划建设"副都市"、卫星城、新城等方式分流和减轻单个城市的人口压力，提升和扩大城市群的规模。

---

[1] [美]彼得·尼茨坎普：《区域和城市经济学手册：区域经济学》，安虎森等译，经济科学出版社2001年版，第603页。

后 记

自党的十八大以来，城市群成为推动我国区域经济发展的重要抓手。从实践中看，城市群的兴起促进了区域经济的协调发展。同时，作为多个城市的组合体，城市群自身也面临着协调一致的问题。从这两个方面考虑，城市群的治理问题理应纳入到中国区域治理研究报告中。因此，本报告聚焦于我国城市群的治理现状及存在的问题，通过国内外经验的比较，力图找寻和揭示我国城市群治理的一般规律和特殊性，为中央和地方政府推进城市群的稳定持续发展提供有价值的政策借鉴，也为感兴趣的学术同仁和读者提供一本有关区域治理的精神食粮。

本报告是南开大学周恩来政府管理学院杨龙教授主持的《中国区域治理研究报告》系列报告的第三部，也是国内第一本聚焦于"城市群治理"的专题报告，获得南开大学周恩来政府管理学院"中央高校基本科研业务费年度报告项目"的资助。杨龙教授统筹邀请国内学者，提出研究思路，由南开大学周恩来政府管理学院柳建文教授具体协调报告撰写。参与本报告写作的学者大多是我国区域治理研究领域的领军人物、中流砥柱和后起之秀，他们对于区域治理有独到的见解，他们的研究成果和观点近年频频见诸国内外学术期刊和各类报纸，很多已经引起学界共鸣。这次，他们提出的一些重要理论和观点被应用到我国城市群治理问题的研究中，又形成了很多新的理论视点，这对于我国的区域治理研究特别是城市群治理研究无疑是非常重要的贡献。

按照章节顺序，参与本报告撰写的学者及同仁有：

兰州大学政治与国际关系学院讲师米鹏举（撰写第一章）；

南开大学周恩来政府管理学院副教授孙兵（撰写第二章、第三章第一节）；

浙江师范大学法政学院讲师霍伟桦（撰写第二章）；

南开大学周恩来政府管理学院教授锁利铭（撰写第三章第二节、第六章）；

南开大学周恩来政府管理学院教授杨龙（撰写第三章第三节）；

南开大学周恩来政府管理学院博士研究生吴涵博（撰写第三章第三节）；

中央财经大学政府管理学院教授崔晶（撰写第四章第一节）；

中央财经大学政府管理学院硕士研究生汪星熹（撰写第四章第一节）；

南开大学周恩来政府管理学院教授柳建文（撰写第四章第二节，第七章）；

南开大学周恩来政府管理学院硕士研究生赵可新（撰写第四章第二节，第七章）；

山东工商学院公共管理学院教授蔺雪春（撰写第四章第三节）；

山东工商学院公共管理学院讲师甘金球（撰写第四章第三节）；

山东工商学院公共管理学院讲师王鑫（撰写第四章第三节）；

山东工商学院公共管理学院讲师刘振滨（撰写第四章第三节）；

内蒙古师范大学政府管理学院副教授王永明（撰写第五章第一节）；

山东大学政治学与公共管理学院教授王佃利（撰写第五章第二节）；

山东大学政治学与公共管理学院博士研究生洪扬（撰写第五章第二节）；

内蒙古大学公共管理学院教授任维德（撰写第五章第三节）；

内蒙古大学公共管理学院硕士研究生朱文涛（撰写第五章第三节）。

此外，南开大学2018级PPE实验班的常光耀同学协助搜集整理了第四章第二节的相关资料。在撰写报告的过程中，我们也学习参考了国内外学界同仁的相关成果并在文中注明，在此一并致谢！

柳建文

2020年2月1日